Rolf Dreyer
Sportbootführerschein See
Für Segler

Rolf Dreyer

SPORTBOOT FÜHRERSCHEIN SEE

Für Segler

Delius Klasing Verlag

Von Rolf Dreyer ist ebenfalls
im Delius Klasing Verlag erschienen:
SPORTBOOTFÜHRERSCHEIN SEE Für Motorbootfahrer

Die Deutsche Bibliothek – CIP-Einheitsaufnahme

Dreyer, Rolf:
Sportbootführerschein See für Segler/Rolf Dreyer. –
Bielefeld: Delius Klasing, 1994
ISBN 3-7688-0826-2

ISBN 3-7688-0826-2

© Copyright by Delius, Klasing & Co., Bielefeld
Titelfoto: Hans-Günter Kiesel
Weitere Fotos: Bartels (S. 171), J. Bock (S. 80, 81), Bohmann (S. 164), boote-Archiv (S. 104, 157,
178), Cassens + Plath (S. 11), Comet (S. 195 (2), Delius Klasing Verlag (S. 11), Duscha (S. 153),
Ferropilot (S. 11 (2), 50, 65, 66 (3), 69 (2), Graubau (S. 131), K. Greiser (S. 8, 221), Gunkel (S.
12, 24, 117, 133, 138, 144, 154, 155, 163, 167), C. Hackmann (S. 15, 39, 74, 237), Hagenuk (S.
193), Hecht + Zimmermann (S. 41, 200, 209), B. Hoffmann (S. 165), I. Möller (S. 149, 160, 168),
A. Kling (S. 87), Naujok (S. 125), J. Röthe (S. 10, 28, 48 (2), 49 (2), A. Saal (S. 95), Schwarzlose
(S. 14, 77, 136, 161), W. Stadler (S. 132), E. Teske (S. 14), Yacht-Archiv (S. 18, 19, 35, 83, 117,
120, 126, 129, 152, 165, 211), YPS (S. 185), Kiesel (alle übrigen)

Zeichnungen: Marc André Bergmann
Umschlaggestaltung und Innenlayout: Buchholz/Hinsch/Hensinger, Hamburg
Druck: Kunst- und Werbedruck, Bad Oeynhausen
Printed in Germany 1994

Leichter Einstieg

Alle vier Kapitel sind unabhängig voneinander aufgebaut. Ein direkter Einstieg in jedes Kapitel ist ohne Vorkenntnisse möglich.

In jedem Kapitel ist sofort erkennbar, welche Teile für die Prüfung wichtig sind und welcher Stoff über das reine Prüfungswissen hinausgeht.

Das ausführliche Register am Schluß des Buches gibt auf viele Fragen Antwort.

Der amtliche Fragenkatalog

Jede Prüfungsfrage des amtlichen Fragenkataloges ist im Text aufgeführt. Die vier Kapitel enthalten zusätzlich jeweils eine Zusammenfassung aller Prüfungsfragen zu diesem Thema. Der gesamte amtliche Fragenkatalog ist also – in vier lernfreundliche Abschnitte aufgeteilt – in den vier Kapiteln dieses Buches enthalten.

In der Sportbootführerschein-Prüfung muß der Prüfling die Antworten selbst formulieren. Dabei ist es nicht erforderlich, den amtlichen Antwortvorschlag wörtlich zu übernehmen. Seine wesentlichen Inhalte sollten jedoch wiedergegeben werden. Für Einsteiger sind die vereinfachten Antwortvorschläge des Autors besonders hilfreich.

Die Sportbootführerschein-Prüfung

Die Sportbootführerschein-Prüfung besteht aus einem theoretischen und einem praktischen Teil. Für eine sorgfältige Vorbereitung auf die Prüfung ist der Besuch einer Ausbildungsstätte empfehlenswert, die gleichzeitig auch die praktische Schulung durchführen kann. Von einer autodidaktischen Ausbildung ist – auch im Hinblick auf die Sicherheit – abzuraten. Die Lektüre dieses Buches kann den Besuch einer Schule nicht ersetzen.

Der Sportbootführerschein See

Der Sportbootführerschein See berechtigt zum Führen eines Sportbootes im Geltungsbereich der Seeschiffahrtsstraßen-Ordnung.

Als Sportboot wird dabei ein für Sport- oder Erholungszwecke verwendetes Wasserfahrzeug angesehen, das nicht gewerbsmäßig eingesetzt wird. Der Sportbootführerschein See gilt – ohne Größenbeschränkung – gleichermaßen für Segel- und Motorboote. Führer von Traditionsschiffen ab 15 m Länge sowie Führer von Ausbildungsfahrzeugen benötigen jedoch – je nach Fahrtgebiet und Fahrtdauer – zusätzlich den Sportseeschifferschein bzw. den Sporthochseeschifferschein.

Der Geltungsbereich der Seeschiffahrtsstraßen-Ordnung umfaßt die Wasserfläche zwischen der Küstenlinie bei mittlerem Hochwasser und der seewärtigen Begrenzung des deutschen Küstenmeeres. Dieses hat zur Zeit eine Breite von 12 sm vor den neuen Bundesländern und von 3 sm vor den alten Bundesländern. Hinzu kommt der Bereich des erweiterten Küstenmeeres bis Helgoland. Zum Geltungsbereich der Seeschiffahrtsstraßen-Ordnung gehören weiterhin Teile angrenzender Binnenwasserstraßen: die Weser bis zur Eisenbahnbrücke in Bremen, die Elbe bis zur unteren Grenze des Hamburger Hafens, die Trave bis zur Eisenbahnhubbrücke und Holstenbrücke in Lübeck, der Nord-Ostsee-Kanal, die Eider bis Rendsburg, die Hunte bis Oldenburg u. a. m.

Der Sportbootführerschein See wird von den meisten Ländern anerkannt.

Weitere Informationen zu den amtlichen deutschen Scheinen zum Führen von Wassersportfahrzeugen findet der Leser auf Seite 240.

Inhaltsverzeichnis

Inhaltsverzeichnis

BEILAGEN

20 Seekartenausschnitte zu den Kartenaufgaben der Prüfung zum Sportbootführerschein See

1

NAVIGATION

Navigationshilfsmittel

Navigation ist keine Kunst, auch wenn manche Navigatoren gerne den gegenteiligen Eindruck erwecken.

Navigation heißt zu wissen,

– wo sich das Schiff gerade befindet,
– wohin man gelangen würde, wenn man immer weiter geradeaus führe,
– welchen Kurs man laufen muß, um ein gewünschtes Ziel zu erreichen.

Navigiert werden muß natürlich, wenn man ein größeres Seegebiet überqueren will. Doch auch in Landsicht sollte man den Schiffsort genau kennen.

Abb. 1: *Nautische Literatur.*

Navigationshilfsmittel

Zur Navigation benötigt man einige Hilfsmittel:
– Seekarten,
– Kursdreieck und Zirkel, Anlegedreieck oder -lineal, Bleistift und Radiergummi,
– Nautische Literatur: Hafenhandbuch, Leuchtfeuerverzeichnisse, Seehandbücher, Gezeitentafeln, Gezeitenstromatlas, Nautischer Funkdienst u. a.

Diese Hilfsmittel sind auf Charterbooten meistens vorhanden.

225

Welche amtlichen nautischen Veröffentlichungen geben Aufschluß über die für das Fahrtgebiet benötigten Angaben?

Seekarten, Leuchtfeuerverzeichnisse, Seehandbücher, Gezeitentafeln. Atlas der Gezeitenströme, Nautischer Funkdienst, Nachrichten für Seefahrer, Bekanntmachungen für Seefahrer.

233

Wo finden Sie die für die Navigation wichtigen Beschreibungen der Seezeichen und Angaben über deren Befeuerung und Angaben über Signalstellen?

Im Leuchtfeuerverzeichnis und in den Seekarten.

228

Wo finden Sie Angaben über Schiffahrtsangelegenheiten, insbesondere Hinweise auf Schiffahrtsvorschriften der Länder, deren Küsten, Häfen und Naturverhältnisse?

In den Seehandbüchern sowie den Hafenhandbüchern der Wassersportverbände.

Unter der im Dreieck angegebenen Zahl ist die Frage im amtlichen Fragenkatalog aufgeführt. Bei den o. a. Fragen sind jeweils zwei Punkte erreichbar.

Navigationsverfahren

Abb. 2: *Hilfreich in der Praxis: nautische Reiseführer.*

Abb. 3: *Magnetkompaß.*

Abb. 5: *Logge und Lot.*

Abb. 4: *Echolote.*

Segler verwenden besonders zur Reisevorbereitung die bei Delius Klasing oder Edition Maritim erschienenen nautischen Reiseführer. Hier finden sie alle für den Wassersport wichtigen Angaben und darüber hinaus viele interessante touristische Tips und Hinweise.

Navigationsinstrumente

Zur Navigation benötigt man weiterhin einige Instrumente:
– Kompaß,
– Logge (Entfernungs- und Geschwindigkeitsmesser),
– Peilkompaß,
– Fernglas,
– Lot (Echolot).

Die Navigationsinstrumente sind mit Ausnahme des Fernglases auf Charterbooten vorhanden.

Navigationsverfahren

Es gibt drei grundlegende Navigationsverfahren, die je nach Fahrtgebiet zur Anwendung kommen und aufeinander aufbauen:
– Terrestrische Navigation für die Fahrt in Landnähe,
– Technische Navigation (oder Funknavigation) für größere Reisen in der gesamten Nord- und Ostsee sowie im Mittelmeer,
– Astronomische Navigation für Ozeane.

Terrestrische Navigation

Die terrestrische Navigation (lateinisch terra = Erde) nutzt mit der Erde verbundene Seezeichen (Leuchttürme, Feuerschiffe, Leuchttonnen oder Landmarken). Ihre Grundlagen werden zur Prüfung für den Sportbootführerschein See verlangt, eine Vertiefung erfolgt in der BR-Schein-Ausbildung.

Technische Navigation

Die technische Navigation erfordert zusätzliche Navigationsinstrumente, die von Funkmasten oder Satelliten ausgestrahlte Funkwellen verarbeiten. Zur technischen Navigation zählt auch die Radarnavigation. Dieses Gebiet ist Gegenstand der BR- und Sportseeschiffer-Prüfung. Ein erster Einblick wird im Abschnitt „Moderne Navigationsgeräte" am Ende dieses Kapitels gegeben.

Astronomische Navigation

In der astronomischen Navigation werden die Höhen von Sonne, Sternen und Planeten mit einem Sextanten gemessen und so der Standort bestimmt. Dies wird zur Sporthochseeschiffer-Prüfung verlangt.

Fahrwasser

Die Seeschiffahrtsstraßen-Ordnung bezeichnet das gesamte zum deutschen Hoheitsgebiet gehörige Küstenmeer als Seeschiffahrtsstraßen. Die Teile dieser Wasserfläche, die durch Schiffahrtszeichen gekennzeichnet oder für die durchgehende Schiffahrt bestimmt sind, heißen Fahrwasser.

112

● ● ●

Was sind Fahrwasser im Sinne der Seeschiffahrtsstraßen-Ordnung (SeeSchStrO) und der Schiffahrtsordnung Emsmündung?

Wasserflächen, die
1. durch Schiffahrtszeichen begrenzt oder gekennzeichnet sind oder,
2. soweit nicht begrenzt oder gekennzeichnet, aber für die durchgehende Schiffahrt bestimmt sind.

Abb. 6: *Berufsschiffe und Sportboote – gegenseitige Rücksichtnahme hilft allen.*

Abb. 7: *Bei flauem Wind sind Segelfahrzeuge außerhalb des Fahrwassers besser aufgehoben.*

Fahrwasser werden von See her bezeichnet. Das heißt, ein von See kommendes Schiff hat an seiner Steuerbordseite auch die Steuerbordseite des Fahrwassers.

Fahrwasser werden von See her bezeichnet.

113

●

Welches ist – außer in Wattgebieten – die Steuerbordseite eines Fahrwassers?

Es ist die Seite, die ein von See kommendes Schiff an seiner Steuerbordseite hat.

102

● ●

Wie hat sich ein Fahrzeug von weniger als 20 Meter Länge oder ein Segelfahrzeug in Verkehrstrennungsgebieten zu verhalten?

Es darf die sichere Durchfahrt eines dem Einbahnwege folgenden Maschinenfahrzeuges nicht behindern.

Verkehrstrennungsgebiete

Die Autobahnen unter den Fahrwassern heißen Verkehrstrennungsgebiete (VTG). Sie bestehen aus zwei Einbahnwegen, zwischen denen eine meist breite Trennzone verläuft.

●●●
Was verstehen Sie unter dem Begriff „Verkehrstrennungsgebiet"?

Es sind Schiffahrtswege, die durch Trennlinien oder Trennzonen in Einbahnwege geteilt sind und jeweils nur in Verkehrsrichtung rechts befahren werden dürfen.

In VTG muß ganz rechts gefahren werden. Kursänderungen von mehr als 10° gegenüber der allgemeinen Verkehrsrichtung sind unzulässig. Nach Möglichkeit soll nur an den Enden ein- oder ausgelaufen werden. Die Trennzone darf – außer in Notfällen – nur beim Queren, Ein- oder Auslaufen befahren werden. Ein VTG muß so überquert werden, wie ein Schwimmer einen Fluß durchschwimmt: Die Kiellinie (= Rückgrat) muß immer einen rechten Winkel zur Ver-

●●●
Wie müssen Sie in Verkehrstrennungsgebieten fahren?

1. Der allgemeinen Verkehrsrichtung der Einbahnwege folgen und außer bei Ausweichmanövern keine Kursänderung von mehr als 10° zur allgemeinen Verkehrsrichtung vornehmen.
2. Klar Abstand von den Trennlinien und Trennzonen halten.
3. Das Ein- und Auslaufen sollte nach Möglichkeit nur an den Enden erfolgen; bei seitlichem Ein- oder Auslaufen hat dies in möglichst kleinem Winkel (max. 10°) zu erfolgen.

kehrsrichtung bilden, auch wenn Wind oder Strom das Fahrzeug versetzen. Verkehrstrennungsgebiete sind oft Zwangswege für die Berufsschiffahrt, die das VTG nur aus einem wichtigen Grund (Fischen, Anlaufen eines abseits gelegenen Hafens) verlassen darf. Auch Sportboote dürfen VTG befahren, bevorzugen aber die Seegebiete außerhalb der VTG, weil

●●●
Was ist hinsichtlich des Querens der Einbahnwege von Verkehrstrennungsgebieten zu beachten?

1. Das Queren ist möglichst zu vermeiden.
2. Falls gequert werden muß, hat dies möglichst mit der Kielrichtung im rechten Winkel zur allgemeinen Verkehrsrichtung zu erfolgen (max. 10° Abweichung).
3. Die Kielrichtung des querenden Fahrzeugs muß auch dann einen rechten Winkel zur allgemeinen Verkehrsrichtung bilden, wenn das Fahrzeug durch Wind und Strom versetzt wird.

sie dort nur selten auf die Berufsschiffahrt treffen.

Übungsaufgabe
Suchen Sie in den Karten 352 und 359 die Verkehrstrennungsgebiete (breiter rosafarbener Streifen = Trennzone mit Fahrtrichtungspfeilen beiderseits der Trennzone).

●●●
Sie fahren in einem Verkehrstrennungsgebiet auf dem Einbahnweg in der allgemeinen Verkehrsrichtung.
1. *Nach welchen Regeln müssen Sie in diesem Bereich fahren und ausweichen?*
2. *Wie haben Sie sich als Maschinenfahrzeug in einem Einbahnweg gegenüber einem Maschinenfahrzeug zu verhalten, das den Einbahnweg von Steuerbord kommend quert, wenn die Möglichkeit der Gefahr eines Zusammenstoßes besteht?*
3. *Wie haben Sie sich als Segelfahrzeug beim Queren eines Verkehrstrennungsgebietes gegenüber einem Maschinenfahrzeug zu verhalten, das auf einem Einbahnweg in der allgemeinen Verkehrsrichtung fährt?*

1. Nach den Kollisionsverhütungsregeln.
2. Ich muß ausweichen.
3. Ich darf die sichere Durchfahrt eines Maschinenfahrzeuges auf dem Einbahnweg nicht behindern.

Nord-Ostsee-Kanal (NOK)

Der Nord-Ostsee-Kanal (NOK) ist ein 100 km langer Schiffahrtsweg, von Brunsbüttel an der Elbmündung nach Kiel. Die Einfahrt für Sportfahrzeuge ist nur bei einem weißen, unterbrochenen Licht gestattet. Ohne Lotse ist er nur tagsüber befahrbar; Sportboote suchen daher bei Nacht Liegestellen auf. Ausweichplätze werden Weichen genannt. Sie dürfen nicht verlassen werden, wenn drei rote, unterbrochene Lichter am Signalmast gezeigt werden. Dann wird ein großes Schiff erwartet, das nicht durch Sportboote behindert werden darf. Im NOK muß motort werden; Segel dürfen zusätzlich gesetzt sein. Die Höchstgeschwindigkeit beträgt 15 km/h. Einzelheiten sind in den „Ergänzenden Vorschriften für den Nord-Ostsee-Kanal der Seeschiffahrtsstraßen-Ordnung (SeeSchStrO)" und in den „Bekanntmachungen der Wasser- und Schiffahrtsdirektion (WSD) Nord" veröffentlicht.

142

●

Während welcher Zeit dürfen Sportfahrzeuge ohne Lotsen den Nord-Ostsee-Kanal durchfahren?

Von Sonnenaufgang bis Sonnenuntergang bei sichtigem Wetter.

143

●●

Bei welchem Signal dürfen Sportfahrzeuge ohne Lotsen von den Kanalreeden in die Schleusen des Nord-Ostsee-Kanals einfahren?

Wenn ein weißes unterbrochenes Licht gezeigt wird.

Abb. 8: *Dalben und Weichensignal im Nord-Ostsee-Kanal.*

144

●●

In welchen besonderen Vorschriften ist die Durchfahrt durch den Nord-Ostsee-Kanal geregelt?

Im Abschnitt „Ergänzende Vorschriften für den Nord-Ostsee-Kanal" der SeeSchStrO und in der Bekanntmachung der WSD Nord zur SeeSchStrO.

145

●●

Sie sehen im Nord-Ostsee-Kanal an einem Weichensignalmast drei unterbrochene rote Lichter übereinander:
1. Was bedeutet dieses Signal?
2. Wie haben Sie sich dann in der Weiche zu verhalten?

1. Ausfahren für alle Fahrzeuge verboten, Weichengebietsgrenze darf nicht überfahren werden.
2. Nach Möglichkeit hinter den in Fahrtrichtung rechts liegenden Dalben festmachen und die Aufhebung des Stopp-Signals abwarten.

Abb. 9:
Im Nord-Ostsee-Kanal.

Betonnung

Tonnen

Tonnen sind schwimmende Seezeichen in vielfältiger Form. Man unterscheidet Baken-, Spitz-, Stumpf-, Spieren-, Faß-, Kugel- und Großtonnen (LANBY = Large Automatic Navigational Buoy). Da die Farben der Tonnen im Gegenlicht nicht immer zu erkennen sind, tragen wichtige Tonnen **Toppzeichen** (Kegel, Ball u. a.) und sind oft bereits an ihrer Silhouette zu identifizieren (s. Abbildung 11).

Abb. 10: *Das Feuerschiff Weser arbeitet vollautomatisch.*

Feuerschiffe

Feuerschiffe sind heutzutage unbemannt. Die Zeit sagenumwobener, einsamer Kämpfe gegen die See ist vorbei. Das Feuerschiff Elbe z. B. ist 26 m lang, 6,5 m breit, 12 m hoch und nur noch mit Technik besetzt. Gleichwohl erwecken Feuerschiffe immer noch Erinnerungen an längst vergangene Zeiten. Feuerschiffe sind auch heute noch für die sichere Schiffahrt unverzichtbar. Sie verfügen – gegenüber Tonnen – über zusätzliche, z. B. für die Radarnavigation erforderliche Funktionen.

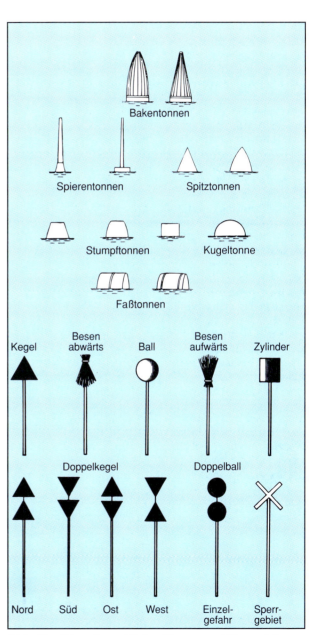

Abb. 11: *Die gebräuchlichen Tonnen und Toppzeichen auf einen Blick*

Befeuerung

[handwritten notes: Whis / Heultonne / Bell / Glocken]

Bei Nacht werden Leuchttürme, Leuchttonnen und Feuerschiffe „befeuert". Leuchtfeuer unterscheiden sich durch ihre Feuerart, Farbe und Periode.

Die wichtigsten Feuerarten:
– Festfeuer
– Unterbrochenes Feuer
– Gleichtaktfeuer
– Blinkfeuer
– Blitzfeuer
– Funkelfeuer
– Schnelles Funkelfeuer

Festfeuer leuchten ununterbrochen in gleicher Stärke.
Unterbrochene Feuer leuchten fast immer, sie werden in regelmäßigem Rhythmus kurzzeitig ausgeschaltet, „unterbrochen". Bei unterbrochenen Feuern ist die Leuchtphase also länger als die Dunkelphase.
Gleichtaktfeuer sind durch gleich lange Leucht- und Dunkelphasen charakterisiert.
Weiterhin gibt es zwei Feuerarten, bei denen die Dunkelphase länger als die Leuchtphase ist.
Bei **Blinkfeuern** dauert die Dunkelphase länger als die Leuchtphase. Ein Blink leuchtet aber mindestens 2 Sekunden.
Blitzfeuer leuchten kürzer als Blinkfeuer. Die Leuchtphase dauert unter

zwei – in Deutschland unter einer Sekunde.
Das **Funkelfeuer** hat 50 oder 60 Blitze pro Minute, das **schnelle Funkelfeuer** 100 oder 120 Blitze pro Minute.
Zeigt z. B. ein Blinkfeuer nicht nur einen, sondern drei Blinks hintereinander, denen jeweils eine längere Pause folgt, so nennt man es **Blinkfeuer Gruppe 3. Gruppe** heißt, daß mehrere Blinks, Blitze, Funkel oder Dunkelphasen (bei unterbrochenem Licht) hintereinander auftreten.
Kennung bedeutet Art und Farbe des Feuers.
Die **Farbe des Feuers** ist in Seekarten durch einen schräg an der Tonne hängenden farbigen Tropfen angegeben. Man beachte, daß gelbe Tropfen weiße oder gelbe Lichter darstellen können. Gelbe Lichter kommen nur bei Warn- und Sperrgebietstonnen vor und sind durch den zusätzlichen Buchstaben Y (Y = yellow = gelb) dargestellt.
Die Gesamtdauer einer Feuerperiode heißt **Wiederkehr.** Sie kann auf See nur mit dem Sekundenzeiger, nicht durch Auszählen gemessen werden.
In vielen deutschen Seekarten werden Kennungen mit internationalen (englischen) Abkürzungen bezeichnet, die man in der Prüfung übersetzen muß.

Intern.	D	Bedeutung
F	F.	Fest
Oc	Ubr.	Unterbrochen
Iso	Glt.	Gleichtakt
LFl	Blk.	Blink
Fl	Blz.	Blitz
Q	Fkl.	Funkel
VQ	Sfkl.	Schnelles Funkel
B	sch.	schwarz
Y	g.	gelb
W	w.	weiß
R	r.	rot
G	gr.	grün
M	sm	Seemeile
m	m	Meter
s	s	Sekunde

192

Was bedeuten folgende Abkürzungen?
1. Oc (2) R. Whis/ Hl-Tn. Ubr. (2) r.?
2. Fl (2) G/ Blz. (2) gn.?
3. Oc. WRG. 12M/ Ubr.w/r/gn. 12 sm?
4. LFl/Blk.?
5. Bell/Gl-Tn.?
6. Dir/Lt-F.?

1. Heultonne mit unterbrochenem Feuer Gruppe 2 rot.
2. Blitzfeuer Gruppe 2 grün.
3. Unterbrochenes Feuer mit weißem und rotem und grünem Sektor, Nenntragweite 12 sm.
4. Blinkfeuer.
5. Glockentonne.
6. Leitfeuer.

216

Was verstehen Sie unter einem unterbrochenen Feuer?

Die Lichterscheinungen sind stets länger als die Verdunkelungen.

217

Was verstehen Sie unter einem Blinkfeuer?

Die Lichterscheinungen sind stets kürzer als die Verdunkelungen. Ein Blink ist mindestens zwei Sekunden lang.

218

Was verstehen Sie unter einem Blitzfeuer?

Die Lichterscheinungen sind stets kürzer als die Verdunkelungen. Ein Blitz ist weniger als 2 Sekunden, in deutschen Gewässern weniger als 1 Sekunde lang.

Befeuerung

219

● ●

Was verstehen Sie unter einem Funkelfeuer?

Schnell aufeinanderfolgende Lichterscheinungen (60 Lichterscheinungen in der Minute).

222

● ●

Was verstehen Sie unter der Wiederkehr eines Leuchtfeuers?

Das ist der Zeitraum vom Einsetzen einer Taktkennung bis zum Einsetzen der nächsten gleichen Taktkennung.

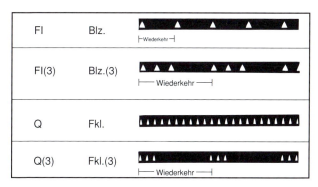

Abb. 12: *Vier Feuerarten.*

220

● ●

Was verstehen Sie unter einem Gleichtaktfeuer?

Die Lichterscheinung und Verdunkelung sind von gleicher Zeitdauer.

221

● ● ●

Welche verschiedenen Kennungen von Leuchtfeuern gibt es?

Festfeuer, Blinkfeuer, Blitzfeuer, Funkelfeuer, unterbrochene Funkelfeuer, unterbrochene Feuer, Gleichtaktfeuer.

Übungsaufgaben

Bearbeiten Sie in den beiliegenden Seekartenausschnitten die folgenden Prüfungsaufgaben:

Seekarte	Aufgabe
345	c)
350	c)
351	b)
353	b)
354	c)
355	c)
358	b)
360	c)

Hinweis: Der jeweils vor Aufgabe a) stehende Text ist bereits in die Seekarte eingezeichnet. Es verlangt anfangs etwas Übung, diese Angaben zu finden. Eventuell ist es empfehlenswert, zunächst den Abschnitt „Seekarten" zu bearbeiten.

LtHO	Lcht-Tm.	Leuchtturm/*Lighthouse*	VQ	SFkl.	Schnelles Funkel/*Very quick*
Ldg	Rcht-F.	Richtfeuer/*Leading Lights*	IVQ	SFkl. unt.	Schnelles Funkel unterb./
Dir	Lt-F.	Leitfeuer/*Direction Light*			*Interrupted very quick*
Aero	Aero	Lufffahrtfeuer/*Aero Light*	Mo	Mo.	Morse/*Morse*
R Lts	Warn-F.	Warnfeuer/*Air obstruction*	W	w.	Weiß/*White*
		light	R	r.	Rot/*Red*
Rear Lt	Ob-F.	Oberfeuer/*Rear light*	G	gn.	Grün/*Green*
Front Lt	U-F.	Unterfeuer/*Front light*	Bu	bl.	Blau/*Blue*
in fog	N-F.	Nebelfeuer/*Fog light*	Vi	viol.	Violett/*Violet*
Fog Det Lt	SMG	Sichtweitenmeßgerät/	Y	g., or.	Gelb, Orange/*Yellow, Orange*
		Fog detector light	Or	or.	Orange/*Orange*
F	F.	Festfeuer/*Fixed*	M	sm	Seemeile/*Sea mile*
Oc	Ubr.	Unterbrochen/*Occulting*	vert	wgr.	Waagerecht/*Horizontal*
Iso	Glt.	Gleichtakt/*Isophase*	hor	skr.	Senkrecht/*Vertical*
Fl	Blz.	Blitz/*Flashing*	occas	ztws	Zeitweise/*Occasional*
Lfl	Blk.	Blink/*Long-flashing*	temp	ztwl.	Zeitweilig/*Temporary*
Q	Fkl.	Funkel/*Quick*	intens	vrst.	Verstärkt/*Intensified*
IQ	Fkl. unt.	Funkel unterbrochen/	faint	schw.	Schwach/*Faint*
		Interrupted quick	obscd	vrd.	Verdeckt/*Obscured*

Abb. 13: *Gegenüberstellung der deutschen und internationalen Abkürzungen (aus Karte 1).*

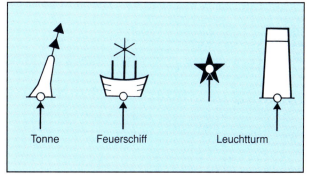

Abb. 14: *Der kleine Kreis an der Basis des Objektes gibt in der Seekarte dessen genauen Standort an.*

Fahrwassertonnen

Abb. 15: *Wer Tonnen anläuft, schließt Verwechselungen aus und weiß gleichzeitig, ob Strom setzt. Diese Steuerbord-Fahrwassertonne heißt VL 9.*

181

● Sie sehen folgende Tonne: Was bedeutet diese Tonne?

Die erste Tonne der Steuerbordseite eines Fahrwassers.

182

● Sie sehen folgende Tonne: Was bedeutet diese Tonne?

Die erste Tonne der Backbordseite eines Fahrwassers.

Tonnen, welche die Steuerbordseite des Fahrwassers (s. Seite 12) begrenzen **(Steuerbordtonnen),** sind grün angestrichen, haben eine spitze Form oder tragen spitze Toppzeichen und werden mit ungeraden Zahlen numeriert.

Backbordtonnen sind rot angestrichen, haben eine stumpfe Form oder tragen stumpfe Toppzeichen und werden mit geraden Zahlen numeriert.

Steuerbord = Nr. 1
Die Ziffer 1 ist oben spitz.

Steuerbord: grün, spitz und ungerade.

Backbord = Nr. 2
Die Ziffer 2 ist oben stumpf.

Rote Backe – links nach Ohrfeige

Backbord: rot, stumpf und gerade.

Abb. 16: *Tonnen – hier eine Backbord-Fahrwassertonne 8 – werden von Regattaseglern manchmal als Wendemarken genutzt.*

Fahrwassertonnen

183

● *Sie sehen folgende Schiffahrtszeichen: Welche Seite des Fahrwassers bezeichnen diese Schiffahrtszeichen?*

Die Steuerbordseite des Fahrwassers.

184

● *Sie sehen folgende Schiffahrtszeichen: Welche Seite des Fahrwassers bezeichnen diese Schiffahrtszeichen?*

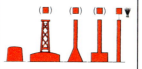

Die Backbordseite des Fahrwassers.

Abb. 17: *Fahrwassermitte-tonnen und Ansteuerungs-tonnen sind rot-weiß gestreift und tragen als Toppzeichen einen roten Ball.*

185

● *Welche Beschriftung tragen die Tonnen an der Backbordseite eines Fahrwassers?*

Fortlaufende gerade Nummern – von See beginnend oder nach festgelegter Richtung –, gegebenenfalls mit einem angehängten kleinen Buchstaben.

186

● *Welche Beschriftung tragen die Tonnen an der Steuerbordseite eines Fahrwassers?*

Fortlaufende ungerade Nummern – von See beginnend oder nach festgelegter Richtung –, gegebenenfalls mit einem angehängten kleinen Buchstaben.

In breiten Fahrwassern wird die **Fahrwassermitte** durch rot-weiß gestreifte Tonnen mit einem roten Ball als Toppzeichen gekennzeichnet. Diese Tonnen werden auch als **Ansteuerungstonnen** verwendet, um von See kommende Schiffe sicher in das Fahrwasser zu leiten.

180

● *Sie sehen folgende Tonne: Was bedeutet diese Tonne?*

Bezeichnung der Fahrwassermitte.

188

● *Sie sehen folgendes feste Schiffahrtszeichen: Welche Seite des Fahrwassers bezeichnet dieses Schiffahrtszeichen?*

Die Backbordseite des Fahrwassers.

Abb. 18: *Pricke im Wattenfahrwasser mit Besen Spitze abwärts (Backbordseite).*

Fahrwassertonnen

187

Sie sehen folgendes feste Schiffahrtszeichen: Welche Seite des Fahrwassers bezeichnet dieses Schiffahrtszeichen?

Die Steuerbordseite des Fahrwassers.

189

Sie sehen folgendes feste Schiffahrtszeichen: Welche Seite des Fahrwassers bezeichnet dieses Schiffahrtszeichen?

Die Backbordseite des Fahrwassers.

Fahrwassertonnen begrenzen das Fahrwasser seitlich. Sie werden daher auch als laterale Tonnen (lateral = seitlich) bezeichnet.

Rechts hat für Menschen immer mehr Ansehen gehabt als links. Die Sprache drückt dies durch Formulierungen wie „der rechte Weg", aber „die linke Masche" aus. Für unsere Großeltern war es sehr wichtig, daß die Frau an der rechten Seite des Mannes ging, schlief und schließlich begraben wurde. Links ging der Hund.

Auf Schiffen ist diese Tradition bis heute erhalten geblieben. Steuerbord ist auf Schiffen die vornehme Seite. An Steuerbord hat der Kapitän seine Kajüte, an Steuerbord wird navigiert, an Steuerbord wird die Gastlandflagge, eine kleine Nationalflagge des besuchten Landes gesetzt.

Backbord war auf Schiffen immer die „Dreckseite". An Backbord war die Toilette und die Pantry (Küche), an Backbord wurde Schmutz und Unrat über Bord gekippt. Deshalb ging man früher nie an Backbord an Bord, wenn man mit einem Dingi zum Schiff gerudert („gepullt") wurde. Viele Lotsen betreten auch heute noch nur an Steuerbord ein Schiff.

Die Kenntnis der Rangfolge „Steuerbord kommt vor Backbord" hilft auch in Führerscheinprüfungen:
Bei Fahrwassertonnen: Die Nummer 1 liegt immer an Steuerbord, Nummer 2 an Backbord, Nummer 3 wieder an Steuerbord usw.
Bei Schallsignalen: Ich ändere meinen Kurs nach Steuerbord = 1 kurzer Ton; ich ändere meinen Kurs nach Backbord = 2 kurze Töne.
Bei den Ausweichregeln für Maschinenfahrzeuge: Einem Schiff, das von Steuerbord kommt, ist auszuweichen.
Bei den Ausweichregeln für Segler: Boote mit Wind von Backbord weichen Booten mit Wind von Steuerbord.

Abzweigende Fahrwasser erkennt man an ihrer „Bauchbinde". Ein schmaler roter Streifen auf einer grünen Tonne bedeutet: Steuerbordtonne des durchgehenden und gleichzeitig Backbordtonne des abzweigenden oder einmündenden Fahrwassers.

190

Sie sehen folgende Tonne: Was bedeutet diese Tonne?

Steuerbordseite des durchgehenden Fahrwassers, Backbordseite des abzweigenden Fahrwassers.

191

Sie sehen folgende Tonne: Was bedeutet diese Tonne?

Backbordseite des durchgehenden Fahrwassers, Steuerbordseite des einmündenden Fahrwassers.

Fahrwassertonnen

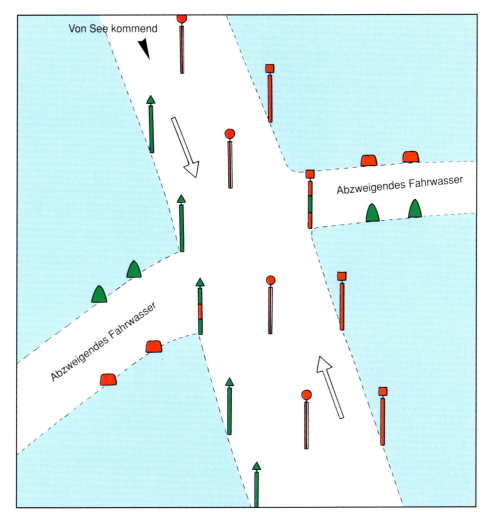

Abb. 19: *Von See kommend hat ein Schiff immer die grünen Tonnen an seiner Steuerbordseite und die roten an seiner Backbordseite.*
Die Steuerbordseite des Fahrwassers ist diejenige mit grünen Tonnen, die Backbordseite des Fahrwassers ist die an den roten Tonnen.
Rechte Fahrwasserseite bedeutet immer rechts aus Sicht eines Schiffes gesehen.
Abzweigende oder einmündende Fahrwasser sind an Tonnen mit waagerechten roten/grünen Bändern erkennbar.

Bei Nacht werden Steuerbordtonnen durch grüne Blitz-, Funkel- oder unterbrochene Feuer gekennzeichnet, an Backbord sind die gleichen Feuer in rot installiert. Die Fahrwassermitte wird durch weiße, unterbrochene oder Gleichtaktfeuer markiert.

193

Welche Kennung und Farbe haben die Feuer der Leuchttonnen an der Steuerbordseite des Fahrwassers?

Grünes Blitzfeuer, grünes Funkelfeuer oder grünes, unterbrochenes Feuer.

194

Welche Kennung und Farbe haben die Feuer der Leuchttonnen an der Backbordseite des Fahrwassers?

Rotes Blitzfeuer, rotes Funkelfeuer oder rotes, unterbrochenes Feuer.

195

Welche Kennung und Farbe hat das Feuer der Leuchttonnen in der Mitte des Fahrwassers?

Weißes Gleichtaktfeuer oder weißes unterbrochenes Feuer.

Gefahrenstellentonnen

Gefahrenstellen sind z. B. Untiefen (flach), Unterwasserfelsen, Wracks oder Sandbänke. Zur Warnung der Schiffahrt wird die Gefahrenstelle mit bis zu vier Tonnen umgeben. Man nennt sie auch umgangssprachlich kurz **„Untiefentonnen"**.

Gefahrenstellentonnen tragen stets zwei schwarze Kegel als Toppzeichen. An diesen Kegeln kann man leicht erkennen, in welcher Himmelsrichtung bezogen auf die Gefahrenstelle die Tonne liegt (siehe Abbildung 20).

Gefahrenstellentonnen sind meistens mit dem Namen der Gefahrenstelle beschriftet. Wer nicht ganz sicher ist, um welche Gefahrenstelle es sich handelt, kann hinfahren und nachgucken. Dabei sieht man auch gleichzeitig, ob ein Strom vorhanden ist.

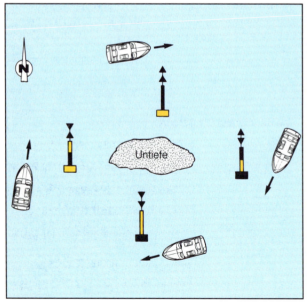

Abb. 20: *An den Toppzeichen erkennt man leicht, wo die Tonne liegt:*
Nördlich der Gefahrenstelle zeigen beide Kegel nach oben. Südlich der Gefahrenstelle zeigen beide Kegel nach unten. Östlich der Gefahrenstelle bilden die Kegel ein „O". Westlich der Gefahrenstelle – mit etwas Phantasie – ein liegendes „W".
Die Toppzeichen zeigen auf die schwarzen Streifen.

●● *Sie sehen folgende Schiffahrtszeichen: Was bedeuten diese Schiffahrtszeichen?*

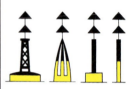

Südlich der Tonne befindet sich eine allgemeine Gefahrenstelle, die nördlich der Tonne passiert werden muß.

●● *Sie sehen folgende Schiffahrtszeichen: Was bedeuten diese Schiffahrtszeichen?*

Nördlich der Tonne befindet sich eine allgemeine Gefahrenstelle, die südlich der Tonne passiert werden muß.

●● *Sie sehen folgende Schiffahrtszeichen: Was bedeuten diese Schiffahrtszeichen?*

Westlich der Tonne befindet sich eine allgemeine Gefahrenstelle, die östlich der Tonne passiert werden muß.

●● *Sie sehen folgende Schiffahrtszeichen: Was bedeuten diese Schiffahrtszeichen?*

Östlich der Tonne befindet sich eine allgemeine Gefahrenstelle, die westlich der Tonne passiert werden muß.

Gefahrenstellentonnen

Gefahrenstellentonnen sind mit weißen Funkeln oder weißen, schnellen Funkeln befeuert, und zwar:
– Im Osten: 3 Funkel oder 3 schnelle Funkel
– Im Süden: 6 Funkel oder 6 schnelle Funkel (mit angehängtem Blink)
– Im Westen: 9 Funkel oder 9 schnelle Funkel
– Im Norden: (Dauer-)Funkel oder schnelle (Dauer-)Funkel.
Die Anzahl der Funkel entspricht dem Ziffernblatt einer Uhr (s. Abbildung 21).

200

● ●

Sie sehen das Feuer einer Leuchttonne mit folgenden Kennungen: Was bedeuten diese Kennungen?

oder

Südlich des Feuers befindet sich eine allgemeine Gefahrenstelle, die nördlich des Feuers passiert werden muß.

202

● ●

Sie sehen das Feuer einer Leuchttonne mit folgenden Kennungen: Was bedeuten diese Kennungen?

oder

Nördlich des Feuers befindet sich eine allgemeine Gefahrenstelle, die südlich des Feuers passiert werden muß.

203

● ●

Sie sehen das Feuer einer Leuchttonne mit folgenden Kennungen: Was bedeuten diese Kennungen?

oder

Östlich des Feuers befindet sich eine allgemeine Gefahrenstelle, die westlich des Feuers passiert werden muß.

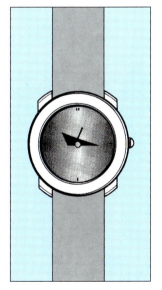

Abb. 21: *Leicht zu merken: Die Anzahl der Funkel entspricht dem Ziffernblatt einer Uhr.*

201

● ●

Sie sehen das Feuer einer Leuchttonne mit folgenden Kennungen: Was bedeuten diese Kennungen?

oder

Westlich des Feuers befindet sich eine allgemeine Gefahrenstelle, die östlich des Feuers passiert werden muß.

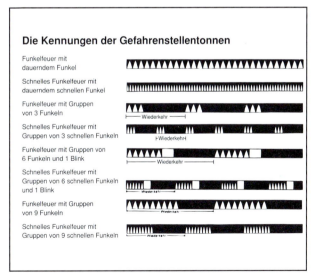

Die Kennungen der Gefahrenstellentonnen

Funkelfeuer mit dauerndem Funkel

Schnelles Funkelfeuer mit dauerndem schnellen Funkel

Funkelfeuer mit Gruppen von 3 Funkeln

Schnelles Funkelfeuer mit Gruppen von 3 schnellen Funkeln

Funkelfeuer mit Gruppen von 6 Funkeln und 1 Blink

Schnelles Funkelfeuer mit Gruppen von 6 schnellen Funkeln und 1 Blink

Funkelfeuer mit Gruppen von 9 Funkeln

Schnelles Funkelfeuer mit Gruppen von 9 schnellen Funkeln

Abb. 22: *Diese Kennungen stehen auf jedem Prüfungsfragebogen. Sie stellen die Befeuerung der Gefahrenstellentonnen dar (s. auch Fragen 200 - 203).*

Gefahrenstellentonnen

Neue Gefahrenstelle

Eine neue Gefahrenstelle wird immer durch zwei gleiche Tonnen gekennzeichnet.

205

Sie sehen folgende Schiffahrtszeichen nebeneinander: Was bedeuten diese Schiffahrtszeichen nebeneinander?

Die Tonnen zeigen an, daß sich nördlich von ihnen eine neue Gefahrenstelle befindet, die allgemein südlich der Tonnen passiert werden muß.

Abb. 23: *Auf Grund gelaufen! Vergeblich sind alle Tricks (Außenborder an, das Boot krängen, ein Mann auf den Großbaum, schieben...). Später schleppt der Segler hinten das Boot frei.*

204

Sie sehen folgende Schiffahrtszeichen: Was bedeuten diese Schiffahrtszeichen?

Einzelgefahr

Gefahrenstellen von geringer Ausdehnung, die an allen Seiten passiert werden können, werden durch schwarze Tonnen mit roter Bauchbinde und zwei schwarzen Bällen angezeigt.

Die Tonne zeigt eine Einzelgefahrenstelle an, die an allen Seiten passiert werden kann.

Warn- und Sperrgebietstonnen

Militärische oder zivile Warngebiete, Kabel- oder Rohrleitungen werden mit gelben Tonnen – gelbes Kreuz als Toppzeichen – bezeichnet und gelb befeuert. Sperrgebietstonnen sind ebenfalls gelb, tragen aber rote Streifen. Die Tonnen sind beschriftet. Ihre Bedeutung steht zudem in der Seekarte. Bei Schießübungen der Bundesmarine wird die Schiffahrt besonders gewarnt.

162

● Sie sehen folgende Tonne: Was bedeutet diese Tonne?

Warngebiet für militärische und zivile Zwecke.

163

●● Woran können Sie erkennen, daß ein militärisches Warngebiet wegen Schießübungen für die Schiffahrt gesperrt ist?

An bestimmten Tag- und Nachtsignalen, die nach der Schiffahrtspolizeiverordnung der WSD Nord für militärische Sperr- und Warngebiete gesetzt werden.

164

● Sie sehen folgende Schiffahrtszeichen: Was bedeuten diese Schiffahrtszeichen?

Warnstelle für militärische und zivile Zwecke.

157

●● Sie sehen folgende Schiffahrtszeichen (hier ohne Beschriftung):
1. Was kennzeichnen diese Schiffahrtszeichen?
2. Wo entnehmen Sie die Bedeutung dieser Schiffahrtszeichen?

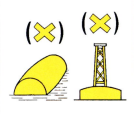

1. Kennzeichnung besonderer Gebiete und Stellen, z. B. Warngebiete, Fischereigründe.

2. Die Bedeutung kann der Seekarte entnommen und aus der Beschriftung der Zeichen erkannt werden.

165

● Sie sehen folgende Schiffahrtszeichen: Was bedeuten diese Schiffahrtszeichen?

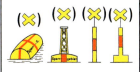

Sperrgebiet. Befahren verboten.

 Abb. 24: *Spinnakermanöver vor südlicher Gefahrenstellentonne.*

Leuchttürme

Leuchttürme (Leuchtfeuer) werden wie Leuchttonnen durch Kennung und Wiederkehr charakterisiert. Wie weit sind Leuchtfeuer sichtbar? Die **Sichtweite** der Leuchtfeuer ist durch die Erdkrümmung begrenzt. Sie hängt von der Höhe des Leuchtfeuers und der Augeshöhe des Beobachters ab und wird in Seemeilen angegeben (s. Abbildung 25).

Die ebenfalls in Seemeilen angegebene **Tragweite** beschreibt die Lichtstärke des Leuchtfeuers. Sie gibt an, wie weit das Feuer – völlig unabhängig von Augeshöhe und Erdkrümmung – sichtbar ist (s. Abbildung 25).

Zur Erleichterung der Ansteuerung werden Leuchtfeuer als Leit- oder als Richtfeuer konzipiert.
Ein **Leitfeuer** ist ein Sektorenfeuer mit einem weißen Fahrsektor und zwei Warnsektoren: grün an Steuerbord und rot an Backbord. Sportboote fahren an der Grenze weiß-grün. Sehen sie den grünen Sektor, so sind sie zu weit nach Steuerbord gekommen und müssen sich mehr nach Backbord orientieren. Analog wird aus dem roten Sektor nach Steuerbord gefahren.
Ein **Richtfeuer** besteht aus zwei Leuchtfeuern, die in einer Linie stehen. Das hintere Feuer ist höher. Sieht

man die beiden Feuer senkrecht übereinander, so fährt man auf dem in der Seekarte angegebenen Kurs.
Ein **Quermarkenfeuer** hat quer zur Kurslinie verlaufende Sektoren, mit denen auf eine Kursänderung hingewiesen wird.
Die Navigation mit Leit- und Richtfeuern ist in der Praxis nur an Hand von Seekarten möglich (s. Abbildungen 26 und 27).

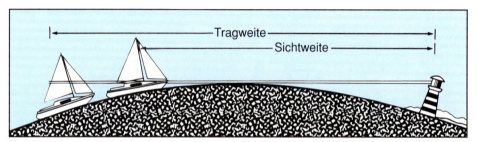

Abb. 25: *Die Sichtweite, die von der Höhe des Leuchtfeuers und der Augeshöhe des Betrachters abhängig ist, kann einer Tabelle im Leuchtfeuerverzeichnis entnommen werden.*

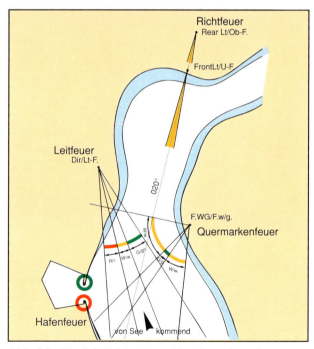

Abb. 26: *Ein Schiff fährt im weißen Leitsektor des vorausliegenden Leitfeuers. Käme es in den roten (grünen) Warnsektor, so müßte es seinen Kurs nach Steuerbord (Backbord) ändern. An Backbord beobachtet es ein grünes und ein rotes Festfeuer einer Hafeneinfahrt. Am Steuerbordufer liegt ein Quermarkenfeuer. Beim Übergang vom weißen Ankündigungssektor in den grünen Kursänderungssektor wird eine Kursänderung nach Steuerbord vorgenommen. Nun wird mit Hilfe des Richtfeuers navigiert: Sieht der Steuermann das Ober- und das Unterfeuer genau übereinander, so fährt das Schiff auf der eingezeichneten Richtfeuerlinie (020°).*

Leuchttürme

Name
Fl(3) WRG.15s 21 m 15–11M

Fl(3)	Art der Kennung: Blitzfeuer mit Gruppen von drei Blitzen
WRG	Farben: weiß, rot, grün, die verschiedenen Sektorenfarben darstellend
15s	Wiederkehr: die Zeit vom Eintritt der Taktkennung von 3 Blitzen und Verdunkelung bis zum Wiedereintritt der gleichen Taktkennung: 15 Sekunden
21m	Feuerhöhe: Höhe der Lichtquelle über der jeweiligen Höhenbezugsfläche: 21 Meter
15–11M	Nenntragweite: weiß 15 sm, grün 11 sm, rot zwischen 15 und 11 sm

Abb. 27: *So werden Leuchtfeuer in Seekarten beschrieben.*

206

Welche Farbe eines Festfeuers treffen Sie einlaufend in der Regel bei Hafeneinfahrten an der Steuerbordseite an?

Grün.

207

Welche Farbe eines Festfeuers treffen Sie einlaufend in der Regel bei Hafeneinfahrten an der Backbordseite an?

Rot.

208

Was verstehen Sie unter einem Leitfeuer?

Ein Sektorenfeuer verschiedener Kennung und Farben (Leitsektor und Warnsektoren), das ein Fahrwasser, eine Hafeneinfahrt oder einen freien Seeraum zwischen Untiefen bezeichnet.

209

Wie navigieren Sie mit Hilfe eines Leitfeuers?

Ich muß mit meinem Fahrzeug an der rechten Seite des durch den weißen Leitsektor gekennzeichneten Fahrwassers fahren.

210

Wenn Sie von See kommend auf ein Leitfeuer zufahren und aus dem weißen Leitsektor in den roten Warnsektor kommen, nach welcher Seite müssen Sie den Kurs ändern?

Nach Steuerbord.

211

Wenn Sie von See kommend auf ein Leitfeuer zufahren und aus dem weißen Leitsektor in den grünen Warnsektor kommen, nach welcher Seite müssen Sie den Kurs ändern?

Nach Backbord.

212

Was verstehen Sie unter einem Richtfeuer?

Es besteht aus Unter- und Oberfeuer und bezeichnet die Richtung in einem Fahrwasser.

213

Wie navigieren Sie mit Hilfe eines Richtfeuers?

Ich fahre rechts von der Richtfeuerlinie.

214

Was verstehen Sie unter einem Quermarkenfeuer?

Es ist ein Sektorenfeuer und besteht aus zwei weißen Ankündigungssektoren und einem farbigen Kursänderungssektor.

215

Wie navigieren Sie mit Hilfe eines Quermarkenfeuers?

Ich muß mit meinem Fahrzeug beim Übergang von dem weißen Ankündigungssektor in den folgenden farbigen Kursänderungssektor meinen Kurs halten.

Kartenmaterial

Der Autoatlas bleibt im Wagen, wenn es auf See geht. Hier braucht man Seekarten.

Viele Sportbootfahrer navigieren mit den gleichen **amtlichen Seekarten,** die auch von der Berufsschifffahrt verwendet werden. Alternativ dazu finden zunehmend Sportbootkarten Verwendung, die preisgünstiger sind und ein handliches Format haben.

Ausschnitte aus amtlichen Seekarten zur Vorbereitung auf die Prüfung sind diesem Buch beigefügt. Seekarten können sehr schnell veralten. Änderungen in der Betonnung und Befeuerung, neue Wracks usw. werden vom Bundesamt für Seeschiffahrt und Hydrographie (BSH) oder den amtlichen Vertriebsstellen umgehend in die Seekarten eingetragen. Der jeweilige Stand (Woche, Jahr) der Seekarte ist

auf den linken unteren Kartenrand gestempelt. Vor Gebrauch der Seekarte sollte man sich davon überzeugen, daß die Karte auf dem neuesten Stand ist. Denn gerade in unbekannten Gewässern kann man nur mit neuen Karten navigieren.

Die Berufsschiffahrt berichtigt ihre Seekarten selbst. In den wöchentlich erscheinenden Nachrichten für Seefahrer (NfS) werden die Änderungen veröffentlicht. Die NfS können auch an Aushangstellen bei Hafenmeistern, Schleusen u. a. eingesehen werden.

Speziell für Wassersportler aufbereitete nautische Nachrichten erhalten Mitglieder der Kreuzer-Abteilung des Deutschen Segler-Verbandes (DSV) kostenlos viermal jährlich.

229

●
Wovon sollten Sie sich vor Gebrauch einer Seekarte überzeugen?

Daß die Karte auf den neuesten Stand berichtigt ist.

230

●
Woran erkennen Sie, ob die Seekarte auf den neuesten Stand berichtigt ist?

An dem letzten amtlichen Berichtigungsdatum, das sich in der Regel an der linken Seite des unteren Kartenrandes befindet.

226

●●
Welche Angaben enthalten die Nachrichten für Seefahrer (NfS) und die Bekanntmachungen für Seefahrer (BfS)?

Sie enthalten alle Veränderungen hinsichtlich Betonnung, Befeuerung, Wracks und Untiefen.

227

●●
Wo können Sie von den Bekanntmachungen für Seefahrer (BfS) Kenntnis erlangen?

An den dafür eingerichteten Aushangstellen (z. B. Hafenmeister, Schleusen, Wasserschutzpolizei).

Die in der Seekarte verwendeten Zeichen und Abkürzungen sind in der **Karte 1,** die inzwischen den Umfang eines größeren Heftes angenommen hat, erläutert. Für Sportboote wichtige Darstellungen zeigen die Seiten 30–33.

Farben in Seekarten
Rosa = Trennzonen in Verkehrstrennungsgebieten u. a. m.
Gelb = Land
Grün = Watt, fällt trocken, 0 Meter tief
Hellblau = flaches Wasser
Weiß = tiefes Wasser
Die durch die Farben dargestellten Tiefenangaben entnimmt man den Tiefenlinien.

Abb. 28: Berichtigungsstempel: vom Bundesamt für Seeschiffahrt und Hydrographie berichtigt bis zur Ausgabe 37 / 1993 (= Kalenderwoche 37 in 1993) der Nachrichten für Seefahrer.

Kartenmaterial

231

● **In welcher Maßeinheit werden in deutschen Seekarten die Tiefen angegeben?**

In Meter und Dezimeter.

232

● **Wo finden Sie Angaben über die Zeichen und Abkürzungen in den deutschen Seekarten?**

In der Karte 1 des BSH.

Übungsaufgaben
Bearbeiten Sie in den beiliegenden Seekartenausschnitten die folgenden Prüfungsaufgaben:

Seekarte	Aufgabe
347	c)
352	c)
355	a)
359	c)

Hinweis: Der jeweils vor Aufgabe a) stehende Text ist bereits in die Seekarte eingezeichnet. Es verlangt etwas Übung, diese Angaben zu finden.

Abb. 29: *Seekarten sind in Ufernähe wie auf hoher See unverzichtbar.*

Kartenmaterial

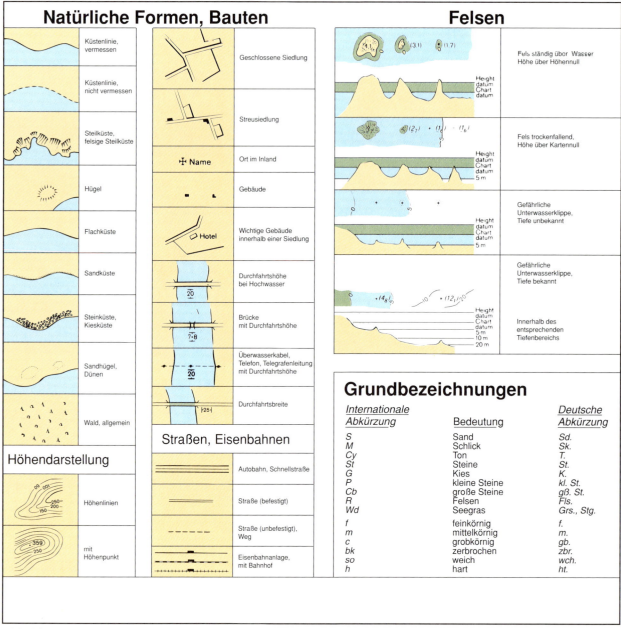

Abb. 30: *Aus Karte 1.*

Kartenmaterial

Landmarken

⍾	Turm
✗	Windmühle
⍾	Windmotor
⍥	Funkmast, Fernsehmast
⍥	Funkturm, Fernsehturm
☩ ⬤	Kirche
☩ Tr ⬤Tr	Kirchturm

Häfen

⚓	Hafenamt, Hafen
⊖	Zollamt, Zollstelle
⊕	Gesund-heitsamt
⊕ Hospital	Krankenhaus
⊠	Postamt

Wracke, Schiffahrtshindernisse

⊞	Gefährliches Wrack, Tiefe unbekannt
⊹	Ungefährliches Wrack, Tiefe unbekannt
‾25 Wk	Wrack, geringste Tiefe unbekannt, die angegebene Tiefe kann jedoch als wahrscheinliche Mindesttiefe betrachtet werden.
�..⌐ Foul	Wrackreste, Unrein, ungefährlich für die Überwasserschiffahrt, jedoch beim Ankern, Fischen usw. zu meiden.
⛵	Wrack, mit sichtbaren Rumpfteilen oder Deckaufbauten über Kartennull.
⊹ Mast	Wrack, von dem nur ein Mast oder Masten über Kartennull sichtbar sind.
4₆ Wk 25 Wk	Wrack, geringste Tiefe bekannt.
4₆ Wk 25 Wk	Wrack, geringste Tiefe bekannt, abgesucht mit Schleppgerät oder durch Taucher
◯ Obstn	Schiffahrtshindernis, Tiefe unbekannt.
4₆ Obstn	Schiffahrtshindernis, geringste Tiefe bekannt.
4₆ Obstn	Schiffahrtshindernis, geringste Tiefe bekannt, abgesucht mit Schleppgerät oder durch Taucher
◯ Obstn	Pfahlwerk unter Wasser
⌇	Pfahl, Stange, Stamm, Rohr oder Stumpf unter Wasser (mit genauer Position)

Leuchtfeuer

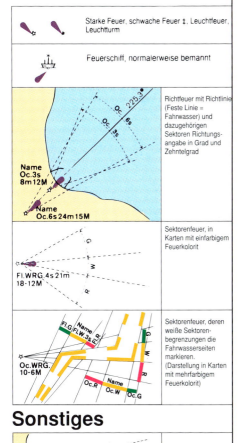

Sonstiges

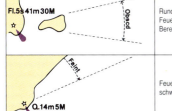

	Rundumscheinendes Feuer in einem Bereich verdeckt
	Feuer mit schwachem Sektor

Abb. 31: *Aus Karte 1.*

Kartenmaterial

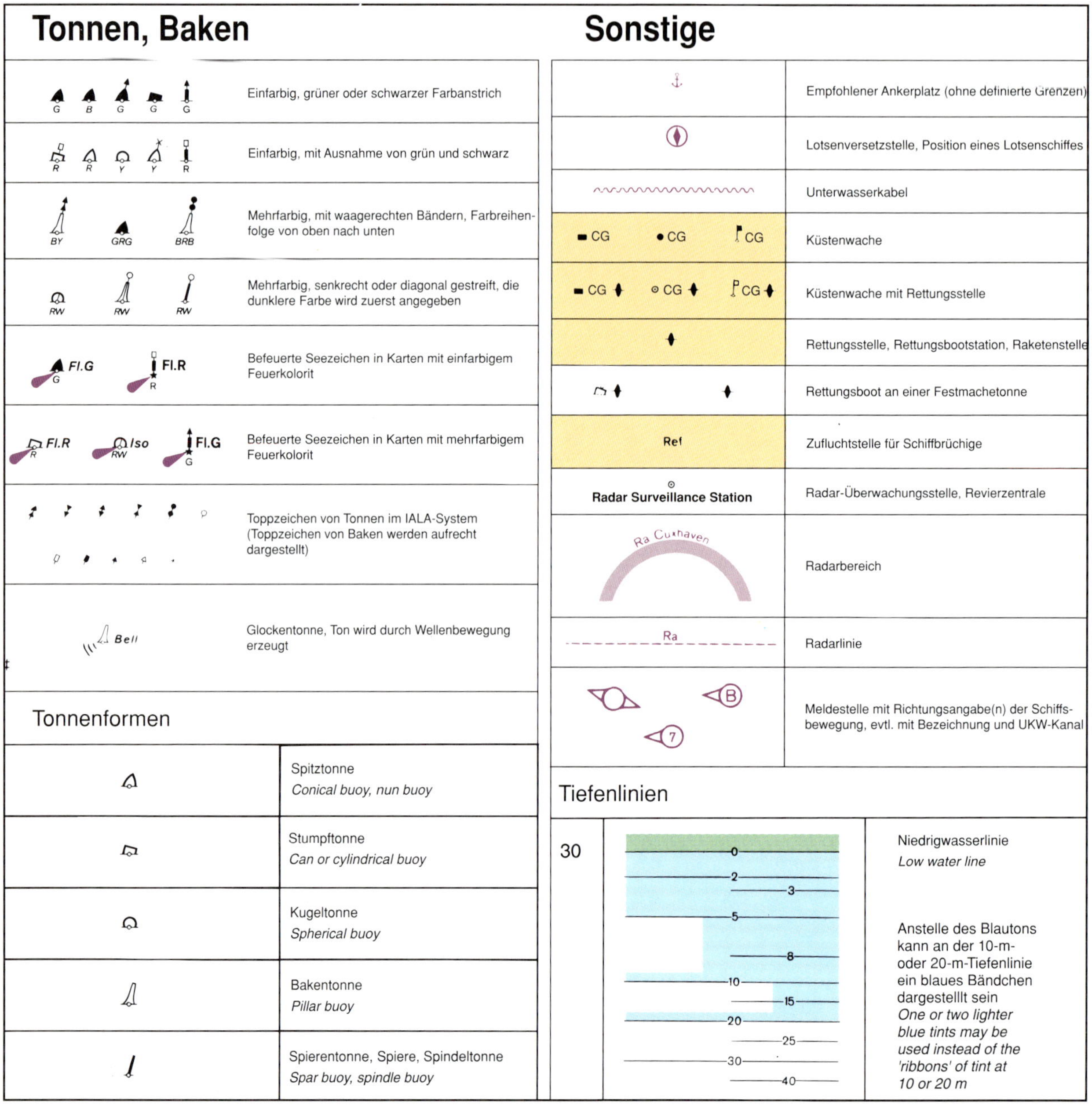

Tonnen, Baken

G · B · G · G · G	Einfarbig, grüner oder schwarzer Farbanstrich
R · R · Y · Y · R	Einfarbig, mit Ausnahme von grün und schwarz
BY · GRG · BRB	Mehrfarbig, mit waagerechten Bändern, Farbreihenfolge von oben nach unten
RW · RW · RW	Mehrfarbig, senkrecht oder diagonal gestreift, die dunklere Farbe wird zuerst angegeben
Fl.G G · Fl.R R	Befeuerte Seezeichen in Karten mit einfarbigem Feuerkolorit
Fl.R R · Iso RW · Fl.G G	Befeuerte Seezeichen in Karten mit mehrfarbigem Feuerkolorit
	Toppzeichen von Tonnen im IALA-System (Toppzeichen von Baken werden aufrecht dargestellt)
Bell	Glockentonne, Ton wird durch Wellenbewegung erzeugt

Tonnenformen

Spitztonne *Conical buoy, nun buoy*	
Stumpftonne *Can or cylindrical buoy*	
Kugeltonne *Spherical buoy*	
Bakentonne *Pillar buoy*	
Spierentonne, Spiere, Spindeltonne *Spar buoy, spindle buoy*	

Sonstige

⚓	Empfohlener Ankerplatz (ohne definierte Grenzen)
	Lotsenversetzstelle, Position eines Lotsenschiffes
〰〰〰	Unterwasserkabel
▬ CG · ● CG · Γ CG	Küstenwache
▬ CG ⬍ · ◉ CG ⬍ · Γ CG ⬍	Küstenwache mit Rettungsstelle
⬍	Rettungsstelle, Rettungsbootstation, Raketenstelle
⬍	Rettungsboot an einer Festmachetonne
Ref	Zufluchtstelle für Schiffbrüchige
Radar Surveillance Station	Radar-Überwachungsstelle, Revierzentrale
Ra Cuxhaven	Radarbereich
Ra	Radarlinie
◁ · ◁ Ⓑ · ◁ ⑦	Meldestelle mit Richtungsangabe(n) der Schiffsbewegung, evtl. mit Bezeichnung und UKW-Kanal

Tiefenlinien

30		Niedrigwasserlinie *Low water line*
	0 2 3 5 8 10 15 20 25 30 40	Anstelle des Blautons kann an der 10-m- oder 20-m-Tiefenlinie ein blaues Bändchen dargestellt sein *One or two lighter blue tints may be used instead of the 'ribbons' of tint at 10 or 20 m*

Abb. 32: *Aus Karte 1.*

Kartenmaterial

130	Maritimes IALA-Betonnungssystem

IALA	International Association of Lighthouse Authorities

Das IALA-System wird bei allen festen und schwimmenden Seezeichen angewandt mit Ausnahme von Leuchttürmen, Sektorenfeuern, Richtfeuern, Richtmarken, Feuerschiffen und Lanbys.

Standard-Tonnenformen sind Stumpftonne ⟁ , Spitztonne △ , Kugeltonne ○ , Bakentonne ⍋ , Spiere ⎟ . Abweichend davon: Leuchtfloß ⊏⊐ .

In den folgenden Darstellungen sind die Standardformen verwendet. Bei festen Baken (beleuchtet oder unbeleuchtet) ist die Form des Toppzeichen von hervorgehobener Bedeutung.

130.1	Laterale Zeichen (Seitenbezeichnung) markieren festgelegte Fahrwasser. Es gibt die IALA-Betonnungsregionen „A" und „B", in denen sich die lateralen Zeichen unterscheiden.

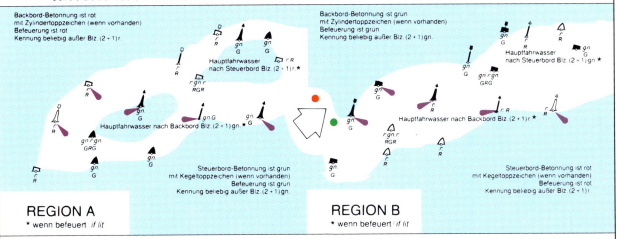

REGION A
* wenn befeuert / if lit

REGION B
* wenn befeuert / if lit

Hauptfahrwasser-Tonnen können auch Baken- oder Spierentonnen sein. Alle Tonnen, die die Abzweigung eines Nebenfahrwassers bezeichnen, haben waagerechte farbige Bänder.

Wenn eine Verwaltung in besonderen Fällen meint, keine grüne Tonnenfarbe benutzen zu können, kann schwarz verwendet werden.

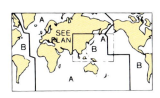

IALA-Betonnungsregionen A und B

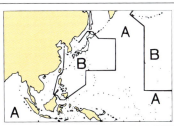

130.2	Betonnungsrichtung

Unter der „festgelegten Betonnungsrichtung" versteht man entweder die Hauptrichtung bei der Ansteuerung eines Hafens, Flusses, einer Flußmündung oder anderen Wasserstraße von See kommend oder die von der zuständigen Behörde ggf. in Abstimmung mit den Nachbarländern festgelegte Richtung. Prinzipiell soll sie im Uhrzeigersinn um Landmassen herum verlaufen.

 Zeichen zeigt die Betonnungsrichtung an.
Die Anwendung erfolgt dort, wo die Betonnungsrichtung nicht eindeutig ist.

 Darstellung der Betonnungsrichtung in Karten mit mehrfarbigem Feuerkolorit.

Standort

Standort nennt der Seemann die Stelle, an der das Schiff gerade „steht". Selbst wenn es mit rauschender Fahrt eine Tonne 8 passiert, sagt der Seemann: „Das Schiff *steht* an Tonne 8" (s. Abbildung 36)

Für Standortangaben bedient man sich der Breiten und Längen. Jeder Ort auf der Erde kann durch Angabe seiner nördlichen (oder südlichen) Breite und seiner östlichen (oder westlichen) Länge eindeutig festgelegt werden. Breiten werden mit φ oder Lat, Längen mit λ oder Lon abgekürzt.

Die **Breitengrade** (auch **Breitenkreise** oder **Breitenparallele** genannt) sind gedachte Kreise, die in ostwestlicher Richtung parallel zum Äquator um die Erde verlaufen. Der Äquator selbst ist der nullte Breitengrad, 90° N ist der Nordpol, 90° S der Südpol (s. Abbildung 33).

Um die Genauigkeit weiter zu erhöhen, unterteilt man Winkelgrade in Winkelminuten.

> 1° (Grad) =
> 60' (Minuten)

Breiten werden stets zweistellig geschrieben. Ein Beispiel für eine Breitenangabe ist 53° 47,4' N.

Die **Längengrade** sind gedachte Halbkreise, die in Nord-Süd-Richtung von Pol zu Pol verlaufen. Hier wurde der durch die Sternwarte von Greenwich verlaufende Längengrad als nullter Längengrad oder **Nullmeridian** festgelegt. Greenwich ist ein an der Themse gelegener Londoner Stadtbezirk. Vom Nordpol aus betrachtet gehen rechts von Greenwich 180 Längengrade nach Osten und links von Greenwich 180 Längengrade nach Westen (s. Abbildung 34).

So hat jeder Ort auf der Erde auch eine eindeutige Länge. Man kürzt Ost immer mit E (East = Ost) ab, um O nicht mit null zu verwechseln.

Längen werden stets dreistellig geschrieben. Ein Beispiel für eine Längenangabe ist 007° 51,6' E. Statt Längengrad sagt man auch **Meridian** (lateinisch meridies = Mittag), weil in allen Orten auf einem Meridian zur selben Zeit Mittag ist; die Sonne erreicht dann ihren höchsten Stand.

Zwei Orte auf derselben Länge liegen genau nördlich / südlich voneinander. Zwei Orte auf derselben Breite liegen genau östlich/westlich voneinander.

Standorte in Seekarten

In Seekarten stehen die Breiten am rechten oder linken Kartenrand und die Längen am oberen oder unteren Kartenrand.

> Breiten seitlich ablesen, Längen oben ablesen.

Es ist sehr empfehlenswert, sich in den diesem Buch beiliegenden Seekartenausschnitten mit den Breiten und Längen vertraut zu machen. Man beachte dabei stets, daß die Breitengrade waagerecht verlaufen und von unten nach oben zunehmen, während senkrecht verlaufende Längengrade von links nach rechts ansteigen. Wichtig ist auch, die unterschiedliche dezimale Minuteneinteilung zu erkennen.

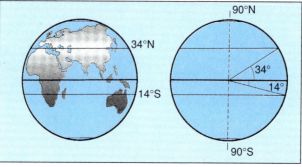

Abb. 33: *34° an den Erdmittelpunkt nach Norden angelegt führen zum 34sten Breitengrad Nord.*

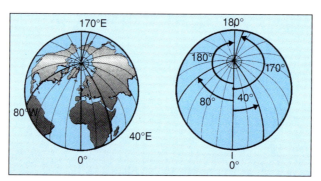

Abb. 34: *Der nullte Längengrad verläuft durch Greenwich (Nullmeridian). Von da gehen 180 Längengrade nach Osten und 180 Längengrade nach Westen.*

Standort

So bestimmt man die Breite und die Länge eines Ortes in den Übungs-Seekarten:
1. Man legt durch den Ort parallel zu den waagerechten Linien ein Lineal oder Dreieck und zeichnet durch die Breitengradskala am seitlichen Kartenrand einen Bleistiftstrich. Jetzt kann man die Breite ablesen.
2. Man legt durch den Ort parallel zu den senkrechten Linien ein Lineal oder Dreieck und markiert die Längengradskala mit einem Bleistiftstrich. Er gibt die Länge an.

Übungsaufgabe
Wer schon weit genug fortgeschritten ist, kann die genannte Breiten- und Längenangabe 53° 47,4' N, 007° 51,6' E im Seekartenausschnitt 355 suchen. (Das Ergebnis ist ein kleiner Stern auf der Insel Wangerooge, der den Leuchtturm Wangerooge darstellt.) Nordöstlich von Wangerooge liegt der Leuchtturm „Alte Weser". Auf welcher Breite und Länge liegt er? (Antwort: 53° 51,8' N, 008° 07,8' E)

Übungsaufgaben
Bearbeiten Sie in den beiliegenden Seekartenausschnitten die folgenden Prüfungsaufgaben:

Seekarte	Aufgabe
344	c)
347	b)
349	c)
352	b)
354	b)
356	b)
357	c)
359	b)
360	b)
361	c)

Hinweis: Der jeweils vor Aufgabe a) stehende Text ist bereits in die Seekarte eingezeichnet. Es verlangt etwas Übung, diese Angaben zu finden.

In großen Seekarten arbeitet man mit einem **Navigationszirkel,** mit dem man den Abstand eines Ortes zum nächsten Breiten- und Längengrad abgreift und an den seitlichen und oberen Kartenrand überträgt. Dort kann man die Breiten und Längen ablesen. Das geht schneller.

Abb. 36: *Man sagt: Die Segelyachten „stehen" an Tonne 8.*

Abb. 35: *Passatsegel setzen Atlantiküberquerer im Passatwind. Ihren Standort bezeichnen sie als „Besteck" (s. Seite 52).*

Entfernung, Fahrtzeit

Abb. 37: *„Das Schiff macht gute Fahrt" besagt: Es läuft schnell.*

Entfernung, Fahrzeit

Entfernungen

Auf See werden Entfernungen nicht in Kilometern, sondern in Seemeilen angegeben. Das ist viel praktischer, denn in Seekarten ist jede Minute (1 Minute = 1') am rechten oder linken Kartenrand genau eine Seemeile (sm) lang.

So mißt man in Seekarten Entfernungen
Jede Minute am rechten oder linken Kartenrand ist eine Seemeile lang (1' = 1 sm). Man greift mit dem Zirkel zwei Punkte auf der Seekarte ab und überträgt den Abstand auf den rechten oder linken Kartenrand. Hier ist die Anzahl der Minuten gleich der Entfernung in Seemeilen.

234

●
Wo entnehmen Sie in der Seekarte die Seemeilen?

Am rechten oder linken Kartenrand in Höhe des Standortes.

Es wäre ein kapitaler Fehler, die Seemeilen nicht am seitlichen, sondern am oberen oder unteren Kartenrand zu entnehmen. Dort nämlich ist – außer am Äquator – eine Minute viel kürzer als eine Seemeile.
Die Länge einer Seemeile beträgt 1852 Meter.

235

●
Wie lang ist eine Seemeile?

1852 Meter.

Übungsaufgaben
Bearbeiten Sie in den beiliegenden Seekartenausschnitten die folgenden Prüfungsaufgaben:

Seekarte	Aufgabe
343	b)
346	c)
349	b)
357	b)
361	b)
362	c)

Wenn Sie keinen Navigationszirkel haben, so können Sie die Entfernungen auch mit einem Lineal ausmessen und am seitlichen Kartenrand ablesen, wie viele Minuten (= Seemeilen) die ermittelten Zentimeter ergeben.

Diese krumme Zahl errechnet man wie folgt: Zwei Längengrade – also ein Vollkreis um die Erde – sind 40 000 km lang. Man teilt 40 000 km durch 360° (ein Vollkreis = 360°) und das Ergebnis durch 60 Minuten:
(40 000 km : 360) : 60 = 1,852 km

Fahrtzeit

Geschwindigkeiten werden auf See in Knoten (kn) angegeben.
    1 kn = 1 sm/h
Die Fahrtzeit (in Minuten) errechnet man mit folgender Formel:

 Fahrtzeit = $\dfrac{\text{Entfernung (sm) x 60}}{\text{Geschwindigkeit (kn)}}$

Daraus ergibt sich:

Geschwindigkeit = $\dfrac{\text{Distanz x 60}}{\text{Zeit}}$

Übungsaufgaben
Bearbeiten Sie in den beiliegenden Seekartenausschnitten die folgenden Prüfungsaufgaben:

Seekarte	Aufgabe
344	b)
348	b)
351	c)
353	c)
356	c)
358	c)

236

●
Was verstehen Sie unter dem Geschwindigkeitsbegriff „Knoten"?

Das sind die in einer Stunde zurückgelegten Seemeilen.

237

● ● ●
Wie errechnen Sie die Zeit (in Minuten), die ein Fahrzeug benötigt, um eine bestimmte Distanz bei bekannter Geschwindigkeit abzulaufen?

Zeit in min =
$\dfrac{\text{Distanz in sm x 60 min/h}}{\text{Geschwindigkeit in sm/h}}$

238

● ● ●
Wie errechnen Sie die Geschwindigkeit (in Knoten) eines Fahrzeuges bei bekannter Distanz (in Seemeilen) und Zeit (in Minuten)?

Geschwindigkeit =
$\dfrac{\text{Distanz x 60}}{\text{Zeit}}$

Gezeiten

Grundlegende Begriffe

Auf Ozeanen und auf den mit ihnen großflächig verbundenen Meeren entstehen durch die Anziehungskraft des Mondes auf die Wassermassen der Erde Gezeiten.

Gezeiten sind ein periodisches Steigen und Fallen des Wassers. Den Eintritt des höchsten Wasserstandes nennt man **Hochwasser.** Es tritt beim Übergang vom Steigen zum Fallen des Wassers ein. Analog heißt der niedrigste Wasserstand beim Übergang vom Fallen zum Steigen **Niedrigwasser.**

Das Steigen des Wassers (vom Niedrig- bis zum folgenden Hochwasser) heißt **Flut.** An der deutschen Nordseeküste dauert die Flut etwa 6 Stunden. Landratten verwechseln oft die Begriffe „Flut" und „Hochwasser".

Das Fallen des Wassers (vom Hoch- bis zum folgenden Niedrigwasser) heißt **Ebbe.** Auch die Ebbe dauert in Deutschland etwa 6 Stunden.

Unter einer **Tide** versteht man eine komplette Flut mit einer anschließenden Ebbe (s. Abbildung 38).

In **Gezeitentafeln** oder im **Tidenkalender** – beide sind jeweils nur ein Jahr gültig – sind die Angaben über Hoch- und Niedrigwasserzeiten und den Tidenhub für die meisten Küstenorte aufgeführt.

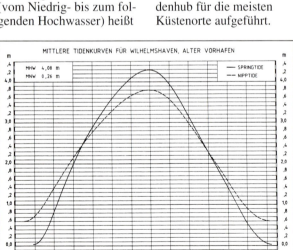

Abb. 38: *Flut heißt das Steigen des Wassers vom Niedrigwasser zum folgenden Hochwasser, Ebbe ist das Fallen vom Hochwasser zum folgenden Niedrigwasser. Eine Tide ist der zwischen zwei aufeinanderfolgenden Niedrigwassern liegende Teil einer Gezeit.*

258

● *Was verstehen Sie unter Ebbe?*

Das Fallen des Wassers vom Hochwasser zum folgenden Niedrigwasser.

259

● *Was verstehen Sie unter Flut?*

Das Steigen des Wassers vom Niedrigwasser zum folgenden Hochwasser.

260

● *Was verstehen Sie unter einer Tide?*

Der Teil der Gezeit zwischen einem Niedrigwasser und dem nächstfolgenden Niedrigwasser.

261

● *Was ist Niedrigwasser?*

Der Eintritt des niedrigsten Wasserstandes beim Übergang vom Fallen zum Steigen.

262

● *Was ist Hochwasser?*

Der Eintritt des höchsten Wasserstandes beim Übergang vom Steigen zum Fallen.

263

● *Wo finden Sie für einen bestimmten Ort die Angaben über Hoch- und Niedrigwasserzeiten und den Tidenhub?*

In den Gezeitentafeln (Tidenkalendern).

264

● *Wie lange sind Gezeitentafeln gültig?*

Nur für das Jahr, für das sie herausgegeben sind.

Gezeiten

Ergänzungen

Der nachfolgend dargestellte Stoff gehört nicht zum Prüfungsinhalt des Sportbootführerscheins. Gezeiten gibt es auf der Nordsee, die durch das Seegebiet nördlich von Schottland und den Ärmelkanal großflächig mit dem Atlantik verbunden ist. Die Ostsee hingegen liegt zu weit vom Atlantik entfernt und ist gezeitenfrei. Auch auf dem Mittelmeer gibt es keine Gezeiten, da die Straße von Gibraltar zu eng und es selbst zu klein für die Bildung von Gezeiten ist.

Über einen längeren Zeitraum betrachtet schwanken die Höhen der Hoch- und Niedrigwasser. In der sogenannten **Springzeit** steigt das Hochwasser sehr hoch (**Springhochwasser**) und das Niedrigwasser fällt sehr niedrig (**Springniedrigwasser**).

Eine Woche später herrscht **Nippzeit.** Dann steigt das Hochwasser nicht besonders hoch (**Nipphochwasser**) und das Niedrigwasser (**Nippniedrigwasser**) fällt nicht sehr niedrig.

Spring- und Nippzeit dauern jeweils vier Tage. Dazwischen herrschen drei Tage lang mittlere Verhältnisse, die **Mittzeit** (s. Abbildung 39).

Der Eintritt der Spring- und Nippzeit hängt von

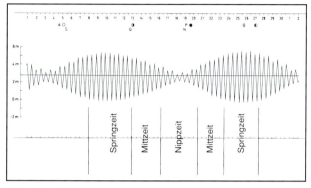

Abb. 39: *Während der 4tägigen Springzeit steigt das Hochwasser sehr hoch, und das Niedrigwasser fällt sehr niedrig. Zur Nippzeit, die ebenfalls 4 Tage dauert, bleibt der Tidenhub nur gering. Mittlere Verhältnisse herrschen in der 3tägigen Mittzeit.*

der Mondphase ab. Drei Tage nach Voll- oder Neumond ist an der deutschen Nordseeküste Springzeit, drei Tage nach Halbmond (erstes bzw. letztes Viertel) ist Nippzeit. Man sagt: In Deutschland beträgt die **Springverspätung** etwa drei Tage.

Die Wassertiefen in der Nordsee schwanken periodisch durch die Gezeiten. Aus Sicherheitsgründen beziehen sich die in den Seekarten enthaltenen Wassertiefen auf das **mittlere Springniedrigwasser.**

In deutschen Seekarten beziehen sich die Wassertiefen von Gezeitenrevieren auf das mittlere Springniedrigwasser.

Nicht nur die Gezeiten, auch der Wind beeinflußt den Wasserstand. In gezeitenfreien Revieren beziehen sich die in den Seekarten angegebenen Wassertiefen auf den mittleren Wasserstand.

Drückt Nordwestwind das Nordseewasser in die Deutsche Bucht, so steigt der Wasserstand windbedingt ganz erheblich. Vor Eintritt eines Hochwassers werden dann die Küstenbewohner vor einer **Sturmflut** gewarnt. Umgekehrt treibt starker Südostwind das Wasser aus der Deutschen Bucht heraus. Herrscht gleichzeitig Springzeit, so wird die Schiffahrt gewarnt, daß die in den Seekarten angegebenen Wassertiefen nicht erreicht werden.

Der durch das fortlaufende Steigen und Fallen des Wassers entstehende Strom heißt **Gezeitenstrom.** Er erreicht in küstennahen, offenen Seegebieten Geschwindigkeiten bis zu 1,5 kn, kann jedoch zwischen den Inseln mit 6 kn und mehr fließen. Die navigatorische Berücksichtigung des Gezeitenstroms, der Gebrauch des Tidenkalenders sowie die Berechnung der Höhe der Gezeit ist Gegenstand der BR-Schein-Ausbildung.

Abb. 40: *Sturmflut, zur Springzeit besonders gefürchtet.*

Kurs und Kompaß

In alten Erzählungen heißt es manchmal: „Kurs West lag an" oder „Wir liefen Kurs Südost". Jene Zeit ist vorbei. Kurse werden heute in Gradzahlen angegeben. Nüchtern sagt man statt dessen: „Kurs 270° lag an" oder „Wir liefen Kurs 135°". Dabei stellt die Gradzahl den Winkel zwischen der Nordrichtung und der Fahrtrichtung des Schiffes dar.

Die Richtung, in die sich ein Schiff bewegt, nennt man Kurs (s. Abbildung 41). Der Kurs wird am Kompaß abgelesen. Sobald ein Schiff sich aus Landsicht entfernt, ist es auf den Kompaß angewiesen. Der Kompaß wird dann zum wichtigsten Navigationsinstrument an Bord.

Der Kompaß muß gut ablesbar sein und darf nicht in der Nähe von Eisenteilen oder elektrischen Geräten (Magnetfelder) eingebaut werden.

Der anliegende Kurs wird am **Steuerstrich** abgelesen. Daher muß der Kompaß unbedingt so eingebaut werden, daß der Steuerstrich in Fahrtrichtung (= Kiellinie) zeigt.

Abb. 42: *Der Kompaß ist das wichtigste Navigationsinstrument an Bord.*

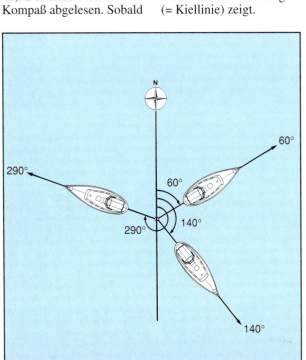

Abb. 41: *Kurse sind Winkel zur Nordrichtung.*

257

● ● ●
Was müssen Sie bei der Aufstellung eines Magnetkompasses an Bord beachten?

1. Sein Steuerstrich muß mit der Kiellinie zusammenfallen oder parallel dazu verlaufen.
2. Der Kompaß muß gut ablesbar sein.
3. Die Nähe von Eisenteilen und elektrischen Geräten soll vermieden werden.

In der Sportschiffahrt werden Magnetkompasse eingesetzt, die zwei Störquellen ausgesetzt sein können. Diese Störquellen heißen Mißweisung und Ablenkung. Sie bewirken, daß die durch den Magnetkompaß angezeigte Nordrichtung nicht mit der in Seekarten angegebenen Nordrichtung übereinstimmt. In diesem Buch wird angenommen, daß das Schiff weder durch Wind noch durch Strom von seinem Kurs „versetzt" wird. Dann würde sich das Boot schräg durch das Wasser bzw. über Grund bewegen (s. Abbildung 43). Die navigatorische Berücksichtigung von Wind und Strom ist Gegenstand der BR-Schein-Ausbildung.

Kurs und Kompaß

254

●●
Was verstehen Sie unter Stromversetzung?

Die Versetzung des Schiffes nach Richtung und Distanz, die durch Gezeiten- oder Meeresströmungen verursacht wird.

255

●●
Was verstehen Sie unter Windversetzung?

Die Versetzung des Schiffes nach Richtung und Distanz, die durch den Wind verursacht wird.

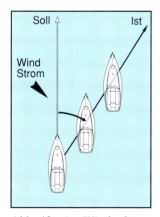

Abb. 43: *Am Wind oder bei seitlichen Strom läuft das Schiff leicht „schräg".*

Abb. 44: *Hoch am Wind segelnd, ist Windversetzung nicht auszuschließen.*

Mißweisung (Mw)

Der erste der beiden Störfaktoren des Magnetkompasses heißt Mißweisung. Die **Mißweisung (Mw)** beruht auf einer Störung des erdmagnetischen Feldes.

Die Erde dreht sich um eine durch den Nord- und den Südpol verlaufende Achse. Die Längengrade, die in Seekarten als senkrechte Geraden eingezeichnet sind*, verbinden die beiden Pole miteinander. Sie weisen nach oben zum Nord- und nach unten zum Südpol.

Der Kompaß dagegen richtet sich nach dem über die Erde verlaufenden Magnetfeld. Es weicht in manchen Gebieten stark (um mehr als 20°) von der durch die Längengrade vorgegebenen Nord-Süd-Richtung ab. Dementsprechend falsch ist die Kompaßanzeige.

Man sagt, die in Seekarten dargestellten Längengrade weisen zum **geographischen Nordpol,** während der Kompaß zum **magnetischen Nordpol** zeigt. Der geographische Nordpol stimmt nicht mit dem magnetischen Nordpol überein.

Kraß gesprochen weist der Kompaß damit in eine „falsche" Nordrichtung.

* Dies gilt nur für Mercator-Karten; in den nur für spezielle Zwecke gebrauchten gnomonischen Seekarten laufen die Längengrade polwärts zusammen.

Der Seemann nennt die Richtung zum falschen, magnetischen Nordpol **mißweisend Nord (mwN)** und die Richtung zum richtigen, geographischen Nordpol **rechtweisend Nord (rwN).** Rechtweisend Nord (rwN) ist die in Seekarten durch die Längengrade angegebene Nordrichtung (senkrecht nach oben).

So läßt sich die **Mißweisung (Mw)** formal als Winkel zwischen rechtweisend Nord (rwN) und mißweisend Nord (mwN) definieren (s. Abbildung 45).

In der Praxis an Bord entnimmt man die Mißweisung der Seekarte, die darin in Form einer Mißweisungsrose abgebildet ist. In der Prüfung wird die Mißweisung als Gradzahl mit Vorzeichen vorgegeben.

●●
Was verstehen Sie unter Mißweisung?

Es ist der Winkel zwischen rechtweisend Nord und mißweisend Nord.

●
Wo kann die Mißweisung und ihre jährliche Änderung entnommen werden?

Aus der dem Standort nächstgelegenen Kompaßrose oder den entsprechenden Angaben in der Seekarte.

Die Mißweisung (Mw) gilt für ein Seegebiet. Alle Magnetkompasse sind von der Mißweisung (Mw) gleichermaßen betroffen. Sie alle weichen um den Winkel Mißweisung (Mw) von der in der Seekarte angegebenen Nordrichtung, dem rechtweisend Nord (rwN) ab.

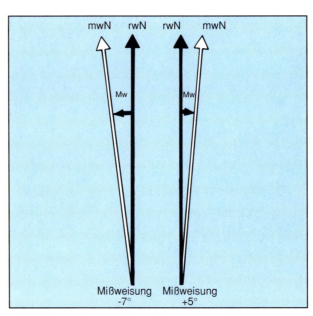

Abb. 45: *Rechtweisend Nord zeigt zum richtigen, zum geographischen Nordpol. Der Kompaß hingegen zeigt zum magnetischen Nordpol, diese Richtung heißt mißweisend Nord (mwN). Der Winkel zwischen rwN und mwN heißt Mißweisung. Er ist positiv, wenn mwN rechts von rwN liegt und im anderen Fall negativ.*

Mißweisung (Mw)

**Hintergrund-
information –
Kein Prüfungsstoff!**

Eine Mißweisungsrose ist im beigefügten Seekartenausschnitt Nr. 354 abgebildet.

So liest man die Mißweisungsrose im Seekartenausschnitt Nr. 354:
Der Pfeil zeigt an, in welche Richtung die Mißweisung den Kompaß ablenkt. Die Richtung ist als Gradzahl – hier 1° 25' W – auf dem Pfeil angegeben. Dieser Wert gilt für das Jahr 1990.
Bei genauer Betrachtung ist erkennbar, daß der Pfeil in Richtung 359° zeigt. Statt mit 359° rechnet man einfacher mit –1°, denn:

$$359° = 360° - 1°$$
$$= 0° - 1°$$
$$(360° = 0°)$$
$$= -1°$$

Merke!
Mißweisung nach Westen hat immer ein negatives Vorzeichen, Mißweisung nach Osten ein positives.

Die Mißweisung ändert sich jährlich. Der Betrag der jährlichen Änderung ist in Klammern hinter der Jahreszahl – hier 6' E – vermerkt. Die Mißweisung verändert sich in diesem Seegebiet also jährlich um 6' nach Osten, also um +6'.

Mit diesen Angaben läßt sich die für das laufende Kalenderjahr gültige Mißweisung ausrechnen:
1990: –1° 25' W
1991: –1° 19' W
1992: –1° 13' W
1993: –1° 07' W
1994: –1° 01' W
1995: –0° 55' W

Da Minutenangaben bei Kursen keine Rolle spielen, wird die Mißweisung auf- oder abgerundet, hier beträgt sie stets –1° und bleibt damit in der navigatorischen Praxis ohne Bedeutung.

Abb. 46: *Auch im näheren Küstenbereich sollte niemals ohne Kompaß gesegelt werden – das Foto zeigt ein Folkeboot vor dem Wind mit ausgebaumter Fock.*

Ablenkung (Abl)

Die zweite der beiden Störungen des Magnetkompasses heißt Ablenkung. Die **Ablenkung (Abl)** – auch **Deviation** genannt – wird durch Eisen oder elektromagnetische Felder an Bord hervorgerufen. Eisen an Bord kann z. B. in der Maschine, im Anker oder in Relingstützen vorkommen, elektromagnetische Felder werden u. a. durch Radiolautsprecher erzeugt. Der Magnetkompaß kann also zwei Störquellen ausgesetzt sein, der Mißweisung (Mw) und der Ablenkung (Abl). Beide werden in Grad angegeben. Die Summe der beiden Gradzahlen wird **Fehlweisung (Fw)** genannt.

245

•• Woraus setzt sich die Magnetkompaßfehlweisung zusammen?

Es ist die Summe aus Magnetkompaßablenkung und Mißweisung.

Die vom Magnetkompaß schlußendlich angezeigte Nordrichtung heißt **Magnetkompaß-Nord (MgN)** (s. Abbildung 50).

Auch die Ablenkung läßt sich formal als Winkel zwischen mißweisend Nord (mwN) und Magnetkompaß-Nord (MgN) definieren (s. Abbildung 50).

244

•• Was verstehen Sie unter Magnetkompaß-ablenkung?

Es ist der Winkel zwischen mißweisend Nord und Magnetkompaß-Nord.

Die auf den Magnetkompaß einwirkende Ablenkung hängt vom Kurs, den das Schiff fährt, ab (s. Abbildung 47).
Für Schiffe, deren Magnetkompaß abgelenkt wird, muß daher eine **Ablenkungstabelle** aufgestellt werden. Ihr entnimmt man für den jeweils anliegenden Magnetkompaßkurs (MgK) die Ablenkung (s. Abbildung 49).

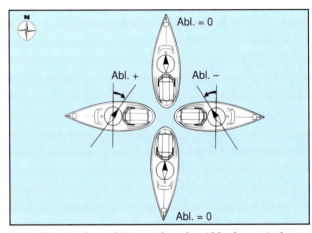

Abb. 47: *Größe und Vorzeichen der Ablenkung sind vom gefahrenen Kurs abhängig. Wird die Ablenkung z. B. allein durch die Maschine hervorgerufen, so ist sie bei nördlichem und südlichem Kurs null; bei östlichen Kursen ist sie negativ, bei westlichen positiv.*

Abb. 48: *Eine Hallberg Rassy 34 bietet solide Qualität und gute Fahrteneigenschaften.*

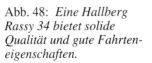

Ablenkung (Abl)

Mgk	Abl	mwK	Abl
0°	− 2°	0°	− 2°
10°	+ 1°	10°	+ 1°
20°	+ 3°	20°	+ 3°
30°	+ 5°	30°	+ 5°
40°	+ 7°	40°	+ 6°
50°	+ 8°	50°	+ 7°
60°	+ 9°	60°	+ 8°
70°	+10°	70°	+ 9°
80°	+10°	80°	+10°
90°	+10°	90°	+10°
100°	+ 9°	100°	+10°
110°	+ 8°	110°	+ 9°
	usw.		usw.

Abb. 49: *So könnte eine Ablenkungstabelle aussehen (willkürlich angenommene Werte). Wie man eine Ablenkungstabelle aufstellt, ist Gegenstand der Sportseeschiffer-Ausbildung.*

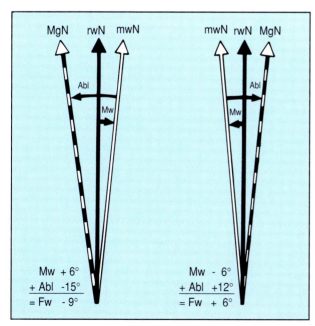

Abb. 50: *Rechenbeispiel.*

Die Ablenkung (Abl) gilt immer nur für ein Schiff. Ihre Gradzahl ist abhängig vom Magnetkompaßkurs (MgK), den das Schiff fährt. Die Ablenkung entnimmt man der Ablenkungstabelle.

In der Navigation unterscheidet man drei Nordrichtungen:
Rechtweisend Nord (rwN) ist die in Seekarten durch die Längengrade angegebene Nordrichtung.
Mißweisend Nord (mwN) ist die durch das erdmagnetische Feld (ohne ablenkende Einflüsse des Schiffes) gegebene Nordrichtung.
Magnetkompaß-Nord (MgN) ist die vom Magnetkompaß des Schiffes angezeigte Nordrichtung.
Zwischen rechtweisend Nord und mißweisend Nord liegt die **Mißweisung.** Zwischen mißweisend Nord und Magnetkompaß-Nord liegt die **Ablenkung.** Es gilt:

rwN + Mw = mwN
mwN + Abl = MgN

Die Summe aus Mißweisung und Ablenkung heißt **Fehlweisung.**

Mw + Abl = Fw

247

● *Woraus entnehmen Sie die Ablenkung (Deviation)?*

Aus der für das betreffende Schiff aufgestellten Ablenkungstabelle (Deviationstabelle).

In der Prüfung werden die Mißweisung und die Ablenkung als Gradzahlen mit Vorzeichen vorgegeben. Auf den meisten Kunststoff- und Holzyachten ist die Ablenkung sehr gering, wenn der Magnetkompaß weit genug von störenden Einflüssen angebracht wird. Sollte dennoch eine größere Ablenkung vorhanden sein, so empfiehlt sich eine **Kompensation des Magnetkompasses.** Dabei werden kleine Magnete unter den Kompaß geklebt oder verstellbare Magnete justiert.

Magnetkompaßkurs (Mgk)

Den Kurs, den ein Schiff läuft, liest man am Kompaß ab. Allen unterschiedlichen Formen von Magnetkompassen ist gleich, daß sie stets die Richtung, in die sich die Yacht gerade bewegt, als Gradzahl anzeigen. Dabei bleibt die Kompaßrose immer nach Norden ausgerichtet; das Schiff dreht sich unter der ruhenden Kompaßrose. Die am Magnetkompaß abgelesene Gradzahl gibt den **Magnetkompaßkurs (MgK)** an. Der Magnetkompaßkurs ist der Winkel zwischen Magnetkompaß-Nord und der Fahrtrichtung des Schiffes (= Rechtvorausrichtung) (s. Abbildung 51).

242

•• **Was verstehen Sie unter dem Magnetkompaßkurs?**

Es ist der Winkel zwischen Magnetkompaß-Nord und der Rechtvorausrichtung des Fahrzeugs.

Als Hilfsgröße ohne tiefere praktische Bedeutung wird der mißweisende Kurs (mwK) verwendet. Der **mißweisende Kurs (mwK)** ist der Winkel zwischen mißweisend Nord und der Fahrtrichtung des Schiffes (= Rechtvorausrichtung).

241

•• **Was verstehen Sie unter dem mißweisenden Kurs?**

Es ist der Winkel zwischen mißweisend Nord und der Rechtvorausrichtung des Fahrzeuges

In Seekarten wird immer mit dem rechtweisenden Kurs (rwK) gearbeitet. Der **rechtweisende Kurs (rwK)** ist der Winkel zwischen rechtweisend Nord (rwN) und der Fahrtrichtung des Schiffes (= Rechtvorausrichtung) (s. Abbildung 52).

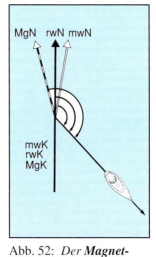

Abb. 52: *Der Magnetkompaßkurs (MgK) ist der Winkel zwischen Magnetkompaß-Nord (MgN) und der Fahrtrichtung.*
Der rechtweisende Kurs (rwK) ist der Winkel zwischen rechtweisend Nord (rwN) und der Fahrtrichtung des Schiffes.
Der mißweisende Kurs (mwK) ist der Winkel zwischen mißweisend Nord (mwN) und der Fahrtrichtung des Schiffes.

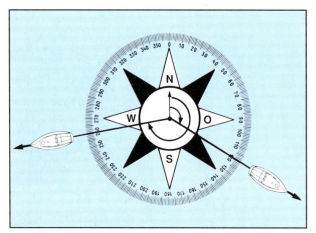

Abb. 51: *Liest man am Steuerkompaß einen Magnetkompaßkurs von 120° (260°) ab, so beträgt der Winkel zwischen Magnetkompaß-Nord und der Fahrtrichtung (= Rechtvorausrichtung) des Schiffes 120° (260°).*

239

•• **Was verstehen Sie unter einem rechtweisenden Kurs?**

Es ist der Winkel zwischen rechtweisend Nord und der Rechtvorausrichtung des Fahrzeugs.

Der Magnetkompaßkurs (MgK) wird gesteuert. Der rechtweisende Kurs (rwK) wird in die Seekarte eingetragen.

Kursumwandlung

Gesteuert wird der Magnetkompaßkurs (MgK). In die Seekarte eingetragen wird der rechtweisende Kurs (rwK). Der Unterschied zwischen dem rechtweisenden Kurs und dem Magnetkompaßkurs liegt in den zwei Störfaktoren des Magnetkompasses, der Mißweisung (Mw) und der Ablenkung (Abl).

MgK
+ Abl
= mwK
+ Mw
= rwK

Diese Formel ist eine Grundlage der Navigation und muß zur Prüfung auswendig gelernt werden.

Die Formel kann man – je nach Aufgabenstellung – in zwei Richtungen anwenden: 1. von oben nach unten und 2. von unten nach oben.

**Aufgabe 1
(von oben nach unten):**
Wo komme ich mit meinem derzeitigen Magnetkompaßkurs (MgK) überhaupt hin?
Dazu muß zunächst der rechtweisende Kurs (rwK) ausgerechnet und sodann in die Seekarte eingezeichnet werden.

**Aufgabe 2
(von unten nach oben):**
Welchen Kurs muß ich steuern, um zu einem bestimmten Ziel zu kommen?
Dazu muß zunächst der rechtweisende Kurs (rwK) vom Ausgangs- zum Zielpunkt der Seekarte entnommen (s. Seite 49) und sodann in den Magnetkompaßkurs (MgK) umgewandelt werden.
Um die Formel von unten nach oben anzuwenden, rechnet man am einfachsten mit umgedrehten Vorzeichen. Wichtig ist, nachher immer die Probe von

oben nach unten (mit richtigem Vorzeichen) zu machen.

Vorzeichenregel
Vom „falschen" Kurs (MgK) zum „richtigen" Kurs (rwK) mit richtigen Vorzeichen.
Vom „richtigen" Kurs (rwK) zum „falschen" Kurs (MgK) mit falschen Vorzeichen.

248

●●●
Wie verwandeln Sie den rechtweisenden Kurs in den zu steuernden Magnetkompaßkurs?

Es wird zunächst das folgende einheitliche Grundschema hingeschrieben:
MgK =
Abl =
mwK =
Mw =
rwK =

Dann werden der rwK und die Beschickungswerte Mw und Abl in die vorgesehenen Zeilen eingesetzt und der gesuchte MgK durch Rechnung von unten nach oben ermittelt.

249

●●●
Wie verwandeln Sie den Magnetkompaßkurs in den rechtweisenden Kurs?

Es wird zunächst das folgende einheitliche Grundschema hingeschrieben:
MgK =
Abl =
mwK =
Mw =
rwK =

Dann werden der MgK und die Beschickungswerte Abl und Mw in die vorgesehenen Zeilen eingesetzt und der gesuchte rwK durch Rechnung von oben nach unten ermittelt.

Übungsaufgaben
Bearbeiten Sie in den beiliegenden Seekartenausschnitten die folgenden Prüfungsaufgaben:

Seekarte	Aufgabe
343	a)
346	a)
347	a)
349	a)
352	a)
354	a)
355	b)
359	a)
360	a)
361	a)
362	a)

Eine deutliche Vereinfachung bieten elektronische **Fluxgate-Kompasse.** Sie sind imstande, automatisch die Ablenkung zu erkennen und zeigen – nach Eingabe der Mißweisung – gleich den rechtweisenden Kurs an. Eine Kurswandlung kann hier entfallen (s. Seite 66).

Kurse in die Seekarte eintragen

Zur Bearbeitung der Kartenaufgaben in der Sportbootführerschein-Prüfung ist ein Kursdreieck erforderlich.
Wie arbeitet man mit einem Kursdreieck?

In Seekarten wird immer nur mit Bleistift gezeichnet.

Kurse in die Seekarte eintragen

In seiner Grundstellung zeigt das **Kursdreieck** mit dem rechten Winkel nach unten. Dabei muß der Nullpunkt der Zentimeterskala genau auf einem der in Nord-Süd-Richtung verlaufenden Längengrade liegen.
In der Grundstellung kann das Kursdreieck um den Nullpunkt gedreht werden. Nach der Drehung muß jedoch der Nullpunkt wieder genau den Längengrad berühren.
Den Winkel findet man unten am Schnittpunkt des Längengrades mit dem Dreieck (Kathete). Auf diesen Seiten sind die Winkelgrade abzulesen. Die dort aufgeführten Winkelgrade sind zweideutig, d. h., es stehen immer zwei Gradzahlen übereinander, die sich um 180° unterscheiden: 100°/280°, 110°/290°, 120°/300° usw.

Abb. 53: *Der Nullpunkt der Zentimeterskala liegt auf einem Längengrad; auf ihm ist unten der angelegte Winkel ablesbar.*

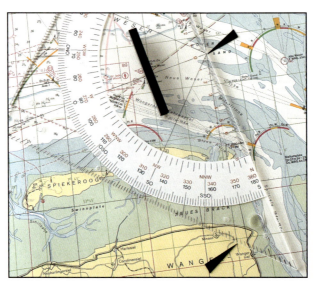

Abb. 54: *Die Richtung 167° geht nach rechts unten, 347° geht nach links oben (auf der Zentimeterskala).*

Sie drücken immer die beiden Richtungen aus: 100° geht nach rechts, 280° in Gegenrichtung nach links usw.
Alle Gradzahlen von 1° bis 179° stehen für Richtungen, die vom Längengrad aus gesehen nach rechts zeigen. Alle Gradzahlen von 181° bis 359° stellen – vom Längengrad aus gesehen – nach links gehende Richtungen dar. 0°/360° zeigt nach Norden, 180° nach Süden (s. Abbildung 55).
Liegt die gewünschte Richtung an, so muß das Dreieck zum Ausgangspunkt verschoben werden (s. Abbildung 56).

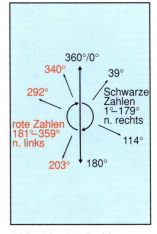

Abb. 55: *Gradzahlen von 0° bis 179° stellen Richtungen nach rechts, Gradzahlen von 181° bis 359° Richtungen nach links dar.*

Kurse der Seekarte entnehmen

Um den Kurs, der von einem Ausgangsort A zu einem Zielort B führt, der Seekarte zu entnehmen, werden A und B zunächst verbunden.

Dann legt man die Zentimeterskala des Kursdreiecks an die Verbindungsstrecke von A nach B. Schließlich wird das Kursdreieck parallel verschoben, so daß der Nullpunkt genau auf einem der in Nord-Süd-Richtung verlaufenden Längengrade liegt. Unten am Dreieck, wo der Längengrad die Dreieckseite (Kathete) schneidet, wird der Winkel abgelesen. Hier ist wieder zu beachten, daß vom Längengrad aus gesehen nach rechts zeigende Richtungen durch Gradzahlen zwischen 1° und 179° und nach links zeigende Richtungen durch Gradzahlen zwischen 181° und 359° dargestellt werden.

240

Wie entnehmen Sie aus der Seekarte den Kartenkurs?

Durch Messen des Winkels zwischen rechtweisend Nord und der beabsichtigten Richtung des Weges über Grund.

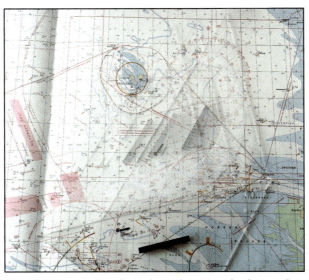

Abb. 56: Das Anlegedreieck wird an eine der kurzen Seiten des Kursdreiecks gelegt. Dann kann das Kursdreieck verschoben werden.

Abb. 57: Falsche Stellung des Kursdreiecks – die Gradzahlen stehen auf dem Kopf.

Verschieben des Kursdreiecks

Zum Verschieben des Kursdreiecks benötigt man ein **Anlegedreieck** oder ein Lineal. Dieses legt man an eine der kurzen Dreieckseiten (Katheten) an, hält es gut fest und schiebt das Kursdreieck an die gewünschte Stelle (s. Abbildung 56).

Das Verschieben des Kursdreiecks wird vor allem dann erforderlich, wenn Peilungen in die Seekarte eingezeichnet werden müssen. Weitere Einzelheiten dazu werden im folgenden Abschnitt dargestellt.

Übungsaufgaben
Bearbeiten Sie in den beiliegenden Seekartenausschnitten die folgenden Prüfungsaufgaben:

Seekarte	Aufgabe
344	a)
345	a)
348	a)
350	a)
351	a)
353	a)
356	a)
358	a)

Magnetkompaßpeilung

Von den diversen Navigationsinstrumenten, mit denen Richtungsbestimmungen vorgenommen werden können, ist der Peilkompaß am stärksten verbreitet.

Mit einem **Peilkompaß** kann man die Himmelsrichtung feststellen, in der man ein bekanntes Objekt sieht.

Peilt man z. B. einen Leuchtturm in genau südlicher Richtung, so steht man nördlich vom Leuchtturm. Der Navigator würde nun in genau südlicher Richtung eine gerade Linie auf den Leuchtturm zu zeichnen und wissen, daß das Schiff irgendwo auf dieser Linie „steht". Eine solche Linie heißt **Stand-**

linie (s. Abbildung 59). Kann anschließend ein weiteres festes Objekt gepeilt werden – z. B. eine Tonne in westlicher Richtung –, so erhält man eine zweite Standlinie und damit eine Kreuzpeilung. Der Schnittpunkt der beiden Standlinien ist der Standort (s. Abbildung 60).

Die Magnetkompaßpeilung darf nicht direkt in die Seekarte eingetragen werden. Genau wie der Magnetkompaßkurs (MgK) zunächst in den rechtweisenden Kurs (rwK) umzuwandeln ist, muß aus der **Magnetkompaßpeilung (MgP)** die **rechtweisende Peilung (rwP)** errechnet werden.

Abb. 58: *Elektronischer Handpeilkompaß.*

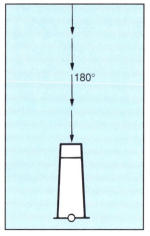

Abb. 59: *Die Peilung muß immer zum Leuchtturm hin gezeichnet werden.*

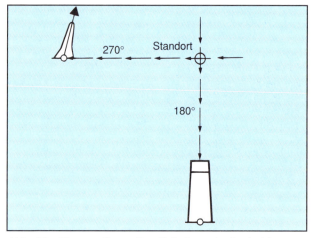

Abb. 60: *Kreuzpeilung: Der Schnittpunkt der beiden Standlinien ist der Standort. Die Peilungen müssen immer zu den gepeilten Objekten hinweisen.*

250

● ●

Was ist eine Peilung?

Das Feststellen der Richtung, in der man ein Objekt sieht.

251

● ●

Wie erhalten Sie eine Standlinie?

Durch Peilung eines bekannten Objektes.

252

● ● ●

Was ist eine Kreuzpeilung?

Die Peilung zweier fester und bekannter Objekte in dichter Zeitfolge.

MgP
+ Abl
= mwP
+ Mw
= rwP

Nur die rechtweisende Peilung darf in die Seekarte eingetragen werden.

Magnetkompaßpeilung

253

● ● ●

Wie erhalten Sie mit Hilfe einer Kreuzpeilung Ihren Standort?

Indem ich die rechtweisenden Peillinien zweier Objekte in die Seekarte eintrage; ihr Schnittpunkt ist der Standort.

Übungsaufgaben
Bearbeiten Sie in den beiliegenden Seekartenausschnitten die folgenden Prüfungsaufgaben:

Seekarte	Aufgabe
345	b)
350	b)
357	a)

In der Praxis wird die Ablenkung wieder der Ablenkungstabelle entnommen. Wichtig dabei ist jedoch, die dem Magnetkompaßkurs (MgK) zugrundeliegende Ablenkung zu verwenden. Die Richtung des Schiffes ist für die Ablenkung maßgeblich, nicht jedoch die Richtung, in die man den Peilkompaß hält. Strenggenommen müßte für den Peilkompaß eine eigene Ablenkungstafel vorhanden sein.

Bei Magnetkompaßpeilungen wird für die Ablenkung immer der anliegende Magnetkompaßkurs (MgK) zugrundegelegt, nicht die abgelesene Kompaßpeilung.

Im Seegang auf Segelyachten durchgeführte Kompaßpeilungen sind natürlich keine Präzisionsmessungen. Eine gewisse Ungenauigkeit wird sich weder beim Peilen noch beim anschließenden Zeichnen völlig vermeiden lassen. Durch eine dritte Standlinie wird das Ergebnis besser. Man peile daher, wann immer dies möglich ist, drei Objekte. Zwei nahe beieinander gelegene Objekte eignen sich schlecht, weil deren Standlinien sich in zu spitzem Winkeln schneiden würden („schleifende Peilung").

Standlinien in die Seekarte einzeichnen

Nachdem die Magnetkompaßpeilung (MgP) in eine rechtweisende Peilung (rwP) umgewandelt wurde, kann die Standlinie in die Seekarte eingezeichnet werden.
Dazu wird zunächst das Kursdreieck in die Grundstellung gebracht (rechtwinkelige Ecke nach unten, Nullpunkt der Zentimeterskala auf einen Längengrad).
Dann dreht man das Kursdreieck um den Nullpunkt, bis die gesuchte Gradzahl unten am Dreieck (Kathete) über dem Längengrad erscheint. Geht die Richtung nach rechts (1° – 179°) oder nach links (181° – 359°)? Nun muß das Dreieck parallel verschoben werden, bis die Richtung genau auf das gepeilte Objekt zeigt. Dazu wird das Anlegedreieck an eine der kurzen Seiten (Katheten) angelegt und das Kursdreieck daran verschoben (s. Abbildung 56).
Es wäre falsch, die rechtweisende Peilung vom gepeilten Objekt aus abzutragen. Dies entspräche der Gegenrichtung (z. B. MgP = 210° statt 30°).
Ein weiterer Fehler wäre es, das Kursdreieck so zu verschieben, daß es nicht mit der Zentimeterskala, sondern mit der Gradskala auf das gepeilte Objekt zeigt.
Zur besseren Übung wird empfohlen, das Kursdreieck nicht nahe am gepeilten Objekt einzustellen, um es dann über eine gewisse Strecke verschieben zu können.
Wem die zeichnerische Darstellung der Kreuzpeilung schwerfällt, der sei

damit getröstet, daß diese Aufgabenstellung auch objektiv gesehen nicht einfach ist und den schwersten Teil der Navigationsaufgaben darstellt.

Übungsaufgaben
Bearbeiten Sie in den beiliegenden Seekartenausschnitten die folgenden Prüfungsaufgaben:

Seekarte	Aufgabe
346	b)
361	b)
362	b)

Übungsaufgaben
Bearbeiten Sie vor der Prüfung die kompletten Kartenaufgaben Nr. 343 bis Nr. 362 mindestens zweimal!

Wichtiger Hinweis:
Beachten Sie bitte, daß in der theoretischen Prüfung die Navigationsaufgaben nahezu fehlerfrei gelöst werden müssen. Fehler in der Navigation können nicht durch überdurchschnittliche andere Prüfungsteile ausgeglichen werden.

Koppeln

Die folgende Situation ist wirklich niemandem zu wünschen: Man segelt auf See; langsam zieht Dunst auf, der Dunst verdichtet sich, und plötzlich sieht man nichts mehr. Keine Sonne, keine Wolken, keinen Horizont, kein Schiff, kein Land! Nur Wasser und Licht.

Wo ist man eigentlich? Das Schlimmste ist: Man weiß nicht, wo man ist. Die besten Seekarten nützen nichts, wenn man nicht weiß, wo man ist.

Wohin soll man jetzt segeln? Der Kompaß bewahrt das Schiff davor, immer im Kreis herumzufahren. Aber vor Untiefen oder Kollisionen mit anderen Schiffen bewahrt er nicht. Wie soll man jetzt den Weg in den nächsten Hafen finden?

Diese Situation darf nie eintreten!

Die Grundlage guter Seemannschaft besteht – selbst in Zeiten moderner Navigationsinstrumente – immer noch darin, fortlaufend in die Seekarte den Kurs einzuzeichnen, den das Schiff gefahren ist. Das Einzeichnen des rechtweisenden Kurses und der dabei zurückgelegten Entfernungen in die Seekarte heißt **koppeln**. Alle vorhersehbaren Einflüsse, wie Abdrift durch Wind oder Versetzung durch Strom, sollten beim Koppeln

berücksichtigt werden. Der durch Koppeln ermittelte Standort heißt **Koppelort**.

256

●●

Was verstehen Sie unter dem Koppelort?

Das ist der aus Kurs(en) und Distanz(en) unter Berücksichtigung aller vorhersehbaren Einflüsse, den Strom eingeschlossen, ermittelte Schiffsort.

Koppelnavigation ist natürlich nicht die genaueste Methode, sie kann zunächst nur einen Anhaltspunkt bieten, der regelmäßig überprüft werden muß.

Diese Überprüfung erfolgt durch Peilungen, die als Standlinien in die Seekarte eingetragen werden. Ein so gefundener Ort heißt **beobachteter Ort**.

Vom beobachteten Ort ausgehend wird dann weitergekoppelt.

Die Richtung vom Koppelort zum beobachteten Ort sowie die Distanz zwischen beiden heißt **Besteckversetzung**.

Mit **Besteck** bezeichnet der Seemann seinen durch Breite und Länge angegebenen Standort.

Darstellung in Seekarten

In der Sportbootführerschein-Prüfung ist die zeichnerische Form der Kartenaufgaben freigestellt. In der Praxis hat sich die folgende Darstellungsweise bewährt.

Kurslinien werden als durchgezogene Gerade dargestellt. Es ist nicht erforderlich, für einen Anfänger aber hilfreich, an die Kurslinie die Gradzahl (rwK) zu schreiben.

Koppelorte werden durch einen kleinen Querstrich

auf der Kurslinie und **O**ₖ gekennzeichnet.

Peilungen (Standlinien) werden gestrichelt gezeichnet. Auch hier ist es anfangs angeraten, der Standlinie die rechtweisende Peilung hinzuzufügen. Beobachtete Orte – als **O**ᵦ bezeichnet – sind an einem kleinen Kreis, durch welchen ein Kreuz geht, erkennbar.

Koppelorten und beobachteten Orten wird jeweils die Uhrzeit in vier gleich großen Ziffern angefügt (s. Abbildung 61).

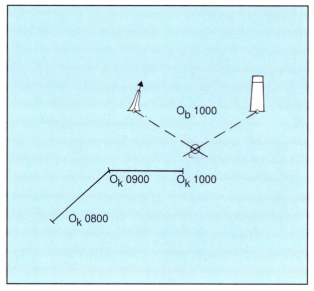

Abb. 61: *Koppeln heißt, die gefahrenen Strecken (Richtung und Entfernung) in die Seekarte einzuzeichnen. Damit hat man immer seinen ungefähren Standort, den „Koppelort". Er sollte regelmäßig überprüft werden. Durch eine Kreuzpeilung bekommt man – als Schnittpunkt der Standlinien – den „beobachteten Ort".*

Navigation

Nr.	Amtliche Frage	Amtlicher Antwortvorschlag	Vereinfachte Antwort	Seite
228 ●●*⁾	Wo finden Sie Angaben über Schiffahrtsangelegenheiten, insbesondere Hinweise auf Schiffahrtsvorschriften der Länder, deren Küsten, Häfen und Naturverhältnisse?	In den Seehandbüchern sowie den Hafenhandbüchern der Wassersportverbände.	Seehandbuch, Hafenhandbuch.	10
233 ●●*⁾	Wo finden Sie die für die Navigation wichtigen Beschreibungen der Seezeichen und Angaben über deren Befeuerung und Angaben über Signalstellen?	Im Leuchtfeuerverzeichnis und in den Seekarten.	Seekarte, Leuchtfeuerverzeichnis.	10
225 ●●*⁾	Welche amtlichen nautischen Veröffentlichungen geben Aufschluß über die für das Fahrtgebiet benötigten Angaben?	Seekarten, Leuchtfeuerverzeichnisse, Seehandbücher, Gezeitentafeln. Atlas der Gezeitenströme, Nautischer Funkdienst, Nachrichten für Seefahrer, Bekanntmachung für Seefahrer.	Seekarten, Leuchtfeuerverzeichnis, Seehandbuch. Eventuell Gezeitentafel. Eventuell Funkdienst.	10
112 ●●●	Was sind Fahrwasser im Sinne der Seeschiffahrtsstraßen-Ordnung (SeeSchStrO) und der Schiffahrtsordnung Emsmündung?	Wasserflächen, die 1. durch Schiffahrtszeichen begrenzt oder gekennzeichnet sind oder, 2. soweit nicht begrenzt oder gekennzeichnet, aber für die durchgehende Schiffahrt bestimmt sind.	Durch Fahrwassertonnen begrenzte oder für die durchgehende Schiffahrt bestimmte Flächen.	12
113 ●	Welches ist – außer in Wattgebieten – die Steuerbordseite eines Fahrwassers?	Es ist die Seite, die ein von See kommendes Schiff an seiner Steuerbordseite hat.	Von See kommend rechts.	12
102 ●●*⁾	Wie hat sich ein Fahrzeug von weniger als 20 Meter Länge oder ein Segelfahrzeug in Verkehrstrennungsgebieten zu verhalten?	Es darf die sichere Durchfahrt eines dem Einbahnwege folgenden Maschinenfahrzeuges nicht behindern.	Keinen behindern.	12
99 ●●●	Wie müssen Sie in Verkehrstrennungsgebieten fahren?	1. Der allgemeinen Verkehrsrichtung der Einbahnwege folgen und außer bei Ausweichmanövern keine Kursänderung von mehr als 10° zur allgemeinen Verkehrsrichtung vornehmen. 2. Klar Abstand von den Trennlinien und Trennzonen halten. 3. Das Ein- und Auslaufen sollte nach Möglichkeit nur an den Enden erfolgen; bei seitlichem Ein- oder Auslaufen hat dies in möglichst kleinem Winkel (max. 10°) zu erfolgen.	1. In Verkehrsrichtung fahren, max 10° vom Kurs abweichen. 2. Ganz rechts, Ein- und Auslaufen am Anfang/Ende; sonst einfädeln.	13

*⁾ Zwei Punkte erreichbar

Navigation

Nr.	Amtliche Frage	Amtlicher Antwortvorschlag	Vereinfachte Antwort	Seite
100 ●●●	Was ist hinsichtlich des Querens der Einbahnwege von Verkehrstrennungsgebieten zu beachten?	1. Das Queren ist möglichst zu vermeiden. 2. Falls gequert werden muß, hat dies möglichst mit der Kielrichtung im rechten Winkel zur allgemeinen Verkehrsrichtung zu erfolgen (max. 10° Abweichung). 3. Die Kielrichtung des querenden Fahrzeugs muß auch dann einen rechten Winkel zur allgemeinen Verkehrsrichtung bilden, wenn das Fahrzeug durch Wind und Strom versetzt wird.	1. Möglichst vermeiden. 2. Kiellinie quer zur Verkehrsrichtung, auch bei Wind/Strom.	13
101 ●●●	Sie fahren in einem Verkehrstrennungsgebiet auf dem Einbahnweg in der allgemeinen Verkehrsrichtung. 1. Nach welchen Regeln müssen Sie in diesem Bereich fahren und ausweichen? 2. Wie haben Sie sich als Maschinenfahrzeug in einem Einbahnweg gegenüber einem Maschinenfahrzeug zu verhalten, das den Einbahnweg von Steuerbord kommend quert, wenn die Möglichkeit der Gefahr eines Zusammenstoßes besteht? 3. Wie haben Sie sich als Segelfahrzeug beim Queren eines Verkehrstrennungsgebietes gegenüber einem Maschinenfahrzeug zu verhalten, das auf einem Einbahnweg in der allgemeinen Verkehrsrichtung fährt?	1. Nach den Kollisionsverhütungsregeln. 2. Ich muß ausweichen. 3. Ich darf die sichere Durchfahrt eines Maschinenfahrzeuges auf dem Einbahnweg nicht behindern.	1. KVR. 2. Ausweichen. 3. Keinen behindern.	13
26 ●●●	Was verstehen Sie unter dem Begriff „Verkehrstrennungsgebiet"?	Es sind Schiffahrtswege, die durch Trennlinien oder Trennzonen in Einbahnwege geteilt sind und jeweils nur in Verkehrsrichtung rechts befahren werden dürfen.	2 Einbahnwege mit Trennzone, rechts fahren.	13
142 ●	Während welcher Zeit dürfen Sportfahrzeuge ohne Lotsen den Nord-Ostsee-Kanal durchfahren?	Von Sonnenaufgang bis Sonnenuntergang bei sichtigem Wetter.	Tags bei guter Sicht.	14
143 ●●	Bei welchem Signal dürfen Sportfahrzeuge ohne Lotsen von den Kanalreeden in die Schleusen des Nord-Ostsee-Kanals einfahren?	Wenn ein weißes unterbrochenes Licht gezeigt wird.	Weißes, unterbrochenes Licht.	14
144 ●●	In welchen besonderen Vorschriften ist die Durchfahrt durch den Nord-Ostsee-Kanal geregelt?	Im Abschnitt „Ergänzende Vorschriften für den Nord-Ostsee-Kanal" der SeeSchStrO und in der Bekanntmachung der WSD Nord zur SeeSchStrO.	SeeSchStrO-Ergänzungen und WSD-Bekanntmachungen.	14

Navigation

Nr.	Amtliche Frage	Amtlicher Antwortvorschlag	Vereinfachte Antwort	Seite
145 ●●	Sie sehen im Nord-Ostsee-Kanal an einem Weichensignalmast drei unterbrochene rote Lichter übereinander: 1. Was bedeutet dieses Signal? 2. Wie haben Sie sich dann in der Weiche zu verhalten?	1. Ausfahren für alle Fahrzeuge verboten, Weichengebietsgrenze darf nicht überfahren werden. 2. Nach Möglichkeit hinter den in Fahrtrichtung rechts liegenden Dalben festmachen und die Aufhebung des Stopp-Signals abwarten.	1. Ausfahrt aus der Weiche verboten. 2. In der Weiche festmachen.	14
216 ●●	Was verstehen Sie unter einem unterbrochenen Feuer?	Die Lichterscheinungen sind stets länger als die Verdunkelungen.	Länger an als aus.	16
217 ●●	Was verstehen Sie unter einem Blinkfeuer?	Die Lichterscheinungen sind stets kürzer als die Verdunkelungen. Ein Blink ist mindestens 2 Sekunden lang.	Länger aus als an; Blink mindestens 2 s.	16
218 ●●	Was verstehen Sie unter einem Blitzfeuer?	Die Lichterscheinungen sind stets kürzer als die Verdunkelungen. Ein Blitz ist weniger als 2 Sekunden, in deutschen Gewässern weniger als 1 Sekunde lang.	Länger aus als an; Blitz < 1 s.	16
192 ●●	Was bedeuten folgende Abkürzungen? 1. Oc (2) R. Whis/Hl-Tn. Ubr. (2) r.? 2. Fl (2) G/Blz. (2) gn.? 3. Oc WRG. 12 M/ Ubr.w/r/gn. 12 sm? 4. LFl/Blk.? 5. Bell/Gl-Tn? 6. Dir/Lt-F.?	1. Heultonne mit unterbrochenem Feuer Gruppe 2 rot. 2. Blitzfeuer Gruppe 2 grün. 3. Unterbrochenes Feuer mit weißem und rotem und grünem Sektor, Nenntragweite 12 sm. 4. Blinkfeuer. 5. Glockentonne. 6. Leitfeuer.	–	16
219 ●●	Was verstehen Sie unter einem Funkelfeuer?	Schnell aufeinanderfolgende Lichterscheinungen (60 Lichterscheinungen in der Minute).	60 Blitze/min.	17
220 ●●	Was verstehen Sie unter einem Gleichtaktfeuer?	Die Lichterscheinung und Verdunkelung ist von gleicher Zeitdauer.	Genauso lange an wie aus.	17
221 ●●●	Welche verschiedenen Kennungen von Leuchtfeuern gibt es?	Festfeuer, Blinkfeuer, Blitzfeuer, Funkelfeuer, unterbrochene Funkelfeuer, unterbrochene Feuer, Gleichtaktfeuer.	F, Ubr, Glt, Blk, Blz, Fkl, SFkl.	17
222 ●●●	Was verstehen Sie unter der Wiederkehr eines Leuchtfeuers?	Das ist der Zeitraum vom Einsetzen einer Taktkennung bis zum Einsetzen der nächsten gleichen Taktkennung.	Dauer des Rhythmus.	17
181 ●	Sie sehen folgende Tonne: (▲) Was bedeutet diese Tonne?	Die erste Tonne der Steuerbordseite eines Fahrwassers.	Erste Stb-Tonne des Fahrwassers.	18

Navigation

Nr.	Amtliche Frage	Amtlicher Antwortvorschlag	Vereinfachte Antwort	Seite
182 ●	Sie sehen folgende Tonne: Was bedeutet diese Tonne?	Die erste Tonne der Backbordseite eines Fahrwassers.	Erste Bb-Tonne des Fahrwassers.	18
183 ●	Sie sehen folgende Schiffahrtszeichen: Welche Seite des Fahrwassers bezeichnen diese Schiffahrtszeichen?	Die Steuerbordseite des Fahrwassers.	Stb.	19
184 ●	Sie sehen folgende Schiffahrtszeichen: Welche Seite des Fahrwassers bezeichnen diese Schiffahrtszeichen?	Die Backbordseite des Fahrwassers.	Bb.	19
185 ●	Welche Beschriftung tragen die Tonnen an der Backbordseite eines Fahrwassers?	Fortlaufende gerade Nummern – von See beginnend oder nach festgelegter Richtung –, gegebenenfalls mit einem angehängten kleinen Buchstaben.	Gerade Zahlen (von See kommend).	19
186 ●	Welche Beschriftung tragen die Tonnen an der Steuerbordseite eines Fahrwassers?	Fortlaufende ungerade Nummern – von See beginnend oder nach festgelegter Richtung –, gegebenenfalls mit einem angehängten kleinen Buchstaben.	Ungerade Zahlen (von See kommend).	19
180 ●	Sie sehen folgende Tonne: Was bedeutet diese Tonne?	Bezeichnung der Fahrwassermitte.	Fahrwassermitte.	19
187 ●	Sie sehen folgendes feste Schiffahrtszeichen: Welche Seite des Fahrwassers bezeichnet dieses Schiffahrtszeichen?	Die Steuerbordseite des Fahrwassers.	Stb.	20

Navigation

Nr.	Amtliche Frage	Amtlicher Antwortvorschlag	Vereinfachte Antwort	Seite
188 ●	Sie sehen folgendes feste Schiffahrtszeichen: Welche Seite des Fahrwassers bezeichnet dieses Schiffahrtszeichen?	Die Backbordseite des Fahrwassers.	Bb.	19
189 ●	Sie sehen folgendes feste Schiffahrtszeichen: Welche Seite des Fahrwassers bezeichnet dieses Schiffahrtszeichen?	Die Backbordseite des Fahrwassers.	Bb.	20
190 ●●●	Sie sehen folgende Tonne: Was bedeutet diese Tonne?	Steuerbordseite des durchgehenden Fahrwassers, Backbordseite des abzweigenden Fahrwassers.	Stb-Seite Hauptfahrwasser, gleichzeitig Bb-Seite Nebenfahrwasser.	20
191 ●●●	Sie sehen folgende Tonne: Was bedeutet diese Tonne?	Backbordseite des durchgehenden Fahrwassers, Steuerbordseite des einmündenden Fahrwassers.	Bb-Seite Hauptfahrwasser, gleichzeitig Stb-Seite Nebenfahrwasser.	20
193 ●	Welche Kennung und Farbe haben die Feuer der Leuchttonnen an der Steuerbordseite des Fahrwassers?	Grünes Blitzfeuer, grünes Funkelfeuer oder grünes unterbrochenes Feuer.	Grün; Blz, Fkl, Ubr.	21
194 ●	Welche Kennung und Farbe haben die Feuer der Leuchttonnen an der Backbordseite des Fahrwassers?	Rotes Blitzfeuer, rotes Funkelfeuer oder rotes unterbrochenes Feuer.	Rot; Blz, Fkl, Ubr.	21
195 ●	Welche Kennung und Farbe hat das Feuer der Leuchttonnen in der Mitte des Fahrwassers?	Weißes Gleichtaktfeuer oder weißes unterbrochenes Feuer.	Weiß; Glt, Ubr.	21

Navigation

Nr.	Amtliche Frage	Amtlicher Antwortvorschlag	Vereinfachte Antwort	Seite
196 ●●	Sie sehen folgende Schiffahrtszeichen: Was bedeuten diese Schiffahrtszeichen?	Südlich der Tonne befindet sich eine allgemeine Gefahrenstelle, die nördlich der Tonne passiert werden muß.	Nördliche Untiefenbegrenzung, nördlich passieren.	22
197 ●●	Sie sehen folgende Schiffahrtszeichen: Was bedeuten diese Schiffahrtszeichen?	Westlich der Tonne befindet sich eine allgemeine Gefahrenstelle, die östlich der Tonne passiert werden muß.	Östliche Untiefenbegrenzung, östlich passieren.	22
198 ●●	Sie sehen folgende Schiffahrtszeichen: Was bedeuten diese Schiffahrtszeichen?	Nördlich der Tonne befindet sich eine allgemeine Gefahrenstelle, die südlich der Tonne passiert werden muß.	Südliche Untiefenbegrenzung, südlich passieren.	22
199 ●●	Sie sehen folgende Schiffahrtszeichen: Was bedeuten diese Schiffahrtszeichen?	Östlich der Tonne befindet sich eine allgemeine Gefahrenstelle, die westlich der Tonne passiert werden muß.	Westliche Untiefenbegrenzung, westlich passieren.	22
205 ●●●	Sie sehen folgende Schiffahrtszeichen nebeneinander: Was bedeuten diese Schiffahrtszeichen nebeneinander?	Die Tonnen zeigen an, daß sich nördlich von ihnen eine neue Gefahrenstelle befindet, die allgemein südlich der Tonnen passiert werden muß.	Südliche Untiefenbegrenzung; neue Gefahr, südlich passieren.	24

Navigation

Nr.	Amtliche Frage	Amtlicher Antwortvorschlag	Vereinfachte Antwort	Seite
200 ●●	Sie sehen das Feuer einer Leucht-tonne mit folgenden Kennungen: oder Was bedeuten diese Kennungen?	Südlich des Feuers befindet sich eine allge-meine Gefahrenstelle, die nördlich des Feuers passiert werden muß.	Nördliche Untiefenbegrenzung, nördlich passieren.	23
201 ●●	Sie sehen das Feuer einer Leucht-tonne mit folgenden Kennungen: oder Was bedeuten diese Kennungen?	Westlich des Feuers befindet sich eine allge-meine Gefahrenstelle, die östlich des Feuers passiert werden muß.	Östliche Untiefenbegrenzung, östlich passieren.	23
202 ●●	Sie sehen das Feuer einer Leucht-tonne mit folgenden Kennungen: oder Was bedeuten diese Kennungen?	Nördlich des Feuers befindet sich eine allge-meine Gefahrenstelle, die südlich des Feuers passiert werden muß.	Südliche Untiefenbegrenzung, südlich passieren.	23
203 ●●	Sie sehen das Feuer einer Leucht-tonne mit folgenden Kennungen: oder Was bedeuten diese Kennungen?	Östlich des Feuers befindet sich eine allgemei-ne Gefahrenstelle, die westlich des Feuers pas-siert werden muß.	Westliche Untiefenbegrenzung, westlich passieren.	23
204 ●●●	Sie sehen folgende Schiffahrts-zeichen: Was bedeuten diese Schiffahrts-zeichen?	Die Tonne zeigt eine Einzelgefahrenstelle an, die an allen Seiten passiert werden kann.	Einzelgefahr, an allen Seiten pas-sierbar.	24
157 ●●	Sie sehen folgende Schiffahrtszei-chen (hier ohne Beschriftung): 1. Was kennzeichnen diese Schiff-fahrtszeichen? 2. Wo entnehmen Sie die Bedeu-tung dieser Schiffahrtszeichen?	1. Kennzeichnung besonderer Gebiete und Stellen, z. B. Warngebiete, Fischereigrün-de. 2. Die Bedeutung kann der Seekarte entnom-men und aus der Beschriftung der Zeichen erkannt werden.	1. Warngebiet. 2. Seekarte, Tonne.	25

Navigation

Nr.	Amtliche Frage	Amtlicher Antwortvorschlag	Vereinfachte Antwort	Seite
162 ●	Sie sehen folgende Tonne: Was bedeutet diese Tonne?	Warngebiet für militärische und zivile Zwecke.	Warngebiet.	25
163 ●●	Woran können Sie erkennen, daß ein militärisches Warngebiet wegen Schießübungen für die Schiffahrt gesperrt ist?	An bestimmten Tag- und Nachtsignalen, die nach der Schiffahrtspolizeiverordnung der WSD Nord für militärische Sperr- und Warngebiete gesetzt werden.	Wird durch Signale bekanntgegeben.	25
164 ●	Sie sehen folgende Schiffahrts-zeichen: Was bedeuten diese Schiffahrtszeichen?	Warnstelle für militärische und zivile Zwecke.	Warnstelle.	25
165 ●	Sie sehen folgende Schiffahrts-zeichen: Was bedeuten diese Schiffahrtszeichen?	Sperrgebiet. Befahren verboten.	Sperrgebiet.	25
206 ●	Welche Farbe eines Festfeuers treffen Sie einlaufend in der Regel bei Hafeneinfahrten an der Steuerbord-seite an?	Grün.	Grün.	27
207 ●	Welche Farbe eines Festfeuers treffen Sie einlaufend in der Regel bei Hafeneinfahrten an der Backbord-seite an?	Rot.	Rot.	27
208 ●●	Was verstehen Sie unter einem Leitfeuer?	Ein Sektorenfeuer verschiedener Kennung und Farben (Leitsektor und Warnsektoren), das ein Fahrwasser, eine Hafeneinfahrt oder einen freien Seeraum zwischen Untiefen bezeichnet.	Sektorenfeuer mit weißem Leit- und farbigen Warnsektoren.	27
209 ●●	Wie navigieren Sie mit Hilfe eines Leitfeuers?	Ich muß mit meinem Fahrzeug an der rechten Seite des durch den weißen Leitsektor gekenn-zeichneten Fahrwassers fahren.	Am rechten Rand des weißen Leit-sektors.	27

60

Navigation

Nr.	Amtliche Frage	Amtlicher Antwortvorschlag	Vereinfachte Antwort	Seite
210 ●●	Wenn Sie von See kommend auf ein Leitfeuer zufahren und aus dem weißen Leitsektor in den roten Warnsektor kommen, nach welcher Seite müssen Sie den Kurs ändern?	Nach Steuerbord.	Stb.	27
211 ●●	Wenn Sie von See kommend auf ein Leitfeuer zufahren und aus dem weißen Leitsektor in den grünen Warnsektor kommen, nach welcher Seite müssen Sie den Kurs ändern?	Nach Backbord.	Bb.	27
212 ●●	Was verstehen Sie unter einem Richtfeuer?	Es besteht aus Unter- und Oberfeuer und bezeichnet die Richtung in einem Fahrwasser.	Ober- und Unterfeuer, bezeichnet Richtung.	27
213 ●●	Wie navigieren Sie mit Hilfe eines Richtfeuers?	Ich fahre rechts von der Richtfeuerlinie.	Rechts von der Richtfeuerlinie fahren.	27
214 ●●	Was verstehen Sie unter einem Quermarkenfeuer?	Es ist ein Sektorenfeuer und besteht aus zwei weißen Ankündigungssektoren und einem farbigen Kursänderungssektor.	Sektorenfeuer mit weißen Ankündigungssektoren und farbigem Kursänderungssektor.	27
215 ●●	Wie navigieren Sie mit Hilfe eines Quermarkenfeuers?	Ich muß mit meinem Fahrzeug beim Übergang von dem weißen Ankündigungssektor in den folgenden farbigen Kursänderungssektor meinen Kurs ändern.	Kursänderung beim Eintritt in den farbigen Sektor.	27
229 ●	Wovon sollten Sie sich vor Gebrauch einer Seekarte überzeugen?	Daß die Karte auf den neuesten Stand berichtigt ist.	Berichtigungsstempel neu.	28
230 ●	Woran erkennen Sie, ob die Seekarte auf den neuesten Stand berichtigt ist?	An dem letzten amtlichen Berichtigungsdatum, das sich in der Regel an der linken Seite des unteren Kartenrandes befindet.	Berichtigungsstempel.	28
226 ●●	Welche Angaben enthalten die Nachrichten für Seefahrer (NfS) und die Bekanntmachungen für Seefahrer (BfS)?	Sie enthalten alle Veränderungen hinsichtlich Betonnung, Befeuerung, Wracks und Untiefen.	Änderungen in Seekarten.	28
227 ●●	Wo können Sie von den Bekanntmachungen für Seefahrer (BfS) Kenntnis erlangen?	An den dafür eingerichteten Aushangstellen (z. B. Hafenmeister, Schleusen, Wasserschutzpolizei).	Aushang (Schleusen, Häfen, WaSchPo).	28
231 ●	In welcher Maßeinheit werden in deutschen Seekarten die Tiefen angegeben?	In Meter und Dezimeter.	Meter, z. B. 12,5 m.	29
232 ●	Wo finden Sie Angaben über die Zeichen und Abkürzungen in den deutschen Seekarten?	In der Karte 1 des BSH.	Karte 1.	29
234 ●	Wo entnehmen Sie in der Seekarte die Seemeilen?	Am rechten oder linken Kartenrand in Höhe des Standortes.	Seitlicher Kartenrand.	37

Navigation

Nr.	Amtliche Frage	Amtlicher Antwortvorschlag	Vereinfachte Antwort	Seite
235 ●	Wie lang ist eine Seemeile?	1852 Meter.	1852 m.	37
236 ●	Was verstehen Sie unter dem Geschwindigkeitsbegriff „Knoten"?	Das sind die in einer Stunde zurückgelegten Seemeilen.	sm/h.	37
237 ●●●	Wie errechnen Sie die Zeit (in Minuten), die ein Fahrzeug benötigt, um eine bestimmte Distanz bei bekannter Geschwindigkeit abzulaufen?	Zeit in min = $\dfrac{\text{Distanz in sm x 60 min/h}}{\text{Geschwindigkeit in sm/h}}$	–	37
238 ●●●	Wie errechnen Sie die Geschwindigkeit (in Knoten) eines Fahrzeuges bei bekannter Distanz (in Seemeilen) und Zeit (in Minuten)?	Geschwindigkeit = $\dfrac{\text{Distanz x 60}}{\text{Zeit}}$	–	37
258 ●	Was verstehen Sie unter Ebbe?	Das Fallen des Wassers vom Hochwasser zum folgenden Niedrigwasser.	Fallen des Wassers zwischen Hoch- und Niedrigwasser.	38
259 ●	Was verstehen Sie unter Flut?	Das Steigen des Wassers vom Niedrigwasser zum folgenden Hochwasser.	Steigen des Wassers zwischen Niedrig- und Hochwasser.	38
260 ●	Was verstehen Sie unter einer Tide?	Der Teil der Gezeit zwischen einem Niedrigwasser und dem nächstfolgenden Niedrigwasser.	1 Flut und 1 Ebbe.	38
261 ●	Was ist Niedrigwasser?	Der Eintritt des niedrigsten Wasserstandes beim Übergang vom Fallen zum Steigen.	Tiefster Wasserstand zwischen Ebbe und Flut.	38
262 ●	Was ist Hochwasser?	Der Eintritt des höchsten Wasserstandes beim Übergang vom Steigen zum Fallen.	Höchster Wasserstand zwischen Flut und Ebbe.	38
263 ●	Wo finden Sie für einen bestimmten Ort die Angaben über Hoch- und Niedrigwasserzeiten und den Tidenhub?	In den Gezeitentafeln (Tidenkalendern).	Tidenkalender.	38
264 ●	Wie lange sind Gezeitentafeln gültig?	Nur für das Jahr, für das sie herausgegeben sind.	Ein Jahr.	38
257 ●●●	Was müssen Sie bei der Aufstellung eines Magnetkompasses an Bord beachten?	1. Sein Steuerstrich muß mit der Kiellinie zusammenfallen oder parallel dazu verlaufen. 2. Der Kompaß muß gut ablesbar sein. 3. Die Nähe von Eisenteilen und elektrischen Geräten soll vermieden werden.	Muß: 1. nach vorne zeigen, 2. gut ablesbar sein, 3. Abstand von Eisen haben.	40
254 ●●	Was verstehen Sie unter Stromversetzung?	Die Versetzung des Schiffes nach Richtung und Distanz, die durch Gezeiten- oder Meeresströmungen verursacht wird.	Abtreiben durch Strömung (Richtung und Entfernung).	41

Navigation

Nr.	Amtliche Frage	Amtlicher Antwortvorschlag	Vereinfachte Antwort	Seite
255 ●●	Was verstehen Sie unter Windversetzung?	Die Versetzung des Schiffes nach Richtung und Distanz, die durch den Wind verursacht wird.	Abtreiben durch Wind (Richtung und Entfernung).	41
243 ●●	Was verstehen Sie unter Mißweisung?	Es ist der Winkel zwischen rechtweisend Nord und mißweisend Nord.	Winkel zwischen rwN und mwN.	42
246 ●	Wo kann die Mißweisung und ihre jährliche Änderung entnommen werden?	Aus der dem Standort nächstgelegenen Kompaßrose oder den entsprechenden Angaben in der Seekarte.	Seekarte.	42
245 ●●	Woraus setzt sich die Magnetkompaßfehlweisung zusammen?	Es ist die Summe aus Magnetkompaßablenkung und Mißweisung.	Fw = Abl + Mw.	44
244 ●●	Was verstehen Sie unter Magnetkompaßablenkung?	Es ist der Winkel zwischen mißweisend Nord und Magnetkompaß-Nord.	Winkel zwischen mwN und MgN.	44
247 ●	Woraus entnehmen Sie die Ablenkung (Deviation)?	Aus der für das betreffende Schiff aufgestellten Ablenkungstabelle (Deviationstabelle).	Ablenkungstabelle.	45
242 ●●	Was verstehen Sie unter dem Magnetkompaßkurs?	Es ist der Winkel zwischen Magnetkompaß-Nord und der Rechtvorausrichtung des Fahrzeugs.	Winkel zwischen MgN und Fahrtrichtung.	46
241 ●●	Was verstehen Sie unter dem mißweisenden Kurs?	Es ist der Winkel zwischen mißweisend Nord und der Rechtvorausrichtung des Fahrzeugs.	Winkel zwischen mwN und Fahrtrichtung.	46
239 ●●	Was verstehen Sie unter einem rechtweisenden Kurs?	Es ist der Winkel zwischen rechtweisend Nord und der Rechtvorausrichtung des Fahrzeugs.	Winkel zwischen rwN und Fahrtrichtung.	46
248 ●●●	Wie verwandeln Sie den rechtweisenden Kurs in den zu steuernden Magnetkompaßkurs?	Es wird zunächst das folgende einheitliche Grundschema hingeschrieben: Magnetkompaßkurs MgK = Ablenkung Abl = mißweisender Kurs mwK = Mißweisung Mw = rechtweisender Kurs rwK = Dann werden der rwK und die Beschickungswerte Mw und Abl in die vorgesehenen Zeilen eingesetzt und der gesuchte MgK durch Rechnung von unten nach oben ermittelt.	MgK + Abl = mwK + Mw = rwK Von unten nach oben rechnen.	47
249 ●●●	Wie verwandeln Sie den Magnetkompaßkurs in den rechtweisenden Kurs?	Es wird zunächst das folgende einheitliche Grundschema hingeschrieben: Magnetkompaßkurs MgK = Ablenkung Abl = mißweisender Kurs mwK = Mißweisung Mw = rechtweisender Kurs rwK = Dann werden der MgK und die Beschickungswerte Abl und Mw in die vorgesehenen Zeilen eingesetzt und der gesuchte rwK durch Rechnung von oben nach unten ermittelt.	MgK + Abl = mwK + Mw = rwK	47

Navigation

Nr.	Amtliche Frage	Amtlicher Antwortvorschlag	Vereinfachte Antwort	Seite
240 ●●	Wie entnehmen Sie aus der Seekarte den Kartenkurs?	Durch Messen des Winkels zwischen recht weisend Nord und der beabsichtigten Richtung des Weges über Grund.	Winkel zwischen rwN und Kurslinie messen.	49
250 ●●	Was ist eine Peilung?	Das Feststellen der Richtung, in der man ein Objekt sieht.	Richtung zu einem Objekt feststellen.	50
251 ●●	Wie erhalten Sie eine Standlinie?	Durch Peilung eines bekannten Objektes.	Bekanntes Objekt peilen.	50
252 ●●●	Was ist eine Kreuzpeilung?	Die Peilung zweier fester und bekannter Objekte in dichter Zeitfolge.	2 feste, bekannte Objekte nacheinander peilen.	50
253 ●●●	Wie erhalten Sie mit Hilfe einer Kreuzpeilung Ihren Standort?	Indem ich die rechtweisenden Peillinien zweier Objekte in die Seekarte eintrage; ihr Schnittpunkt ist der Standort.	Schnittpunkt der rwP in der Seekarte.	51
256 ●●	Was verstehen Sie unter dem Koppelort?	Das ist der aus Kurs(en) und Distanz(en) unter Berücksichtigung aller vorhersehbaren Einflüsse, den Strom eingeschlossen, ermittelte Schiffsort.	In die Seekarte die gefahrenen Strecken (Richtung und Entfernung) einzeichnen.	52
343 **bis** **362**	Siehe beigefügte Seekartenausschnitte.			

GPS, DGPS

Viele Wege führen nach Rom.

Mancher Segler sieht einen besonderen Reiz darin, mit elementaren, klassischen Mitteln und guter Seemannschaft zu navigieren und dabei von technischen Hilfsmitteln nahezu unabhängig zu sein. Andere haben Freude daran, die neuesten technischen Errungenschaften auszuprobieren und an Bord zu nutzen. Jedem sollte dabei klar sein, daß moderne Navigationsgeräte zweifellos die Sicherheit an Bord erhöhen können, eine erfahrene und leistungsfähige Crew aber durch nichts zu ersetzen ist.

Die wichtigsten neuen Navigationsgeräte auf Sportbooten sind:
– GPS,
– Loran, Decca,
– Fluxgate-Kompaß,
– Radar,
– Elektronische Seekarte.

Abb. 62: *GPS-Navigator von Magellan – schon beinahe ein Klassiker.*

Besondere Vorteile entstehen durch die Vernetzung der Geräte.

GPS, DGPS

GPS **(Global Positioning System)** ist ein weltweit einsetzbares, vollautomatisches Navigationssystem. Preisgünstige GPS-Navigatoren gibt es bereits in der Größe eines Walkman. Mit Hilfe einer kleinen Antenne empfangen sie Signale von Satelliten und geben Sekunden später den Standort an. Die Genauigkeit der Angabe liegt zwischen 30 und 100 Metern; sie kann bei Differential-GPS (**DGPS**) auf unter 10 Meter gesenkt werden. DGPS korrigiert den Satellitenempfang durch Signale von stationären Funkmasten. Neben der Standortangabe bietet GPS drei weitere interessante Möglichkeiten:
– Mann-über-Bord-Suche
– Zielfahrt
– Wegpunktspeicherung.
Das große Problem, eine über Bord gefallene Person wiederzufinden, löst GPS. Drückt man an der Unfallstelle die „Mann-über-Bord-Taste", so zeigt das Gerät fortlaufend die Entfernung und die Richtung zur Unfallstelle (z. B. „Mehr nach Steuerbord") an.
Auf demselben Prinzip basiert auch die Zielfahrt.

Abb. 63: *Selbststeueranlage für Pinnensteuerung (s. Seite 132, Abb. 169) mit Fluxgate-Kompaß. Der Kompaßsensor links im Bild wird außerhalb des Einflußbereiches von Eisen oder Magnetfeldern angebracht.*

Nach Eingabe von Breite und Länge des Zielpunktes liefert GPS ebenfalls die verbleibende Entfernung und die Richtungsangabe. Weitere Funktionen wie Durchschnittsgeschwindigkeit und voraussichtliche Ankunftszeit sind möglich.
Ist das Ziel in mehreren Abschnitten mit wechselnden Kursen erreichbar, so können Wegpunkte als Zwischenziele programmiert werden.
GPS-Geräte lassen sich mit Selbststeueranlagen (**Autopilot**) vernetzen. Das Schiff steuert dann sein Ziel automatisch an.
Die Gefahr in der Verwendung von GPS besteht in einer zunehmenden Abhängigkeit. Dabei wird die

Navigation mit herkömmlichen Mitteln schnell verlernt. Ordentliche Seemannschaft verlangt, Schiff und Besatzung nicht von einem einzigen technischen System abhängig zu machen. Sofern GPS nicht ausschließlich zu Kontrollzwecken verwendet wird, muß aus Gründen der Ausfallsicherheit neben GPS ein zweites unabhängiges Navigationssystem installiert sein. Hierfür bieten sich Loran oder Decca an.
Betreiber von GPS ist das amerikanische Verteidigungsministerium.
Die zivile Nutzung von GPS ist nur möglich, solange die Sicherheitsbelange der USA nicht tangiert sind.

Loran, Decca, Fluxgate-Kompaß

Loran, Decca

Loran und Decca bieten ähnliche Funktionen wie GPS, jedoch mit etwas weniger Genauigkeit und geringerer Reichweite. Loran- oder Decca-Navigatoren besitzen in kompakter Ausführung etwa die Größe eines Autoradios. Während Decca genauere Standortangaben liefert (Decca: 0,1 – 0,5 sm; Loran: 0,2 – 1,5 sm), ist Loran weniger störanfällig und bietet Bedienungsvorteile.

Loran-Geräte können zwischendurch ausgeschaltet werden und finden nach dem Einschalten ihren Standort selbständig. Bei Decca-Geräten muß zunächst der ungefähre Standort (Koppelort) eingegeben werden.

Loran und Decca arbeiten ausschließlich mit Funksignalen, die von Land ausgestrahlt werden. Deren Reichweite beträgt bei Loran 800 bis 1000 Seemeilen und bei Decca 250 bis 300 Seemeilen. Betreiber der Funkanlagen sind die Regierungen in aller Welt, die ihre Schiffahrt nicht allein von GPS abhängig machen wollen. Decca jedoch wird nur von England und – mit Einschränkungen – von Schweden unterstützt. Dementsprechend ist der Einsatzbereich von Decca auf große Teile der Nord- und Ostsee sowie die küstennahen Bereiche des Nordatlantiks begrenzt. Decca ist im Mittelmeer nicht nutzbar.

Loran hingegen deckt etwa 70 % der nördlichen Erdhalbkugel ab, darunter auch das Mittelmeer. Viele Länder, die ehemals Decca-Sender betrieben, haben inzwischen auf Loran umgestellt oder die Umstellung beschlossen. Auch die USA und Kanada betreiben Loran-Ketten.

In den nordeuropäischen Gewässern bestehen jedoch noch Loran-Lücken. Verschiedene Vorschläge sind ausgearbeitet, um auch die nordeuropäischen Seegebiete vollständig mit diesem System zu versorgen.

Fluxgate-Kompaß

Ein Fluxgate-Kompaß ist ein elektronischer Kompaß, in dem das Anzeigeinstrument von der Magnetfeldsonde getrennt ist. Diese kann außerhalb störender magnetischer Einflüsse angebracht werden. Dadurch eignet sich der Fluxgate-Kompaß besonders gut für Stahlschiffe.

Seine Elektronik bietet weiterhin Vorteile, die die Navigation erleichtern können. Wird nach der Inbetriebnahme des Kompasses langsam ein Vollkreis gefahren, so eliminiert der Fluxgate-Kompaß automatisch die Ablenkung. Eisen und elektromagnetische Felder an Bord verfälschen dann nicht mehr die Kompaßanzeige. Auch der andere Störfaktor eines Magnetkompasses, die Mißweisung, die für das jeweilige Seegebiet der Seekarte entnommen werden kann, kann eingegeben werden. Damit ist der von einem Fluxgate-Kompaß angezeigte Magnetkompaßkurs (MgK) identisch mit dem rechtweisenden Kurs (rwK). Die lästige Kursumwandlung kann entfallen.

Ein gewisser Nachteil des Fluxgate-Kompasses liegt in der Abhängigkeit vom elektrischen Bordnetz. Fluxgate-Kompasse gibt es in unterschiedlichen Ausführungen als Steuerkompasse sowie batteriebetrieben als Peilkompasse.

Abb. 64: *Decca Navigator, der Vorläufer von GPS, ist im Sendebereich des Decca-Netzes eine gute Alternative zu GPS.*

Abb. 65: *Dieser Fluxgate-Kompaß erleichtert Anfängern das Steuern nach Kompaß.*

Radar

Jeder hat die rotierenden Radarantennen auf Berufsschiffen schon gesehen. Selbst bei schönstem Wetter kreisen sie unaufhörlich.

Warum braucht man Radar bei guter Sicht? Dient Radar nicht dazu, im Nebel Kollisionen zu vermeiden? Radar hat zwei Funktionen. Radar hilft, Kollisionen zu verhüten, und Radar ist ein erstklassiges Peilinstrument, mit dem dazu noch der Abstand zum gepeilten Objekt gemessen werden kann.

Radar hat zwei Funktionen:
– Kollisionen bei schlechter Sicht vermeiden,
– peilen und Abstand bestimmen

Ein Radargerät besteht aus drei Teilen:
– Antenne,
– Sender/Empfänger,
– Bildschirm.
Über die Antenne wird empfangen und gesendet. Sie ist oftmals in einer Haube verborgen. Am Bildschirm wird das Radarbild ausgewertet. Vereinfacht dargestellt sendet das Radar einen kurzen Impuls. Die Antenne „wartet" nun auf ein Echo, dreht ein Stück weiter, woraufhin der Sender wiederum einen Impuls

abgibt usw. Die Zwischenstopps sind für das menschliche Auge nicht erkennbar. Die Antenne scheint, sich ständig zu drehen.
Sobald die Antenne ein Echo empfängt, wird die Richtung zum Echo und seine Entfernung vom Schiff auf dem Bildschirm abgebildet. Die Entfernung berechnet das Radar aus der Zeit, die zwischen dem Absenden des Impulses und dem Eintreffen des Echos verging.
Die vom Radar ausgestrahlten Impulse verhalten sich ähnlich wie Licht. Je höher die Antenne, um so größer ist die Reichweite. So hat z. B. eine 5 Meter hohe Antenne einen Radarhorizont von knapp 5 Seemeilen.
Radargeräte strahlen gewöhnlich in einem vertikalen Winkel von 25°–30°, um auch im Seegang noch einsatzfähig zu sein. Menschen sollten sich nie in unmittelbarer Nähe einer strahlenden Radarantenne befinden, da schwerste Verletzungen (Erblindung, Zeugungsunfähigkeit) die Folge sein können. Der erforderliche Sicherheitsabstand hängt von

der Sendeleistung ab, sollte aber auch bei kleinen Geräten einen Meter nicht unterschreiten.

Das Radargerät darf nie eingeschaltet sein, wenn sich ein Mensch in unmittelbarer Nähe der Antenne aufhält.

Die Auswertung des Radarbildes erfordert viel Erfahrung, die sich am besten bei guter Sicht erwerben läßt, wenn die optischen Eindrücke mit der Darstellung auf dem Radarschirm verglichen werden können.
Im Zentrum des Radarbil-

des befindet sich das eigene Schiff. Um das Schiff herum verlaufen mehrere **Abstandsringe,** mit deren Hilfe die Entfernung zu einem auf dem Schirm dargestellten Objekt sehr genau abgelesen werden kann. Ein **Peillineal** erlaubt, die Richtung zu bestimmen (s. Abbildung 66).
Damit kann bereits aus einem einzigen Objekt ein Standort gewonnen werden. Schwierig kann dabei jedoch sein, das auf dem Bildschirm dargestellte Objekt eindeutig zu identifizieren.
Für die Radarnavigation werden daher häufig Ton-

Abb. 66: *Vom BSH zugelassene Radaranlage mit Peillineal und variablen Meßringen.*

Radar

nen oder Feuerschiffe genutzt, die in Seekarten mit dem Zusatz **Racon** gekennzeichnet sind. Diese Radarantwortbaken erzeugen auf dem Radarschirm ein besonders gut identifizierbares Racon-Signal. Die Bewertung von Radarbildern ist für Anfänger auch deshalb nicht einfach, weil die Bewegungsrelation ungewohnt ist. Das Schiff steht fest in der Mitte des Schirms. Eine Tonne, der sich das Schiff nähert, bewegt sich auf dem Radarschirm auf das

Schiff zu. Kollisionsgefahr besteht, wenn sich die Peilung (Richtung) zu einem Objekt nicht ändert, der Abstand aber abnimmt. Werden ein Fluxgate-Kompaß und ein GPS-Navigator an ein Radargerät angeschlossen, so ist die Darstellung von Wegpunkten und des anliegenden Kurses auf dem Radarschirm möglich. Dies erleichtert erheblich die Auswertung des Radarbildes.
Radargeräte sind immer kleiner und preiswerter ge-

worden und auch auf Sportbooten nicht mehr ungewöhnlich. Der Antennendurchmesser sollte auch auf Segelyachten nicht zu klein gewählt werden.
Denn allein der Antennendurchmesser bestimmt die **Strahlenbündelung.** Antennen mit einem Durchmesser von z. B. 54 cm (= 60-cm-Haube) haben eine Bündelung von 4° und stellen die kleinste vertretbare Größe dar. Mit derartigen Antennen können zwei Objekte nur dann ge-

trennt angezeigt werden, wenn diese mehr als 4° auseinanderliegen. Eine Hafeneinfahrt von 35 Metern Breite z. B. ist mit einer 54-cm-Antenne bereits aus 500 Metern Entfernung nicht mehr zu erkennen.
Radarnavigation ist Bestandteil der Sportseeschiffer-Ausbildung.

Abb. 67: *Die „Schlüssel von Bremen" mit Radarmast am Heck.*

Elektronische Seekarte

Elektronische Seekarten werden z. B. in der Größe von Kreditkarten oder als Steckmodule im Ausmaß einer Musikkassette angeboten. Sie decken fast alle Seegebiete der Welt ab. Die Anzeigegeräte heißen **Kartenplotter** und erlauben vielfältige elektronische „Spielereien".

Ein Klick auf die elektronische Karte z. B. gibt die Position und auf Wunsch die Entfernung zu einem anderen Punkt an. Ausschnitte können vergrößert oder verkleinert („gezoomt") werden. Nautische Informationen werden in ein Fenster eingeblendet. Hafenpläne sind genauso verfügbar wie Übersichtskarten.

Wird ein GPS-Navigator an den Kartenplotter angeschlossen, so erscheint auf der Seekarte das eigene Schiff. Der Plotter zeichnet den zurückgelegten Kurs auf und vereinfacht die weitere Reiseplanung. Die nächsten Wegpunkte müssen dann lediglich mit einem beweglichen, blinkenden Kreuz markiert werden, und das System berechnet automatisch den Kurs, die derzeitige Geschwindigkeit und die voraussichtliche Ankunftszeit. Gesegelte Strecken können in einer Datei abgelegt und beim nächsten Mal wieder abgerufen, zukünftige Reisen entsprechend vorbereitet werden.

Das System Kartenplotter/GPS läßt sich wiederum mit einer Selbststeueranlage (Autopilot) vernetzen. Dadurch wird das Schiff vollautomatisch an sein Ziel gesteuert. Abdrift durch Wind wird dabei genauso berücksichtigt wie ein eventuell vorhandener Strom, der das Schiff versetzt. Der Rudergänger hält nur noch Ausguck, beobachtet Wind und Wetter und überwacht das System, das bei Nacht alle vier Minuten quittiert werden muß.

Technisch realisiert ist ebenfalls die Einbeziehung des Radargerätes in die obige Konfiguration. Dabei kann der Maßstab der elektronischen Seekarte dem Meßbereich des Radargerätes angepaßt werden. So ist eine wirkungs-volle Hilfestellung bei der Auswertung des Radarbildes möglich. Besonders komfortabel wird dieses Navigationssystem durch den Einsatz eines Kreiselkompasses, der auf Yachten jedoch in der Regel nicht zum Einsatz kommt. Ein verantwortungsbewußter Schiffsführer sollte die alleinige Verwendung elektronischer Seekarten von der Zulassung durch das Bundesamt für Seeschiffahrt und Hydrographie (BSH) abhängig machen.

Abb. 68: *Elektronische Seekarten sind für viele Seegebiete verfügbar, besitzen aber noch keine BSH-Zulassung.*

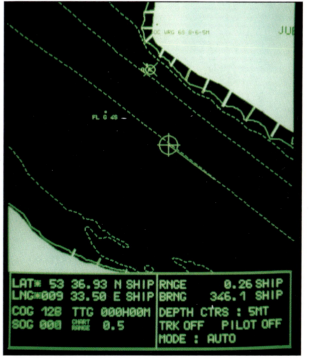

Abb. 69: *Kartenplotter erlauben vielfältige Möglichkeiten.*

2

YACHTFÜHRUNG

YACHTFÜHRUNG UNTER MOTOR

PRÜFUNGSAUFGABEN

HAFENMANÖVER UNTER MOTOR

AN BORD EINER FAHRTENYACHT

SEGELN AUF SEE

Sicherheitshinweis

Yachtführung unter Motor

Vor 50 Jahren war ein Hilfsmotor auf einer Segelyacht die absolute Ausnahme. Selbstverständlich wurden alle Manöver unter Segel gefahren, jeder Hafen allein unter Segel angelaufen. Bei Flaute wurde gepullt oder gewriggt (an der Seite oder am Heck gerudert), oder man mußte warten, bis wieder Wind kam. Segelyachten ohne Hilfsmotor gibt es heute nicht mehr. Die meisten Häfen sind viel zu eng, um darin unter Segeln zu manövrieren. Wer kann sich heute noch erlauben, Stunden – oder gar Tage – in einer Flaute zu liegen? Schließlich wäre auch die gemeinsame Nutzung der Schifffahrtswege durch die Berufs- und die Sportschifffahrt völlig ausgeschlossen, wenn Hunderte von Segelyachten dort ohne Motor kreuzen würden. Wer heute eine Segelyacht führen will, muß wissen, wie er sich unter Motor zu verhalten hat und mit den Manövriereigenschaften vertraut sein. Der Gesetzgeber hat dieser Entwicklung Rechnung getragen und der Yachtführung unter Maschine einen erheblichen Umfang in der Sportbootführerschein-Prüfung eingeräumt.

Sicherheitshinweis

Oberstes Gebot bei Fahrt unter Motor ist die Beachtung der Sicherheitsmaßnahmen. Denn der drehende Propeller (Schraube) kann – selbst wenn er sich tief unter dem Schiffsrumpf befindet – schwere Verletzungen bei badenden oder über Bord gefallenen Personen hervorrufen.

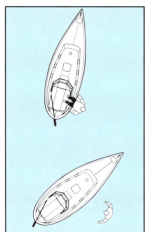

Abb. 70: *Wenn eine Person während der Fahrt unter Motor über Bord fallen sollte, muß im selben Augenblick ausgekuppelt und eine scharfe Kurve zur Seite der über Bord gefallenen Person gefahren werden. Dadurch wird das Heck von der Unglücksstelle weggedrückt (s. Derivation, Seite 74) und Verletzungen durch den Propeller vermieden.*

Badegebiete sind für Maschinenfahrzeuge gesperrt

Badegebiete – in Deutschland durch weiße Tonnen mit gelbem Kreuz markiert – sind für Maschinenfahrzeuge jedweder Art gesperrt.
Im Umkreis von 300 Metern um Stellen mit erkennbarem Badebetrieb besteht – mit Ausnahme von Fahrwassern – eine Geschwindigkeitsbegrenzung auf 8 km/h.

Achtung!
Schwere Verletzungsgefahr durch den drehenden Propeller.

Werden Badende außerhalb von Badegebieten angetroffen, so sollen sie –

152

Sie sehen folgende Tonne: Was bedeutet diese Tonne?

Gesperrt für Maschinenfahrzeuge wegen Badebetriebes.

153

Welche Höchstgeschwindigkeit dürfen Sie vor Stellen mit erkennbarem Badebetrieb – außerhalb des Fahrwassers – in einem Abstand von 300 Meter und weniger vom Ufer nicht überschreiten?

8 km/h (4,3 sm/h) Fahrt durch das Wasser.

unter Motor – nur mit großem Abstand und geringer Fahrt passiert werden. Es wird dringend empfohlen, mit mehreren Personen Ausguck zu halten, sobald eine badende Person beobachtet wird. Insbesondere schnorchelnde Schwimmer sind nur schwer auszumachen.

Maschine aus, wenn von Bord aus gebadet wird

Baden von Bord aus erfordert zwei Vorsichtsmaßnahmen.
1. Immer die Maschine ausschalten. 2. Ein Wachführer, der das Schiff bedienen und Badenden gegebenenfalls zurück an Bord helfen kann, muß an Bord bleiben.

Im Hafen

Vor der Fahrt

Auf einer seetüchtigen Segelyacht werden vor jeder Reise alle Navigationseinrichtungen, die Maschine und die Rettungsmittel überprüft. Sind die Wasser- und Treibstofftanks gefüllt? Was sagt der Wetterbericht? Sind die Kraftstoffleitung und das Seeventil für die Kühlwasserpumpe geöffnet und das Seeventil der Toilette geschlossen? Sind die Segel klar zum Setzen (falls der Motor unerwartet ausfallen sollte)?

320

●●
Wie oft müssen Sie Ihr aufblasbares Rettungsfloß und Ihre aufblasbare Rettungsweste warten lassen?

Mindestens alle 2 Jahre.

Starten

Vor dem Anlassen ist auszukuppeln. Nach dem Start muß überprüft werden, ob die Wasserpumpe arbeitet. Yachten saugen Kühlwasser von außen an. Die Ansaugöffnung könnte durch Blätter, Tüten, Tampen oder Dreck verstopft sein. Der Motor wäre ohne Kühlung nach wenigen Minuten defekt. Der Blick über Bord zeigt, ob Kühlwasser ausgestoßen wird. Wenn ja, funktioniert der **Kühlwasserkreislauf.** Während der Fahrt kann die Ansaugöffnung kaum verstopfen.
Wenn nach langer Liegezeit gelegentlich die Batterien wieder aufgeladen werden müssen: Vorsicht, bei Bleiakkus kann Explosionsgefahr entstehen!

325

●●
Was ist beim Aufladen von Batterien (Bleiakkumulatoren) an Bord zu beachten?

Es ist erforderlich, daß der Batterieraum wegen der beim Aufladen entstehenden Gase ausreichend belüftet ist (Explosionsgefahr).

310

●●●
Welche Sicherheitsmaßnahmen treffen Sie vor dem Auslaufen?

Wetterbericht einholen, Kraftstoff-, Öl- und Wasservorrat vervollständigen, Überprüfung insbesondere der Rettungsmittel.

Automatische Rettungswesten, -flöße (**Rettungsinseln**) sowie Feuerlöscher müssen alle zwei Jahre gewartet werden. Das Datum der letzten Wartung wird auf einer Plakette angegeben und sollte – auf einem fremden Schiff – vor Fahrtantritt überprüft werden.

Abb. 71: *Eine besonders schön gelegene Marina (Yachthafen).*

Drehverhalten

Eine Segelyacht unter Motor im Hafen zu manövrieren, ist nicht ganz einfach. Viele Häfen oder Vorhäfen haben Freiflächen, die sich sehr gut eignen, um zu üben und die Manövriereigenschaften einer unbekannten Segelyacht kennenzulernen. Jedes Schiff reagiert anders. Auch erfahrene Seesegler müssen mit einem neuen Boot zunächst vertraut werden.

Jede Yacht hat andere Manövriereigenschaften

Ein Schiff im Hafen manövrieren zu können heißt, sein Drehverhalten und seine Abdrift (Abtreiben durch Seitenwind) bei langsamer Fahrt zu kennen. Diese können von mehreren Faktoren abhängen:
– der Form des Kieles und des Ruders,
– der Höhe von Bordwand und Aufbauten,
– der Drehrichtung des Propellers.
Yachten mit langem Kiel verhalten sich anders als Kurzkieler mit frei hängendem Ruder, schwere Schiffe mit flachen Aufbauten anders als leichte, hochbordige Yachten. Probieren geht über studieren!

Abb. 72: *Hafen Helgoland – mit Freifläche zum Testen der Dreheigenschaften.*

Wie manövriert das Boot im Hafen?

Kann man über Backbord (links) engere Kurven fahren als über Steuerbord (rechts)? Geht es mit langsamer Fahrt besser oder mit mittlerer?
Wie verhält sich das Boot, wenn während der Drehung auf Leerlauf oder Rückwärtsfahrt umgeschaltet wird?
Wie reagiert das Boot bei Rückwärtsfahrt? Schlägt dabei die Pinne (Steuer) aus der Hand? Zieht die Yacht nach Backbord? Wie beeinflußt seitlicher Wind die Manövriereigenschaften?

Bei jeder Drehung schwenkt das Heck nach außen

Vom Autofahren ist man gewohnt, daß in Kurven die Hinterräder der Spur der Vorderräder folgen. Anders ein Boot: Es dreht sich um einen weit vorne liegenden Drehpunkt. Dadurch rutscht das Heck in Kurven seitlich nach außen. Diesen Effekt bezeichnet man als **Derivation** (s. Abbildung 73). Wer nahe an einer Mole, einem Steg oder an Pfählen drehen will, muß auch nach achtern blicken, um nicht mit dem Heck an die Mole, den Steg oder die Pfähle zu stoßen.

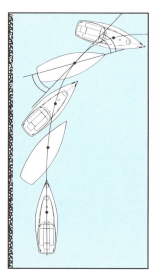

Abb. 73: *Derivation heißt das Ausschwenken des Hecks (Winkel zwischen Kiellinie und Tangente).*

Radeffekt

Wichtigen Einfluß auf die Manövriereigenschaften einer Segelyacht kann der Radeffekt haben. Er wird durch die Propellerdrehung hervorgerufen. Dieser dreht sich bei Vorausfahrt von hinten gesehen entweder nach rechts (rechtsgängiger Propeller) oder nach links (linksgängiger Propeller).
Bei Achterausfahrt dreht der Propeller entgegengesetzt. Viele Propeller sind rechtsgängig (s. Abbildung 74).
Der Propeller verursacht auch seitlichen Schub, **Radeffekt** genannt. Ein rechtsgängiger Propeller versetzt bei Vorausfahrt das Heck des Bootes leicht nach Steuerbord, der Bug giert (zieht) beim Anfahren leicht nach Backbord. Bei Rückwärtsfahrt dagegen – jetzt dreht der Propeller nach links – kann das Heck spürbar nach Backbord gezogen werden. Dieser Effekt ist bei manchen Booten so stark, daß mit Achterausfahrt eine Rechtskurve nicht oder nur schwer möglich ist (s. Abbildung 76).

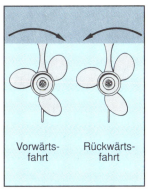

Abb. 74: *Rechtsgängiger Propeller.*

Abb. 75: *Saildrive.*

Ob der Propeller rechts- oder linksgängig ist, ist egal; die jeweilige Drehrichtung sollte dem Schiffsführer jedoch bekannt sein.
Der Radeffekt ist bei Yachten mit starrer Welle stärker ausgeprägt; bei Schiffen mit **Saildrive** (s. Abbildung 75) oder mit Außenbordern tritt er weniger stark auf. Der Radeffekt muß bei Hafenmanövern berücksichtigt werden (s. Seite 118).

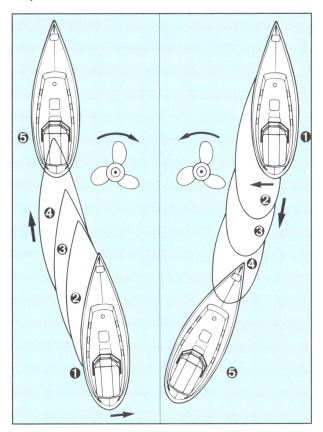

Abb. 76: *Radeffekt: Bei Vorwärtsfahrt versetzt ein rechtsgängiger Propeller das Heck nach Steuerbord, bei Rückwärtsfahrt nach Backbord.*

279

● ***Was verstehen Sie unter einer rechts- bzw. linksgängigen Schraube?***

Bei Vorwärtsgang dreht sich, von hinten gesehen, eine rechtsgängige Schraube nach rechts, eine linksgängige nach links.

280

● ***Nach welcher Seite dreht sich im allgemeinen das Heck im Rückwärtsgang bei einer rechtsgängigen Schraube?***

Nach Backbord.

Anlegen, Wenden

Abb. 77: *Hafenmanöver anderer Yachten werden aufmerksam beobachtet.*

Anlegen

Anlegen übt man am besten in vertrauter Umgebung – mit einem unbekannten Schiff also in dem Hafen, in dem man es übernommen hat. Vor jedem Anlegemanöver müssen die Festmacherleinen bereit liegen und die Bordwand mit Fendern geschützt sein.

Beim längsseitigen Anlegen ohne Windeinfluß läuft man in spitzem Winkel langsam auf seinen Liegeplatz zu und stoppt durch einen kurzen Propellerschub achteraus ab. Schiffe mit Radeffekt haben ihre „Schokoladenseite"; das ist diejenige Seite, zu der bei achteraus lau-

fendem Propeller das Heck gezogen wird (Backbordseite bei rechtsgängigem Propeller).

277

● *Welches ist der günstigste Anlaufwinkel beim Anlegen in stromfreien Gewässern?*

Ein möglichst spitzer Winkel.

Bei Wind oder Strom läuft man grundsätzlich gegen den Wind oder Strom bzw. den stärkeren von beiden an einen Steg oder Pfahl. So kann man sich mit

langsamer Fahrt dem Liegeplatz nähern. Es ist viel einfacher, gegen den Wind oder Strom etwas Fahrt wegzunehmen, als mit schiebendem Wind oder Strom zu bremsen.

267

● *Warum soll man möglichst gegen Strom und Wind anlegen?*

Weil sich das Fahrzeug dabei besser manövrieren läßt.

Abb. 78: *Wenden auf engem Raum: bei rechtsgängigem Propeller nur über Steuerbord.*

Wenden auf engem Raum

Wenden auf engem Raum sind über Steuerbord bei rechtsgängigem Propeller unproblematisch. Bei Vorausfahrt spricht das Ruder an; die Yacht dreht – vielleicht am besten mit ausgekuppeltem Propeller – nach Steuerbord.

Stoppt man nun mit einem kurzen Schub achteraus auf, so wird das Heck nach Backbord gezogen. Das Ruder ist jetzt ohne Einfluß, denn der Propeller strömt es gar nicht an. Mit Fahrt voraus dreht das Boot langsam weiter nach Steuerbord (s. Abbildung 78).

Ein ausgeprägter Radeffekt kann bei rechtsgängigem Propeller ein enges Wenden über Backbord unmöglich machen.

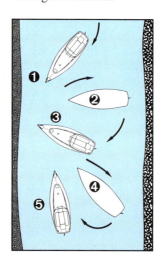

Boxenmanöver

Boxen sind begehrte Liegeplätze. Über den Bug hat man direkten Zugang zum Steg, während das Heck an zwei Pfählen festgemacht ist.

Solange deren Abstand nicht zu groß ist, werden beim Einlaufen in die Box die Festmacherleinen über beide Pfähle gelegt. Sonst muß man an beiden Pfählen nacheinander anlegen. Bei seitlichem Wind geht man zuerst an den luvwärtigen Pfahl und läßt sich dann nach Lee treiben.

Ohne Radeffekt kann man achteraus genauso gut wie voraus in die Box einlaufen. Wenn aber bei Achterausfahrt das Heck sofort nach Backbord schwenkt, so kommt man nur über Backbord in eine Box (s. Abbildung 80). Wer von der „falschen" Seite kommt, muß erst (über Steuerbord) wenden. Wenn das Auslaufen aus der Box gleichermaßen Schwierigkeiten bereitet, sollte man dem Schiff mit der Steuerbord-Heckleine in die Spur verhelfen (s. Abbildung 81). Die Heckleine ist auch bei Seitenwind hilfreich. Weitere Anlegemanöver, die nicht zum Prüfungsstoff gehören, werden im Abschnitt „Hafenmanöver unter Motor" beschrieben.

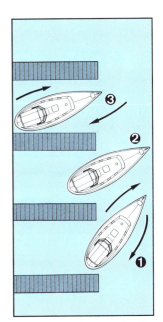

Abb. 80: *Achteraus in die Box laufen kann man bei Radeffekt mit rechtsgängigem Propeller nur nach Backbord. Wer von der „falschen" Seite kommt, muß erst (über Steuerbord) wenden. Den Könner erkennt man am Fingerspitzengefühl beim Gasgeben.*

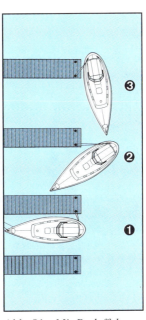

Abb. 81: *Mit Radeffekt achteraus aus einer Box ist gar nicht einfach. Das Heck schwenkt bei rechtsgängigem Propeller sofort nach Backbord. Hier hilft wieder der Trick mit der Leine. Die Achterleine hält das Schiff bei Rückwärtsfahrt auf Kurs.*

Abb. 79: *Boxen sind begehrte Liegeplätze.*

Abb. 82: *Yachthäfen – für Kinder ein wunderbarer Spielplatz.*

Festmachen

Eine Yacht wird stets mit vier Leinen festgemacht. In Boxen sind dies zwei **Achterleinen,** die zu den hinteren Pfählen und zwei **Vorleinen,** die seitlich zum Steg geführt werden. Achtern belegt man die Leinen am besten über Kreuz (s. Abbildung 83). Auch längsseits benötigt man zum Festmachen eines Bootes vier Leinen: die Vor- und Achterleinen sowie die Vor- und Achtersprings verhindern seitliches Abtreiben und halten das Schiff nach vorne und achtern (s. Abbildung 84). Durch Wind kann auch der Wasserstand schwanken. Daher sollten die Leinen stets etwas Spiel haben.

In Häfen mit **Schwell** (Wellengang) sollte bei benachbarten Segelyachten darauf geachtet werden, daß die Masten nicht aneinanderschlagen können. Wer sein Boot länger verläßt, schließt alle Seeventile und schaltet den Hauptschalter des Bordnetzes aus.

Abb. 83: *Mit vier Leinen wird das Boot festgemacht – am besten achtern über Kreuz.*

Abb. 84: *Auch längsseits belegt man mit vier Leinen: Vor- und Achterleinen sowie Vor- und Achtersprings.*

Abb. 85: *Am Heck ist das Schiff mit Achterleine und Achterspring festgemacht.*

139

● ● ●

Wo dürfen Sie mit Ihrem Fahrzeug nicht anlegen bzw. nicht festmachen?

Insbesondere:
1. An Sperrwerken, Strombauwerken, Leitwerken, Pegeln, festen und schwimmenden Schiffahrtszeichen.
2. An engen Stellen und in unübersichtlichen Krümmungen.
3. Vor Hafeneinfahrten und an Anlegestellen, die nicht für Sportboote bestimmt sind.
4. Innerhalb von Fähr- und Brückenstrecken.
5. An Stellen, die durch die Sichtzeichen „Festmache- und Liegeverbot" gekennzeichnet sind.

282

● ●

Welche Vorkehrungen sollten Sie insbesondere dann treffen, wenn Sie Ihr festgemachtes Fahrzeug für längere Zeit verlassen?

1. Alle Seeventile schließen.
2. Hauptschalter des Bordnetzes ausschalten.
3. So festmachen, daß die Masten nebeneinanderliegender Boote gegeneinander versetzt sind und nicht bei Schwell beschädigt werden können.

281

●

Was müssen Sie beim Festmachen Ihres Fahrzeugs beachten?

Es ist so festzumachen, daß das Fahrzeug sicher liegt und sich nicht losreißen kann. Wind, Strom und Wasserstandsänderungen sind zu berücksichtigen.

Bunkern von Kraftstoff

Bunkern heißt tanken, und eine **Bunkerstation** ist eine Tankstelle. Bunkern an Wochenenden bedeutet meistens warten.

Der Begriff „**bunkern**" wird für Kraftstoff und Wasser gleichermaßen verwendet. Das Bunkern von Dieselkraftstoff verlangt keine über das Betanken von Kraftfahrzeugen hinausgehenden Sicherheitsmaßnahmen (Motor abstellen, kein offenes Feuer).

Um zu vermeiden, daß Kraftstoff in Gewässer oder das Bootsinnere laufen kann, sollte stets ein Lappen bereitliegen. Benzinmotoren, die in der Berufsschiffahrt aus Sicherheitsgründen verboten sind, erfordern besondere Aufmerksamkeit. Denn im Gegensatz zum Diesel kann durch sorglosen Umgang mit Benzin (Vergaserkraftstoff) Explosionsgefahr auftreten.

Außenborder sind Benzinmotoren. Sonst kommen Benzinmotoren auf Segelyachten nur selten vor. Sie werden vor allem in kleine, schnelle Motorboote eingebaut.

Die beim Bunkern von **Vergaserkraftstoff** entstehenden Benzindämpfe sind schwerer als Luft und können sich im Schiffsrumpf zu einem explosiblen Gas vereinigen. Daher sind vor dem Bunkern alle Luken

und Niedergänge zu schließen und danach zu lüften. Das Boot sollte möglichst so angelegt werden, daß der Wind die Kraftstoffgase nicht auf das Boot wehen kann. Ebenso soll die elektrische Anlage ausgeschaltet werden, um jegliche Funkenbildung auszuschließen. Vor dem Öffnen des Tankverschlusses ist ein Potentialausgleich herzustellen. Boote können ein anderes elektrisches Potential als die Bunkerstation haben. Würde ohne vorherigen Potentialausgleich die Zapfpistole in die Tankanlage eingeführt, so könnte darin ein Funken entstehen, der eine verheerende Explosion zur Folge hätte. Der Potentialausgleich wird daher stets bei verschlossenem Tank vorgenommen, indem die metallene Zapfpistole auf den metallenen Tankdeckel gehalten und mit der bloßen Hand berührt wird. Aus Sicherheitsgründen sollte während des Bunkerns von Vergaserkraftstoff das Boot nicht betreten oder verlassen werden. Auslaufender Vergasertreibstoff sammelt sich in der **Bilge** (tiefste Stelle im Rumpf) und kann ebenfalls zu schweren Explosionen führen. Das Überlaufen von Benzin ist unbedingt zu vermeiden; ein Lappen sollte immer bereitgehal-

ten werden. Weiterhin wird empfohlen, den Tank nicht vollständig zu befüllen.

Nach dem Bunkern muß – wie vor jedem Start von Benzinmotoren – etwa 1 bis 3 Minuten lang der Motorraum entlüftet werden.

Tragbare Außenbordertanks sollten nur an Land, nie an Bord befüllt werden. Eine Lüftungsschraube im Tankdeckel muß während der Fahrt geöffnet sein, um im Tank kein Vakuum zu erzeugen (Unterbrechung der Treibstoffzufuhr, Motor geht aus). Außenborder mit integriertem Tank dürfen nur in kaltem Zustand – nie während sie laufen – befüllt werden. Andernfalls besteht Explosions- und Brandgefahr.

Welche Sicherheitsmaßnahmen sind beim Tanken zu treffen?

1. Motor abstellen.
2. Alle offenen Feuer aus.
3. Keine elektrischen Schalter betätigen.
4. Vor und während des Tankens alle nicht betroffenen Räume verschließen, nach dem Tanken alle Räume lüften.
5. Bei Vergaserkraftstoff zwecks Vermeidung elektrostatischer Entladung die auf den Einfüllstutzen gelegte Zapfpistole mit der bloßen Hand berühren.

Beim Tanken beachten:

1. Motor abstellen
2. Kein offenes Feuer
3. Hauptschalter Bordnetz aus
4. Lappen bereitlegen

Bei Benzin zusätzlich:

5. Luken, Niedergang dicht

6. Zapfpistole auf den geschlossenen Tankdeckel halten und mit der bloßen Hand berühren
7. Nicht von oder an Bord gehen
8. Vor dem Start Motorraum lüften

Ankern

Leicht gekräuselte Wellen, der Wind bringt erfrischende Kühle. Baden, schnorcheln, relaxen, der Blick auf das sommerheiße Land – dazu ein Drink: Ein Nachmittag oder Abend in einer einsamen Ankerbucht ist wie ein schöner Traum.

Was muß man zum Thema Ankern wissen? Ankermanöver kann man unter Motor wie unter Segel (dann sollte jedoch zuvor die Fock geborgen sein) fahren.

Zum Ankern läuft man zunächst genau gegen den Wind und läßt – sobald das Schiff keine Fahrt voraus mehr macht – den Anker an der Kette oder Leine zu Wasser gleiten. Das Boot soll nun mit dem Wind – oder mit Maschinenhilfe – achteraus treiben. Wenn der Anker im Wasser ist, darf der Wind nicht mehr in die Segel fassen (s. Abbildung 87). Wer Anker und Kette bzw. Leine gleichzeitig ins Wasser wirft, läuft Gefahr, daß sich die Leine um den Anker vertörnt und der Anker nicht hält. Der Anker muß sich wie ein Pflug in den Grund eingraben, um das Schiff zu halten. Wichtig ist daher, daß der Anker mit seiner vollen Länge auf dem Grund liegt, damit das Schiff ihn in den Grund ziehen kann (s. Abbildung 89).

Hierzu benötigt man eine Ankerleine von mindestens 5-facher Wassertiefe – möglichst mit Kettenvorlauf. Ankerketten dürfen nie kürzer als die 3-fache Wassertiefe sein. Ketten unterstützen durch ihr Gewicht die Ankerwirkung, das Schiff liegt ruhiger. Die genannten Ketten- und Leinenlängen stellen die Untergrenze dar. In schwerer See braucht der Anker eine Kettenlänge von 10-facher Wassertiefe.

Wer mehrere Stunden vor Anker liegt, muß durch regelmäßige Kontrollen sicherstellen, daß der Anker hält und das Schiff nicht langsam abtreibt.

Als Ankerplätze eignen sich geschützte Buchten. Hier muß jedoch ausreichend Platz vorhanden sein, damit das Schiff im Wind frei **schwojen** kann und anderen Booten, dem Ufer oder flachen Stellen nicht zu nahe kommt (s. Abbildung 88).

Risikoreich ist das Ankern bei auflandigem Wind, wenn das Schiff Wind und See frei ausgesetzt ist. Günstige Ankergründe sind Sand-, Ton- oder Lehmböden; grober Kies oder verkrauteter Boden sind für Patentanker (**Pflugscharanker/CQR-Anker, Danforthanker**) ungünstig (s. Abb. 89). Wesentlich sicherer liegt das Schiff vor zwei Ankern. Es schwojt auch deutlich weniger. Die Ketten sollen unterschiedlich lang sein und einen Winkel von etwa 45° bilden. Man läßt zunächst einen Anker fallen, dessen Lage mit einer **Ankerboje** kenntlich gemacht werden kann. Nun wird unter Maschine der zweite Anker ausgebracht.

Abb. 86: *Sonnensegel – in südlichen Ländern sinnvoll.*

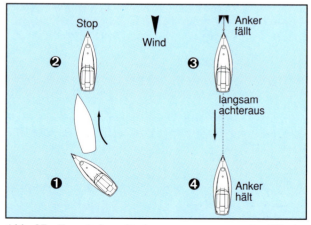

Abb. 87: *Zum Ankern läuft man genau gegen den Wind oder Strom und stoppt auf. Der Anker fällt, wenn das Boot langsam achteraus läuft.*

Ankern

Zum Ankeraufgehen verholt man das Schiff an der Ankerleine (**Ankerwinde** auf größeren Yachten) direkt über den Anker. Dadurch wird er aus dem Grund gebrochen.

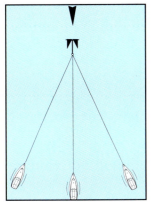

Abb. 88: *Auch bei konstantem Wind schwojen viele Boote vor Anker. Seitlich genügend Abstand halten!*

274

●
Wieviel Ankerkette bzw. -leine soll man normalerweise beim Ankern ausstecken?

Mindestens die dreifache Wassertiefe bei Kette oder fünffache bei Leine.

276

●
Warum sollen Sie sich die Ankerpeilungen aufschreiben?

Um mit Kontrollpeilungen festzustellen, ob das Fahrzeug vertrieben ist.

275

●●
Woran können Sie erkennen, ob der Anker hält?

Durch wiederholtes Peilen verschiedener Objekte. Der Schiffsort darf sich nicht wesentlich ändern.

138

●●●
Wo ist Ankern verboten?

Insbesondere:
1. Im Fahrwasser.
2. An engen Stellen und in unübersichtlichen Krümmungen.

3. Im Umkreis von 300 Meter von schwimmenden Geräten, Wracks und anderen Schiffahrtshindernissen, von Kabeltonnen sowie von Stellen für militärische und zivile Zwecke.
4. Vor Hafeneinfahrten, Anlegestellen, Schleusen und Sielen sowie in den Zufahrten des NOK.
5. Innerhalb von Fähr- und Brückenstrecken.
6. 300 Meter vor und hinter Ankerverbotszeichen.

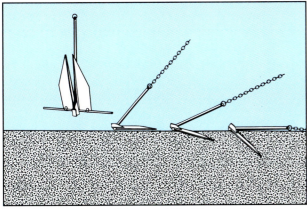

Abb. 89: *Der Anker (hier: Danforthanker) hält nur, wenn er sich in den Grund eingraben kann.*

Abb. 90: *Geschützte Buchten sind ideale Ankerplätze – hier eine amerikanische Yacht in der Karibik.*

Ausweichregeln

Schiffe, die sich auf See begegnen, grüßen sich gegenseitig. Dieser uralte seemännische Brauch wird heute von Wassersportlern fortgeführt. Das freundliche Winken von Boot zu Boot ist weit verbreitet. Ausweichregeln spielen im Wassersport auf den meisten Revieren – mit Ausnahme von Segelregatten – eine völlig untergeordnete Rolle. In dichterem Schiffsverkehr oder wenn Wassersportler und Berufsschiffahrt dieselben Schiffahrtswege benutzen, sollten die offiziellen Regelungen, die in den internationalen Kollisionsverhütungsregeln (KVR) und der Seeschiffahrtsstraßen-Ordnung (SeeSchStrO) festgelegt sind, bekannt sein. Die KVR beschreiben die allgemeinen Ausweichregeln. Die SeeSchStrO enthält die nur für Deutschland geltenden Ergänzungen. Es wird zwischen dem durch Tonnen gekennzeichneten oder für die durchgehende Schiffahrt bestimmten Fahrwasser (s. Seite 12) einerseits und der übrigen Wasserfläche andererseits unterschieden. Außerhalb eines Fahrwassers weichen Maschinenfahrzeuge untereinander wie im Straßenverkehr aus und sind dort gegenüber segelnden Fahrzeugen ausweichpflichtig.

Abb. 92: *Der Überholer muß immer ausweichen.*

Abb. 94: *Wie im Straßenverkehr: Jedes Maschinenfahrzeug weicht nach Steuerbord aus.* ▶

Ausweichregeln der Maschinenfahrzeuge außerhalb eines Fahrwassers

1. Wer überholt, muß grundsätzlich ausweichen.
2. Einem von Steuerbord kommenden Fahrzeug ist auszuweichen.
3. Zwei entgegenkommende Fahrzeuge weichen beide nach Steuerbord aus.
4. Maschinenfahrzeuge müssen segelnden Schiffen ausweichen.

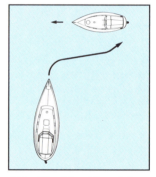

Abb. 93: *Maschinenfahrzeugen an Steuerbord ist auszuweichen.*

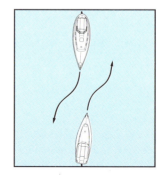

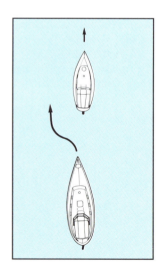

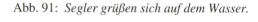

Abb. 91: *Segler grüßen sich auf dem Wasser.*

Ausweichregeln

Überholer

Ein überholendes Fahrzeug ist immer und unter allen Umständen ausweichpflichtig.

Jedes Fahrzeug muß beim Überholen dem anderen ausweichen.

Weil auf See kreuz und quer gefahren werden kann, ist festgelegt, wann ein Fahrzeug als Überholer gilt (s. Frage 12). **Überholer** ist ein Fahr-

12

●●●

Wann gelten Sie als Überholer?

Wenn ich mich einem anderen Fahrzeug aus einer Richtung von mehr als 22,5 Grad achterlicher als querab (Bereich des Hecklichtes) nähere. Im Zweifelsfalle habe ich mich als Überholer zu betrachten.

zeug, das sich einem anderen Fahrzeug in dessen Hecklichtbereich (s. „Positionslichter", Seite 202 ff) nähert. Dabei ist die Situation beim ersten Sichtkontakt entscheidend. Im Zweifel ist ein Überholvorgang anzunehmen und auszuweichen. Überholt werden darf auf hoher See auf beiden Seiten. Das überholte Fahrzeug muß als Kurshalter während des Überholvorgangs seinen Kurs und seine Geschwindigkeit beibehalten (s. auch Seite 91).

Ausweichpflicht

Im Unterschied zum Fahrwasser gibt es auf hoher See kein Vorfahrtsrecht, sondern nur Ausweichpflicht.
Der **Ausweichpflichtige** muß in jedem Fall rechtzeitig und deutlich erkennbar seinen Kurs ändern. Der **Kurshalter** hingegen behält Kurs und Geschwindigkeit bei. Sollte der Ausweichpflichtige nicht ausweichen, so kann der Kurshalter zunächst mit fünf kurzen Signalhorn-Tönen auf die Situation aufmerksam machen. Schließlich muß er jedoch durch ein **Manöver des letzten Augenblicks** den Zusammenstoß abwenden.

1. Auf hoher See gibt es kein Vorfahrtsrecht, sondern nur Ausweichpflichten.
2. Der Ausweichpflichtige hat auszuweichen; der Kurshalter behält Kurs und Geschwindigkeit bei.
3. Sollte der Ausweichpflichtige seiner Ausweichpflicht nicht nachkommen, so muß der Kurshalter mit dem Manöver des letzten Augenblicks den Zusammenstoß vermeiden.

Abb. 95: *Wer überholt, muß immer ausweichen.*

Ausweichregeln

81

●

Wie hat sich ein Maschinenfahrzeug auf der hohen See oder außerhalb des Fahrwassers gegenüber einem Segelfahrzeug zu verhalten, wenn die Möglichkeit der Gefahr eines Zusammenstoßes besteht?

Das Maschinenfahrzeug muß ausweichen.

80

● ●

Welches von zwei Maschinenfahrzeugen, deren Kurse einander so kreuzen, daß die Möglichkeit der Gefahr eines Zusammenstoßes besteht, ist ausweichpflichtig?

Dasjenige Fahrzeug muß ausweichen, welches das andere an seiner Steuerbordseite hat.

79

● ●

Wie müssen sich zwei Maschinenfahrzeuge verhalten, die sich einander auf entgegengesetzten oder fast entgegengesetzten Kursen nähern, um die Möglichkeit der Gefahr eines Zusammenstoßes zu vermeiden?

Jedes Fahrzeug muß seinen Kurs nach Steuerbord ändern.

17

●

Wann gilt ein Fahrzeug unter Segel als Maschinenfahrzeug?

Wenn es unter Segel gleichzeitig mit Maschinenkraft fährt.

11

● ●

Was verstehen Sie unter dem Begriff „Manöver des letzten Augenblicks"?

Ausweichmanöver des Kurshalters, wenn ein Zusammenstoß durch Manöver des Ausweichpflichtigen allein nicht mehr vermieden werden kann.

90

● ●

Wie verhalten Sie sich gegenüber einem ausweichpflichtigen Fahrzeug?

Kurs und Geschwindigkeit sind beizubehalten.

91

● ●

Wie müssen die Ausweichmanöver durchgeführt werden?

Ausweichmanöver müssen rechtzeitig und entschlossen durchgeführt werden.

94

● ● ●

Wie verhalten Sie sich als Kurshalter, wenn Sie feststellen, daß ein anderes Fahrzeug seiner Ausweichpflicht nicht nachkommt?

Ich behalte zunächst Kurs und Geschwindigkeit bei und gebe mindestens 5 kurze Töne. Im letzten Augenblick muß ich so manövrieren, daß ein Zusammenstoß vermieden wird.

326

● ●

Wie verhalten Sie sich nach einem Zusammenstoß?

1. Erste Hilfe leisten.
2. So lange am Unfallort bleiben, bis ein weiterer Beistand nicht mehr erforderlich ist.
3. Vor Weiterfahrt alle erforderlichen Schiffsdaten austauschen.

92

●

Wie hat sich ein überholendes Fahrzeug zu verhalten?

Das überholende Fahrzeug hat auszuweichen.

130

●

Nach welchen Regeln muß außerhalb des Fahrwassers ausgewichen werden?

Nach den Kollisionsverhütungsregeln (KVR).

Ausweichregeln für Segler

Segler untereinander müssen bei Begegnungen zuerst feststellen, von welcher Schiffsseite bei jeder Yacht der Wind kommt. Hier sind zwei Fälle möglich: a) Auf beiden Schiffen kommt der Wind von derselben Seite, oder b) die Yachten haben den Wind von jeweils unterschiedlichen Seiten.

Falls beide Segelyachten **Wind von verschiedenen Seiten** haben, so müssen Schiffe mit Wind von der Backbordseite Yachten, die Wind von Steuerbord haben, ausweichen. Der Segler sagt dazu: **Backbordbug vor Steuerbordbug.** Dabei heißt Backbordbug, daß das Großsegel auf der Backbordseite steht, der Wind also von der Steuerbordseite kommt (s. Abbildung 96).

Haben zwei Segler **Wind von derselben Seite,** so muß immer das in Luv liegende Boot ausweichen. Dabei ist Luv die dem Großsegel gegenüberliegende Seite und Lee die Seite, auf der das Großsegel steht. Segler sagen kurz: **Lee vor Luv** (s. Abbildung 97).

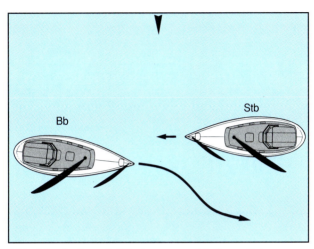

Abb. 96: *Segler mit Wind von verschiedenen Seiten: Das Boot mit Wind von Backbord weicht dem mit Wind von Steuerbord aus. Segler sagen: „Backbordbug vor Steuerbordbug".*

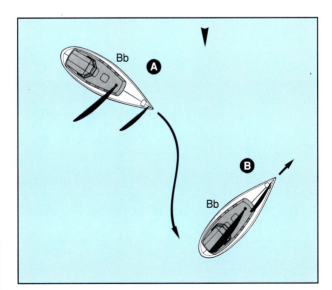

Abb. 97: *Segler mit Wind von derselben Seite: A liegt in Luv von B, denn A liegt auf der dem Großsegel von B gegenüberliegenden Seite. A ist ausweichpflichtig, B ist Kurshalter. Segler sagen: Lee vor Luv.*

Ausweichregeln für Segler
1. Backbordbug vor Steuerbordbug.
2. Lee vor Luv.
3. Überholer weicht aus.

76

● ● ●
Zwei Segelfahrzeuge nähern sich auf der hohen See oder außerhalb des Fahrwassers so, daß die Möglichkeit der Gefahr eines Zusammenstoßes besteht. Welches Fahrzeug muß dem anderen ausweichen, wenn sie den Wind nicht von derselben Seite haben?

Es muß dasjenige Fahrzeug ausweichen, das den Wind von Backbord hat.

77

● ● ●
Zwei Segelfahrzeuge nähern sich auf der hohen See oder außerhalb des Fahrwassers so, daß die Möglichkeit der Gefahr eines Zusammenstoßes besteht. Welches Fahrzeug muß dem anderen ausweichen, wenn sie den Wind von derselben Seite haben?

Es muß das luvwärtige Fahrzeug dem leewärtigen Fahrzeug ausweichen.

Ausweichregeln für Segler

Abb. 98: *Regattaszene ohne Kollisionsgefahr:*
G 3661 „Omen" läuft auf Steuerbordbug vor der auf
Backbordbug segelnden „Rubin" her.

Abb. 99: *Klare Sache – Lee vor Luv. Das linke Schiff*
liegt in Luv und war ausweichpflichtig.

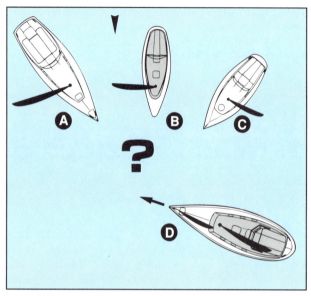

Abb. 100: *Regattasituation*
Frage: Wer muß zuerst ausweichen? Warum?
Antwort: A weicht C, D.
B weicht A, C, D.
C weicht D.
D ist Kurshalter.
Begründung: C und D liegen auf Backbordbug, A und B
auf Steuerbordbug. Schiffe auf Steuerbordbug weichen
Schiffen auf Backbordbug. A und B müssen C und D aus-
weichen.
C liegt in Luv von D, und B liegt in Luv von A.
Bei Begegnungen von Booten auf gleichem Bug muß das
luvwärtige ausweichen. C weicht D und B weicht A.
In der Praxis würde B schiften, d. h. sein Großsegel auf
die andere Seite nehmen und wäre damit gegenüber A
nicht mehr ausweichpflichtig (s. Seite 143).

In Segelregatten werden die Kollisionsverhütungsregeln durch die Internationalen Wettsegelbestimmungen ergänzt. Regattasegler nutzen diese Regeln aktiv für taktische und strategische Zwecke. Kollisionen mit anderen Booten oder mit Wendemarken sind in Regatten nicht selten. Einem Verstoß gegen die Wettsegelbestimmungen folgt in der Regel ein „Protest" und die anschließende Disqualifikation.

Ausweichregeln für Segler

Kollisionen zwischen Fahrtenseglern kommen äußerst selten vor. Sie segeln vorsichtig und halten lieber zu viel als zu wenig Abstand.

18

● *Welche Seite wird als Luv-, welche als Leeseite bezeichnet?*

Die dem Wind zugekehrte Seite wird als Luvseite, die dem Wind abgekehrte Seite als Leeseite bezeichnet.

78

●●● *Wie hat sich ein Segelfahrzeug auf der hohen See oder außerhalb des Fahrwassers zu verhalten, wenn es mit dem Wind von Backbord ein Segelfahrzeug in Luv sichtet und nicht mit Sicherheit feststellen kann, ob das andere Fahrzeug den Wind von Backbord oder Steuerbord hat, und die Möglichkeit der Gefahr eines Zusammenstoßes besteht?*

Es muß ausweichen.

Abb. 101: *Die italienische Yacht „Mandrake" rammt – auf Steuerbordbug liegend – die niederländische „Promotion", welche auf Backbordbug segelt. Beide Schiffe erlitten Totalschaden. Diese Kollision ereignete sich in einer Wettfahrt um den international hoch angesehenen Admirals Cup, den 1993 das deutsche Team gewinnen konnte.*

Ausweichregeln Berufsschiffahrt

Auf hoher See, außerhalb enger Fahrwasser und der Verkehrstrennungsgebiete wird zwischen Sportbooten und Berufsschiffen nicht unterschieden. Die Ausweichregeln gelten dort unterschiedslos. Berufsschiffe weichen Sportbooten aus, wenn sie dazu verpflichtet und dazu in der Lage sind. Je größer ein Schiff, um so mehr Raum benötigt es jedoch für seine Manöver. Sportboote sind oftmals auf eine Entfernung, in der Großfahrzeugen ein Ausweichmanöver noch möglich ist, gar nicht zu erkennen.

Sportboote sollten allen großen Berufsschiffen ausweichen und dies durch rechtzeitige, klare Kursänderung deutlich machen.

In den Kollisionsverhütungsregeln ist eine Rangfolge („Verantwortlichkeit") der Fahrzeuge untereinander festgelegt:
1. manövrierunfähige,
2. manövrierbehinderte,
3. fischende,
4. segelnde Fahrzeuge,
5. Maschinenfahrzeuge.
Fahrzeuge auf Rangstufe 2. bis 5. müssen tiefgangbehinderten Fahrzeugen auf einer höheren Rangstufe ausweichen. Jedes Fahrzeug mit Ausnahme der Rangstufen 1. und 2. muß **tiefgangbehinder-**

ten Fahrzeugen genügend Raum für die sichere Durchfahrt lassen. Diese können durch ihren großen Tiefgang im Verhältnis zur Tiefe und Breite des Gewässers nicht vom Kurs abweichen. Diese Rangfolge ist auf der hohen See, jedoch nicht in Verkehrstrennungsgebieten, in engen Fahrwassern und nicht bei Überholvorgängen verbindlich.
Manövrierunfähige Fahrzeuge sind in Frage 13 definiert. **Manövrierbehinderte Fahrzeuge** sind Schiffe im Arbeitseinsatz:
– beim Tonnen-, Rohr-, Kabellegen oder Baggern,
– bei Forschungs-, Vermessungs-, Versorgungs- oder Taucherarbeiten,
– bei schwierigen Schleppvorgängen.

75

● ● ●
Wann besteht die Möglichkeit der Gefahr eines Zusammenstoßes?

Wenn die Fahrzeuge sich einander nähern und die Peilung zu dem anderen Fahrzeug sich nicht oder nur unwesentlich verändert. Im Zweifelsfalle ist die Gefahr als bestehend anzunehmen.

Abb. 102: *Je größer ein Schiff, um so mehr Raum benötigt es für seine Manöver. Manchmal sind Sportboote von Großfahrzeugen aus erst sichtbar, wenn diesen ein Ausweichmanöver nicht mehr möglich ist.*

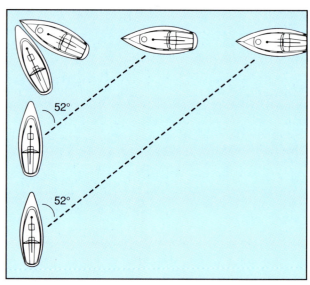

Abb. 103: *Die Peilung verändert sich nicht, und die Schiffe nähern sich: Kollisionsgefahr! Nach diesem Schema arbeitet die Berufsschiffahrt. Auf Sportbooten ist Kollisionsgefahr leicht zu erkennen.*

Ausweichregeln Berufsschiffahrt

13

●●
Was verstehen Sie unter dem Begriff „manövrierunfähiges Fahrzeug"?

Ein Fahrzeug, das wegen außergewöhnlicher Umstände nicht wie vorgeschrieben manövrieren und daher einem anderen Fahrzeug nicht ausweichen kann.

82

●
Wie hat sich ein Maschinenfahrzeug auf der hohen See oder außerhalb des Fahrwassers gegenüber einem manövrierunfähigen Fahrzeug zu verhalten, wenn die Möglichkeit der Gefahr eines Zusammenstoßes besteht?

Das Maschinenfahrzeug muß ausweichen.

84

●
Wie hat sich ein Maschinenfahrzeug auf der hohen See oder außerhalb des Fahrwassers gegenüber einem fischenden Fahrzeug zu verhalten, wenn die Möglichkeit der Gefahr eines Zusammenstoßes besteht?

Das Maschinenfahrzeug muß ausweichen.

86

●
Wie hat sich ein Segelfahrzeug auf der hohen See oder außerhalb des Fahrwassers gegenüber einem manövrierbehinderten Fahrzeug zu verhalten, wenn die Möglichkeit der Gefahr eines Zusammenstoßes besteht?

Das Segelfahrzeug muß ausweichen.

14

●●
Was verstehen Sie unter dem Begriff „manövrierbehindertes Fahrzeug"?

Ein Fahrzeug, das durch die Art seines Einsatzes behindert ist, so wie vorgeschrieben zu manövrieren, und daher einem anderen Fahrzeug nicht ausweichen kann.

83

●
Wie hat sich ein Maschinenfahrzeug auf der hohen See oder außerhalb des Fahrwassers gegenüber einem manövrierbehinderten Fahrzeug zu verhalten, wenn die Möglichkeit der Gefahr eines Zusammenstoßes besteht?

Das Maschinenfahrzeug muß ausweichen.

85

●
Wie hat sich ein Segelfahrzeug auf der hohen See oder außerhalb des Fahrwassers gegenüber einem manövrierunfähigen Fahrzeug zu verhalten, wenn die Möglichkeit der Gefahr eines Zusammenstoßes besteht?

Das Segelfahrzeug muß ausweichen.

87

●
Wie hat sich ein Segelfahrzeug auf der hohen See oder außerhalb des Fahrwassers gegenüber einem fischenden Fahrzeug zu verhalten, wenn die Möglichkeit der Gefahr eines Zusammenstoßes besteht?

Das Segelfahrzeug muß ausweichen.

Manövrierbehindert = Arbeitsboot

Die Verantwortlichkeit der Fahrzeuge untereinander, die in Kollisionsverhütungsregel 18 beschrieben ist, wird in den Fragen 81 bis 87 abgefragt. Ein Tip für die Prüfung: Auf alle Fragen, die mit den Worten enden „Gefahr eines Zusammenstoßes besteht?", lautet die Antwort immer: „Ausweichen".

Vorfahrts- und Fahrregeln im Fahrwasser

Vorfahrts-, Ausweich- und Fahrregeln für deutsche Fahrwasser sind in der SeeSchStrO festgelegt. Danach haben in einem Fahrwasser fahrende Fahrzeuge Vorfahrt gegenüber Fahrzeugen, die

– in das Fahrwasser einlaufen,
– das Fahrwasser queren,
– im Fahrwasser drehen,
– ihre Anker- oder Liegeplätze verlassen,
– in dieses Fahrwasser aus einem einmündenden oder abzweigenden Fahrwasser einlaufen.

Außerhalb des Fahrwassers ist daher so zu fahren, daß klar erkennbar ist, daß das Fahrwasser nicht benutzt wird. Eine bestimmte Seite oder Fahrtrichtung braucht dabei nicht eingehalten zu werden. Ergänzend dazu gelten in deutschen Fahrwassern die vorstehenden Ausweichregeln der KVR.

125

Wie haben sich die Fahrzeuge zu verhalten, die
1. in das Fahrwasser einlaufen,
2. das Fahrwasser queren,
3. im Fahrwasser drehen,
4. ihre Anker- und Liegeplätze verlassen?

Sie haben die Vorfahrt der im Fahrwasser fahrenden Fahrzeuge zu beachten.

126

Was haben Sie beim Drehen im Fahrwasser zu beachten?

Die übrigen im Fahrwasser fahrenden Fahrzeuge haben Vorfahrt und dürfen nicht gefährdet oder behindert werden.

129

Was muß ein Fahrzeug, das außerhalb des Fahrwassers fährt, durch seine Fahrweise klar erkennen lassen?

Es muß klar erkennbar sein, daß das Fahrwasser nicht benutzt wird.

128

Wo muß im Fahrwasser grundsätzlich gefahren werden?

So weit wie möglich rechts.

127

Was haben Sie beim Queren des Fahrwassers zu beachten?

Die im Fahrwasser fahrenden Fahrzeuge haben Vorfahrt und dürfen nicht gefährdet oder behindert werden.

Abb. 104: *In engen Fahrwassern (als solche zählen alle deutschen Fahrwasser) müssen Fahrzeuge unter 20 m Länge und alle segelnden Fahrzeuge (beliebiger Größe) den auf das Fahrwasser angewiesenen Fahrzeugen genügend Raum für die sichere Durchfahrt lassen. Dieser Frachter könnte eine gefährliche Situation nicht mehr verhindern.*

Vorfahrts- und Fahrregeln im Fahrwasser

Im Fahrwasser muß so weit rechts wie möglich gefahren werden. Entgegenkommenden Fahrzeugen ist nach Steuerbord auszuweichen. In bestimmten, von der Schifffahrtspolizei bekanntgemachten Fahrwasserabschnitten darf links gefahren werden.

An Engstellen, wo nicht die gleichzeitige Durchfahrt möglich ist, haben Vorfahrt:
a) in strömenden Gewässern Fahrzeuge, die mit dem Strom fahren,
b) in nicht strömenden Gewässern Fahrzeuge, die von See kommen.
Dies gilt für Berufsschiffe untereinander und für Sportboote untereinander – nicht jedoch zwischen auf das Fahrwasser angewiesenen Fahrzeugen und Sportbooten.

266

Warum soll ein kleines Fahrzeug nicht dicht an ein großes in Fahrt befindliches Fahrzeug heranfahren?

Es kann durch dessen Bug- oder Heckwelle kentern oder durch den Sog mit dem Fahrzeug kollidieren.

269

● ● ●
Welche Gefahren können entstehen, wenn ein größeres Fahrzeug Sie überholt?

Mein Fahrzeug kann durch Stau, Sog oder Schwell aus dem Kurs laufen, querschlagen, in flachen Gewässern auf Grund laufen; Gefahr des Überbordfallens.

Grundsätzlich muß links – soweit die Umstände es erfordern, darf rechts – überholt werden. Überholverbot besteht in den in Frage 131 aufgeführten Fällen.

131

● ● ●
Wo ist das Überholen verboten?

1. In der Nähe von in Fahrt befindlichen nicht freifahrenden Fähren.
2. An Engstellen.
3. In unübersichtlichen Krümmungen.
4. In Schleusenbereichen.
5. An Stellen und innerhalb von Strecken, die durch Überholverbotszeichen gekennzeichnet sind.

270

● ●
Wie ist ein Überholmanöver durchzuführen?

Zügig und im ausreichenden Abstand und nur dann, wenn es die Verkehrslage erlaubt.

An Engstellen besteht nicht nur Überholverbot. Hier gebietet die gegenseitige Rücksichtnahme, langsam zu fahren und sich bei Begegnungen ganz rechts zu halten.

265

●
Wie müssen Sie in engen Gewässern Ihre Fahrt einrichten?

Vorsichtig und langsam fahren; Sog und Wellenschlag vermeiden.

268

●
Wie verhalten Sie sich beim Begegnen mit anderen Fahrzeugen in einem engen Fahrwasser?

Nach rechts ausweichen, Geschwindigkeit herabsetzen, ausreichenden Abstand halten.

284

● ●
Welche Geschwindigkeit müssen Sie in engen Gewässern wählen, in denen am Ufer festgemachte Fahrzeuge liegen?

Eine Geschwindigkeit, bei der gefährlicher Sog oder Wellenschlag vermieden wird.

Abb. 105: *Ein segelndes Fahrzeug verursacht weder Sog noch Wellenschlag.*

Umweltschutz

Zuerst galt die Kritik nur Motorbootfahrern. Jetzt sehen sich zunehmend auch Segler einer kritischen Öffentlichkeit gegenüber. Wenngleich gelegentlich eher Neidgefühle als die Sorge um die Umwelt Forderungen nach Einschränkung oder Fahrverboten auslösen, müssen sich Wassersportler bewußt sein, daß ihr Verhalten aufmerksam beobachtet wird. Sie sollten daher bei der Ausübung ihres Sports ein in jeder Hinsicht vorbildliches Verhalten praktizieren.

In Baden-Württemberg wurde angesichts der fortgesetzten Fahrverbotsforderungen für Segel- und Motorboote die Wasser- und Grundqualität des Bodensees und eines naheliegenden Gewässers, das für jeglichen Schiffsverkehr gesperrt ist, untersucht und verglichen. Das Ergebnis ergab keinerlei meßbare Unterschiede bei Wasser oder Seegrund.

Die Umweltbelastung durch Wassersport übersteigt nicht die anderer Freizeitaktivitäten.

Jedem Segler, der unter Maschine fährt, muß jedoch bekannt sein, daß seine Fahrt Wellenbildung verursacht. Wellen bewegen nicht Wasser fort, sondern Energie. Durch regelmäßigen Schiffsverkehr hervorgerufener Wellenschlag, der teilweise erst weit hinter dem Schiff zu beobachten ist, kann in Nationalparks, an Ufern oder in Feuchtgebieten erheblichen Schaden verursachen.

Alle Wassersportler sollten stets die vom Deutschen Segler-Verband (DSV) und Deutschen Motoryachtverband (DMYV) in Zusammenarbeit mit Naturschutzverbänden veröffentlichten **„Zehn goldenen Regeln"** beachten.

224

●●

Wie können Sie mithelfen, die Lebensmöglichkeiten der Pflanzen- und Tierwelt in Gewässern und Feuchtgebieten zu bewahren und zu fördern?

Indem ich mich umweltbewußt verhalte und hierbei insbesondere die „Zehn goldenen Regeln für das Verhalten von Wassersportlern in der Natur" beachte, die von den Wassersportverbänden und dem Deutschen Naturschutzring erarbeitet wurden.

223

●●

Wie haben Sie sich beim Befahren von Naturschutzgebieten und Nationalparken zu verhalten?

1. Pflanzen- und Tierwelt nicht mehr als unvermeidbar beeinträchtigen oder stören.
2. Befahrensregelungen (örtliche Befahrungsverbote, zeitliche Befahrensbeschränkungen, festgesetzte Höchstgeschwindigkeiten und dergleichen) beachten.

Abb. 106: *Segeln ist eine umweltverträgliche Sportart.*

Schleppen

Könner schleppen mit langer Leine. Bei Seegang sollte die **Schleppleine** die 2- bis 3-fache Wellenlänge nicht unterschreiten und mit einem Gewicht unter Wasser gehalten werden. Aber auch in glattem Wasser schleppt man mit langer Leine viel ruhiger.

271

● *Wie lang sollte eine Schleppleine bei starkem Seegang sein?*

Mindestens 2- oder 3fache Wellenlänge.

Zur Verteilung der auftretenden Kräfte sollte die Schleppleine an mehreren Punkten festgemacht werden. Beim Anfahren ist Sorgfalt erforderlich, damit a) die Schleppleine nicht in die Schraube gerät und b) die Schleppleine nicht ruckartig steifkommt. Eine „brechende" Leine schlägt wie ein Katapult und kann erhebliche Verletzungen verursachen. Beim Schleppen einer Segelyacht darf deren **Rumpfgeschwindigkeit** nicht überschritten werden. Sie ist erreicht, wenn sich die Heckwelle am Heck bildet. Bei Überschreiten der Rumpfgeschwindigkeit besteht Unfallgefahr.

272

●●● *Was ist zu beachten, wenn ein Sportboot geschleppt werden soll?*

1. Die Schleppleine ist den Seegangsverhältnissen anzupassen; bei starkem Seegang soll die Schleppleine das mindestens 2- oder 3fache der Wellenlänge haben.
2. Ein ruckartiges Steifkommen der Schleppleine ist zu vermeiden.
3. Die Schleppgeschwindigkeit darf nicht größer sein als die Geschwindigkeit, die der Anhang freifahrend bei Verdrängerfahrt erreichen kann.

Ein **längsseits geschlepptes** Boot wird durch vier Leinen – Vor- und Achterleine, Vor- und Achterspring – gesichert. Damit der Schleppende freies Schraubenwasser hat, muß sich sein Heck hinter dem des Geschleppten befinden. Andernfalls würde sein Schraubenwasser gegen den Rumpf des Geschleppten strömen und die Steuerfähigkeit des Schleppenden verlorengehen (s. Abbildung 107).

273

●● *Wie vertäuen Sie Ihr Boot, wenn Sie längsseits geschleppt werden?*

Durch 2 Querleinen (vorn und achtern je eine) sowie durch eine Vor- und eine Achterspring. Das Heck des schleppenden Fahrzeuges soll über das Heck des geschleppten Fahrzeuges hinausragen.

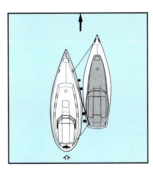

Abb. 107: *Längsseits geschleppt.*

Ohne freies Schraubenwasser kann die Steuerfähigkeit verlorengehen.

Bei schneller Fahrt mit einem Motorboot auf flachem Wasser wird auch das Schraubenwasser gestört. Hier kann ebenfalls die Steuerfähigkeit verlorengehen.

283

●● *Warum müssen Sie bei geringer Wassertiefe mit der Geschwindigkeit heruntergehen?*

Das Heck kann sich absenken, die Steuerfähigkeit kann verlorengehen.

Schlepphilfe von Sportbooten ist in der Regel kostenlos. Bei Hilfeleistung von Berufsschiffen sollten grundsätzlich zuvor die Kosten vereinbart werden. Das betrifft insbesondere eine Bergung, die erhebliche Bergekosten und Bergelohn zur Folge haben kann. **Bergung** heißt, daß ein Schiff oder an Bord befindliche Sachen von Dritten in Besitz genommen und in Sicherheit gebracht wurden, nachdem die Besatzung darüber die Verfügung verloren hat. Um von vornherein jegliche Unklarheit auszuschließen, sollte in allen zweifelhaften Fällen – z. B. wenn eine auf Grund gelaufene Yacht freigeschleppt werden soll – vor Zeugen ein Schlepplohn vereinbart und in das Logbuch eingetragen werden. Fremde Besatzungsmitglieder sollten nicht an Bord gelassen werden.

Schleusen

Ein bißchen mulmig kann einem schon werden. Wie gefangen im Schacht fühlt man sich in manchen Schleusen. Mitfahrer, die leicht Platzangst bekommen, sollten – sofern möglich – vorher aussteigen. Schleusen ist nicht jedermanns Sache.
Trotzdem: nur Mut, es passiert nichts!
Die Anmeldung zum Schleusen sowie die Abwicklung des Schleusenverkehrs erfolgt in der Regel über UKW-Sprechfunk. Die Schiffe warten dabei in ausreichender Entfernung die Anweisungen des Schleusenpersonals ab.
Dabei dürfen sie nicht an **Leitwerken** oder **Abweisedalben** (Pfählen) festmachen, da diese den großen, vor der Schleuse wartenden Schiffen als Rammschutz gegen seitliches Abtreiben dienen.

133

● *Wo muß ein wartepflichtiges Fahrzeug vor einer Brücke, einem Sperrwerk oder einer Schleuse anhalten?*

Das wartepflichtige Fahrzeug muß in ausreichender Entfernung oder, wenn ein Halteschild vorhanden ist, vor diesem anhalten.

155

● *Sie sehen folgendes Sichtzeichen: Was bedeutet dieses Sichtzeichen?*

Halt vor diesem Zeichen, solange die Durchfahrt nicht freigegeben ist.

134

● *Wo darf ein wartepflichtiges Fahrzeug vor einer Brücke, einem Sperrwerk oder einer Schleuse nicht festmachen?*

Es darf nicht festmachen an den Leitwerken und Abweisedalben.

173

●● *Sie sehen an Brücken, Sperrwerken oder Schleusen folgende feste Lichter: Was bedeutet dieses Sichtzeichen?*

Brücke, Sperrwerk oder Schleuse geschlossen. Durchfahren oder Einfahren verboten.

Abb. 108: *Wegen der Gezeiten erforderlich: die Schleuse Brunsbüttel im Nord-Ostsee-Kanal, ohne nennenswerten Hub.*

Schleusen

174

Sie sehen an Brücken, Sperrwerken oder Schleusen folgende feste Lichter: Was bedeutet dieses Sichtzeichen?

Diese Anlage ist dauernd gesperrt.

Die Einfahrt ist bei zwei grünen Lichtern nebeneinander freigegeben. Zuerst erhalten die großen Berufsschiffe die Freigabe zur Einfahrt. Vor und in Schleusen besteht Überhol- und Segelverbot. **Fender** (Schutzkissen gegen das Zusammenstoßen) und Leinen sind bereitzuhalten. Man lege sich möglichst nicht in die Schleusenmitte zwischen größere Schiffe, obwohl man dann nicht an dreckigen Schleusenmauern Leinen und Fender beschmutzt. Die Schiffe könnten in der Schleuse schwojen und dabei kleinere, neben ihnen liegende Sportboote beschädigen. Auch direkt hinter dem Heck von Berufsschiffen kann man sehr unangenehm liegen, weil diese während des Schleusens oft ihren Propeller drehen lassen. Damit werden die Schiffe an die Schleusenmauer gedrückt. Während des Schleusens müssen die Festmacherleinen aus der Hand gefahren und dem jeweiligen Wasserstand angepaßt werden; sie dürfen unter keinen Umständen belegt werden. Beim Abschleusen sind die Farbmarkierungen an den Schleusenmauern zu beachten. Dort können unter Wasser liegende Bauteile (**Drempel**), mit denen man beim Abschleusen kollidieren könnte, in die Schleuse hineinragen (s. Abbildungen 109, 110). Beim Auslaufen kann das Schraubenwasser der auslaufenden Fahrzeuge heftige Turbulenzen hervorrufen. Daher sollte man von großen Schiffen Abstand halten.

Kleinere Schleusen, die überwiegend von Sportbooten genutzt werden, werden selbst bedient.

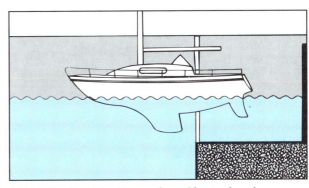

Abb. 109: *So nicht: Drempel am Obertor beachten.*

Abb. 110: *Sportbootschleuse Zeltingen / Mosel – hinten unter dem Schleusentor ist der Drempel zu erkennen.*

Verminderte Sicht

Segeln im Nebel zählt zu den unangenehmsten Erlebnissen im Wassersport. Die sehr feuchte Luft überträgt Schallwellen völlig anders als trockene Luft bei guter Sicht. Wer sich hier allein auf seine akustischen Eindrücke verlassen muß und vielleicht noch nicht einmal seinen Standort kennt, befindet sich in einer äußerst kritischen Situation.

Für Segelboote ist dabei die Gefahr, von großen Schiffen überfahren zu werden, besonders bedrohlich. Deshalb muß bei Nebel das Fahrwasser verlassen und auf flachem Wasser geankert werden. Darüber hinaus werden häufig **Radarreflektoren,** welche die Sichtbarkeit von kleinen Fahrzeugen auf Radarschirmen anderer Schiffe verbessern, eingesetzt. Wichtig ist, nur vom Bundesamt für Seeschifffahrt und Hydrographie geprüfte Radarreflektoren zu verwenden und diese vorschriftsgemäß anzubauen („Regenfangstellung", s. Abbildung 111).

Bei verminderter Sicht müssen Positionslichter eingeschaltet, alle vorhandenen Navigationsanlagen sorgfältig gebraucht, Schallsignale gegeben und Rettungswesten angelegt werden. Ein besonders sorgfältiger Ausguck ist dann selbstverständlich.

Verminderte Sicht verlangt:
1. Positionslichter einschalten.
2. Sehr sorgfältig navigieren.
3. Alle 2 Minuten Schallsignal geben.
4. Verstärkt Ausguck gehen.
5. Radarreflektor setzen.
6. Sichere Geschwindigkeit fahren.
7. Radarberatung auf UKW verfolgen.
8. Rettungswesten anlegen.

Alle Fahrzeuge müssen bei verminderter Sicht mit **sicherer Geschwindigkeit** (das Fahrzeug kann auf halbe Sichtweite zum Stehen gebracht werden) fahren. Jedes Fahrzeug, das anscheinend vorlicher als querab (vorlicher als genau seitwärts) das Nebelschallsignal eines anderen Fahrzeugs hört, muß seine Fahrt auf das zur Erhaltung der Steuerfähigkeit geringste mögliche Maß verringern. Erforderlichenfalls muß es jede Fahrt wegnehmen, bis die Gefahr eines Zusammenstoßes vorüber ist. Schiffe mit UKW-Sprechfunk sollen in Küstennähe die **Radar(lotsen)beratung** verfolgen und sich gegebenenfalls selbst beraten lassen.

16

Welche Maßnahmen müssen Sie bei verminderter Sicht treffen?

1. Es muß mit sicherer Geschwindigkeit gefahren werden.
2. Es müssen Nebelsignale gegeben werden.
3. Es müssen Positionslichter eingeschaltet werden.
4. Es muß Ausguck gegangen werden.

73

Wie haben Sie Ihre Fahrweise bei verminderter Sicht aufgrund seemännischer Sorgfaltspflicht einzurichten?

1. Das Fahrwasser verlassen.
2. Wenn dies nicht möglich ist, im Fahrwasser äußerst rechts halten.
3. Möglichst Flachwassergebiet aufsuchen und ankern.

28

Wie haben Sie allgemein Ihre Geschwindigkeit einzurichten?

Ich muß stets mit einer Geschwindigkeit fahren, die es erlaubt, durch geeignete und wirksame Maßnahmen einen Zusammenstoß zu vermeiden und die es ermöglicht, daß ich unter den gegebenen Verhältnissen mein Fahrzeug auf einer angemessenen Strecke aufstoppen kann (sog. sichere Geschwindigkeit).

93

Wie haben Sie sich zu verhalten, wenn Sie vorlicher als querab das Nebelsignal eines anderen Fahrzeuges hören?

Ich muß meine Fahrt auf das für die Erhaltung der Steuerfähigkeit geringstmögliche Maß verringern. Erforderlichenfalls ist jegliche Fahrt wegzunehmen und in jedem Fall mit äußerster Vorsicht zu manövrieren, bis die Gefahr eines Zusammenstoßes vorüber ist.

Verminderte Sicht

74

●●●

*Welche Sicherheits-
maßnahmen treffen
Sie an Bord aufgrund
der seemännischen
Sorgfaltspflicht neben
den in den Kollisions-
verhütungsregeln
vorgeschriebenen Ver-
haltensmaßregeln bei
verminderter Sicht?*

1. Radarreflektor auf-
   heißen, falls nicht fest
   angebracht. Fahrzeug
   ohne Radarreflektor
   möglichst in eine
   waagerechte
   Schwimmlage bringen.
2. Alle Navigationsanla-
   gen, z. B. Radar, Echolot, sorgfältig gebrauchen.
3. In einem Revier mit
   Landradarberatung die
   Radarberatung über
   UKW-Sprechfunk
   mithören.

15

●●

*Was verstehen Sie un-
ter dem Begriff „ver-
minderte Sicht"?*

Sichteinschränkung
durch Nebel, dickes
Wetter, Schneefall, hef-
tige Regengüsse oder
ähnliche Umstände.

Abb. 111: *Dieser Radar-
reflektor hängt in Regen-
fangstellung. Er sollte
aber fest montiert sein.*

Abb. 112: *Besonders
unangenehm, aber nicht
immer zu vermeiden: Se-
geln im Seenebel. Jetzt
sind die genaue Kenntnis
des eigenen Standortes,
sorgfältiger Ausguck und
alle Maßnahmen, um von
anderen wahrgenommen
zu werden, sehr wichtig.*

Schiffahrtszeichen

159

● *Sie sehen folgendes Sichtzeichen:*
Was bedeutet dieses Sichtzeichen?

Liegeverbot.

160

●● *Sie sehen folgendes Sichtzeichen:*
Was bedeutet dieses Sichtzeichen?

Das in der Zusatztafel angegebene Schall-signal – ein langer Ton – ist zu geben.

Mit Schiffahrtszeichen werden Gebote, Verbote, Warnungen und Hinweise gegeben. Zu den Schiff-fahrtszeichen gehören u. a. „Tafelzeichen", von denen die für den Wassersport wichtigsten Zeichen in den obigen Prüfungsfragen vorgestellt werden.

161

● *Sie sehen folgendes Sichtzeichen:*
Was bedeutet dieses Sichtzeichen?

Ende einer Gebots-oder Verbotsstrecke.

171

●● *Sie sehen folgendes Sichtzeichen:*
Was bedeutet dieses Sichtzeichen?

Sperrung einer Teil-strecke der Seeschiff-fahrtsstraße.

Weitere Formen von Schiffahrtszeichen sind:
– Flaggenzeichen,
– Körperzeichen (Tonnen, Pricken, Stangen, Bälle, Kegel, Zylinder),
– Leuchtfeuer,
– Lichtsignale und
– Schallsignale.

175

●● *Sie sehen an einer Brücke folgende Tafeln:*
Was bedeuten diese Sichtzeichen?

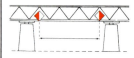

Die Brückenöffnung darf nur innerhalb des durch die beiden Tafeln begrenzten Raumes durchfahren werden. Dies gilt nicht für kleine Fahrzeuge (Fahrzeuge von weni-ger als 12 m Länge).

132

● *Sie sehen folgendes Sichtzeichen:*
Was bedeutet dieses Sichtzeichen?

Überholverbot für alle Fahrzeuge

176

● *Sie sehen folgendes Sichtzeichen:*
Was bedeutet dieses Sichtzeichen?

Fährstelle, freifahren-de Fähre.

177

● *Sie sehen folgendes Sichtzeichen:*
Was bedeutet dieses Sichtzeichen?

Fährstelle, nicht frei-fahrende Fähre.

Schiffahrtszeichen

146

Sie sehen an Land folgendes Sichtzeichen.
Was bedeutet dieses Sichtzeichen?

Begegnungsverbot.

147

...

Sie sehen an Land folgendes Sichtzeichen:
Was bedeutet dieses Sichtzeichen?

Die Geschwindigkeit durch das Wasser in km/h, auf dem Nord-Ostsee-Kanal über Grund in km/h, die nicht überschritten werden darf;
hier 12 km/h.

150

Sie sehen an Land folgendes Sichtzeichen:
Was bedeutet dieses Sichtzeichen?

Sog und Wellenschlag vermeiden.

151

Sie sehen folgendes Sichtzeichen:
Was bedeutet dieses Sichtzeichen?

Geschwindigkeit von 8 km/h, die innerhalb eines Mindestabstandes von 300 Meter von der jeweiligen Uferlinie nicht überschritten werden darf.

154

Sie sehen folgendes Sichtzeichen:
Was bedeutet dieses Sichtzeichen?

Mindestabstand in Metern, der vom Aufstellungsort der Tafel (hier 40 m von der in Fahrtrichtung rechten Seite) an eingehalten werden muß.

155

Sie sehen folgendes Sichtzeichen:
Was bedeutet dieses Sichtzeichen?

Halt vor diesem Zeichen, solange die Durchfahrt nicht freigegeben ist.

156

Sie sehen folgendes Sichtzeichen:
Was bedeutet dieses Sichtzeichen?

Ankerverbot 300 Meter vor und hinter diesem Zeichen

158

Sie sehen folgendes Sichtzeichen:
Was bedeutet dieses Sichtzeichen?

Festmacheverbot.

Die praktische Führerscheinprüfung

Zum Nachweis des sicheren Führens eines Sportbootes hat jeder Bewerber im praktischen Teil der Führerscheinprüfung mindestens vier der folgenden Motormanöver/Fertigkeiten richtig auszuführen sowie mindestens fünf verschiedene Knoten zu machen. In jedem Fall müssen das Rettungsmanöver und das Fahren nach Kompaß gezeigt werden. Die Prüfung kann auch auf Binnengewässern abgelegt werden.
Segeln ist kein Prüfungsstoff. Die Abnahme der praktischen Prüfung erfolgt daher meist auf Motorbooten.
Die nachfolgenden Manöverbeschreibungen gelten für Boote mit neutralem Manövrierverhalten (z. B. Boote mit Außenborder oder mit Z-Antrieb). Im Einzelfall können natürlich äußere Einflüsse wie Wind, Seegang, Strom usw. die Manövrierfähigkeit beeinflussen.
Die folgende Auflistung enthält die wichtigsten Bestandteile der praktischen Prüfung.

Ablegemanöver

Der Bewerber soll selbständig unter Berücksichtigung der Verkehrs-, Platz-, Strömungs- und Windverhältnisse ablegen. In der

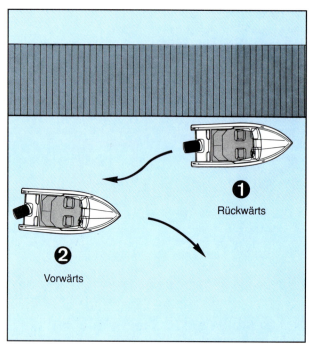

Abb. 113: *Beim Ablegen mit einem Motorboot immer erst rückwärts fahren, damit das Heck nicht gegen den Steg schlagen kann.*

Regel liegt das Boot in strömungsfreiem Gewässer längsseits am Steg, und es wird rückwärts abgelegt, um nicht mit dem wegrutschenden Heck (Derivation) gegen den Steg zu kommen. Sobald das Schiff weit genug vom Steg entfernt ist, wird Fahrt voraus aufgenommen (s. Abbildung 113). Bei diesem Manöver kommt cs darauf an, rückwärts abzulegen und so weit achteraus zu laufen, bis für das seitlich wegrutschende Heck keine

Kollisionsgefahr mehr besteht. Dabei ist auf den übrigen Schiffsverkehr zu achten.

Das Anlegemanöver

Das Boot soll nur mit Ruder- und Maschinenmanövern, ohne es mit Händen oder Bootshaken heranzuziehen, angelegt werden. Das längsseitige Anlegen wird in strömungsfreien Gewässern wie folgt durchgeführt: Der Steg wird in spitzem Win-

kel angelaufen. Hat man seinen Liegeplatz erreicht, so schwenkt man auf den Steg und gibt gleichzeitig einen kurzen Schub achteraus. Das Boot stoppt auf und wird seitlich an den Steg herangezogen. Bevor es den Steg berührt, wird Leerlauf eingelegt (siehe Abbildung 114).
Bei diesem Manöver kommt es darauf an, das Ruder zum Steg zu drehen und gleichzeitig die Maschine kurzzeitig langsam achteraus laufen zu lassen.

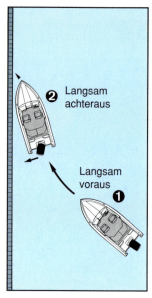

Abb. 114: *Anlegen mit einem Motorboot: in spitzem Winkel langsam zum Steg, dann einschwenken. In Position 2 zum Steg hin steuern und gleichzeitig Fahrt achteraus geben.*

Die praktische Führerscheinprüfung

Das Rettungsmanöver

Das Rettungsmanöver („Mann über Bord") wird mit einem Schwimmkörper simuliert. Der Ausbilder wirft mit den Worten „Mann über Bord an Steuerbord" oder „Mann über Bord an Backbord" den Schwimmkörper ins Wasser.

Der Prüfer achtet nun darauf, daß der Bewerber zunächst die Worte „Mann über Bord an Steuerbord (oder Backbord)" laut wiederholt, dabei Gas wegnimmt, auskuppelt und eine scharfe Kurve nach Steuerbord (oder Backbord) fährt. Im Ernstfall würde dadurch das Heck von der über Bord gegangenen Person freikommen. Der Bewerber dreht nun, fährt zum Schwimmkörper zurück und kündigt an, auf welcher Seite er den Gegenstand aufnehmen will. Er bringt das Boot neben dem Gegenstand wie beim Anlegemanöver (einschlagen, kurzzeitig rückwärts, siehe auch Abbildung 114) zum Stehen und kuppelt, bevor der Gegenstand an Bord genommen wird, aus. Bei diesem Manöver kommt es darauf an, vor Übernahme des Schwimmkörpers auszukuppeln. Wenn der Gegenstand mit drehendem Propeller an Bord geholt werden sollte, wäre der Kandidat durch die praktische Prüfung durchgefallen. Er erhält in dem Fall keine Gelegenheit, das Manöver zu wiederholen.

Auskuppeln, wenn die Boje an Bord geholt wird.

Fahren nach Kompaß

Hier gibt der Prüfer eine Kursanweisung vor, und der Bewerber soll zeigen, daß er das Boot kursbeständig über eine bestimmte Strecke steuern kann.

Wenden auf engem Raum

Hier wird geprüft, ob der Kandidat das Zusammenwirken von Ruder und Propeller im Rahmen eines Wendemanövers beherrscht.

Macht das Boot keine Fahrt, so bewirkt eine Ruderdrehung nichts. Auch ein stehendes Auto dreht sich nicht, wenn das Lenkrad bewegt wird. Erst wenn Wasser am Ruder vorbeiströmt, tritt **Ruderwirkung** ein. Das Ruder funktioniert wie eine einseitige Bremse. Ruder Steuerbord heißt an Steuerbord bremsen, das Schiff macht eine Rechtskurve.

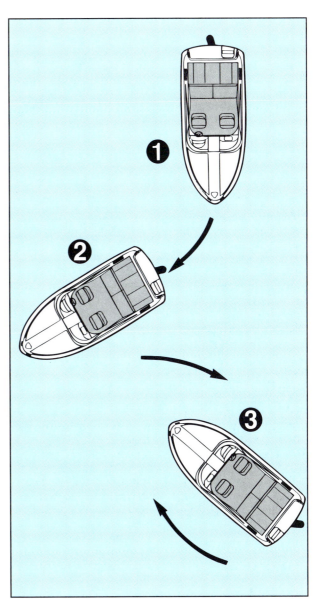

Abb. 115: *Wenden auf engem Raum ist auf kleinen Motorbooten mit Außenborder oder Z-Antrieb sehr einfach. Diese Boote haben kein Ruder. Der schwenkbare Antrieb schiebt oder zieht das Heck in die gewünschte Richtung.*

Die praktische Führerscheinprüfung

Bei Rückwärtsfahrt wird ein Ruder nur sehr unzureichend angeströmt. Seine Wirkung ist gering. Bei Fahrt voraus hingegen strömt der Propeller das Ruder an, und das Boot dreht.

Kursgerechtes Aufstoppen

Der Bewerber soll mit dem Rückwärtsgang das Boot aus langsamer Fahrt aufstoppen.

Peilen

Mit Hilfe eines Peilkompasses soll ein Objekt gepeilt werden.

Anlegen von Rettungsweste und Sicherheitsgurt

Der Kandidat soll eine Rettungsweste und gegebenenfalls einen Sicherheitsgurt anlegen.

Knoten

Der Bewerber soll mindestens fünf verschiedene Knoten vorführen und deren Anwendung erklären können (s. Abbildungen 116 – 121).

Leine, Tampen

In der praktischen Prüfung werden die Fachausdrücke für die vielen an Bord einer Segelyacht verwendeten Leinen nicht benötigt.

Leine ist als Sammelbegriff immer richtig. **Tampen** ist ein kurzes Stück Leine sowie der Anfang oder das Ende eines längeren Stücks. Seil, Tau, Strick oder Schnur sagt man besser nicht.

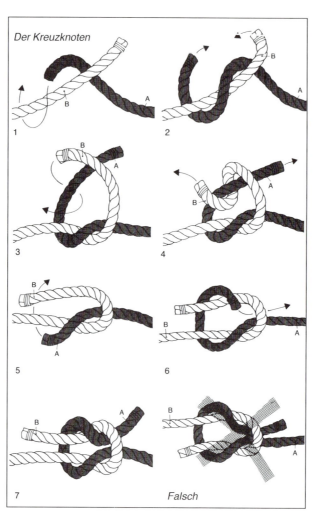

Der Kreuzknoten

1 2 3 4 5 6 7 Falsch

Abb. 116: *Der Kreuzknoten ist ein symmetrischer Doppelknoten. Er verbindet zwei gleich starke Tampen. Der Kreuzknoten kann geknotet (s. 1 bis 4) oder gesteckt (s. 5 bis 7) werden. Der falsche Kreuzknoten hält nicht.*

Abb. 117: *Der Achtknoten ist ein „Stopperknoten", der verhindert, daß Leinen aus Umlenkrollen ausrauschen.*

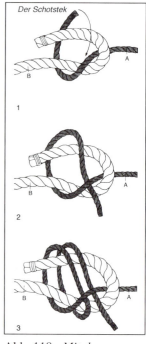

Der Schotstek

1 2 3

Abb. 118: *Mit dem Schotstek werden unterschiedlich dicke Tampen verbunden.*

Die praktische Führerscheinprüfung

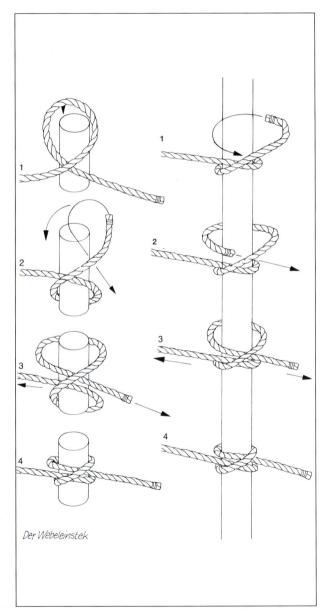

Der Webeleinstek

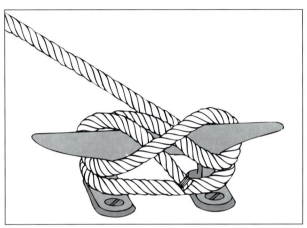

Abb. 120: *Belegen auf der Klampe – wichtig ist, daß der (letzte) Kopfschlag diagonal verläuft.*

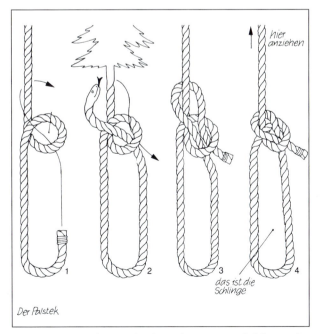

hier
anziehen

das ist die
Schlinge

Der Palstek

Abb. 119: *Der Webeleinenstek ist mit zwei halben Schlägen identisch. Mit diesem Knoten werden z. B. Fender an Griffleisten (rechts) oder Leinen an Pfählen festgemacht.*

Abb. 121: *Mit dem Palstek steckt man eine Schlinge, die sich nicht zuzieht. Damit macht man z. B. ein Boot an einem Pfahl fest.*

Wasserski

Wer auf See segeln möchte, denkt nicht sofort an Wasserski. Jedoch hat man mit dem Sportbootführerschein See auch die Berechtigung, in Seegewässern ein schnelles Motorboot zu fahren, hinter dem man Wasserski laufen kann. Was sollte man zum Thema Wasserski wissen?

Zum Wasserski eignet sich prinzipiell jedes Boot, das stark motorisiert ist und eine ausreichende Kurvenstabilität besitzt. Zu schwach motorisierte Boote können keine gleichmäßige Geschwindigkeit fahren, dadurch kann die Leinenspannung ruckartig wechseln. Der Läufer kann stürzen.

Leichte Boote mit schlechter Kurvenstabilität werden durch die Schwünge des Läufers hin und her gerissen. Das Boot bleibt nicht in der Spur.

Die Schleppleine soll immer an zwei Haltepunkten befestigt werden, um die Zugkräfte zu verteilen. Dahinter wird ein Schwimmkörper angebracht, damit die Leine nicht in den Propeller geraten kann.

Wasserski erfordert eine zweite Person an Bord, die den Wasserskiläufer beobachtet. Läufer und Zugmannschaft verständigen sich über Zeichensprache. Der Läufer steuert mit Fersendruck. Er sollte die Heckwelle im Winkel von etwa 45° schneiden. Enge Kurven muß er außen fahren, um ständig Zug auf der Schleppleine zu behalten.

Harte Stürze entstehen, wenn der Läufer nach einer Unsicherheit krampfhaft versucht, auf den Brettern zu bleiben. Er sollte dann lieber die Hantel loslassen und weich wassern.

Nach einem Sturz fährt man mit etwa drei Metern Abstand einen Bogen um den Läufer, so daß dieser

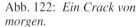

Abb. 122: *Ein Crack von morgen.*

die Hantel greifen kann. Bei der Vorbeifahrt an anderen Fahrzeugen muß der Läufer im Kielwasser, also genau hinter dem Boot bleiben.

Ein Boot, das einen Wasserskiläufer zieht, muß allen anderen Fahrzeugen ausweichen. Wasserski ist im Fahrwasser in der Regel untersagt. Ausnahmen sind durch blaue Schilder gekennzeichnet (s. Abbildung 123). Wasserski ist nur tagsüber und bei guter Sicht zulässig.

135

○○
Wo darf Wasserski gelaufen werden?

1. Außerhalb des Fahrwassers, aber nicht auf Flächen, auf denen es von der Schiffahrtspolizeibehörde durch Bekanntmachung verboten ist.
2. Im Fahrwasser nur in Bereichen, die durch die blaue Tafel mit dem weißen Symbol eines Wasserskiläufers bezeichnet sind, oder in den besonders bekanntgemachten Abschnitten.

136

●
Wann darf kein Wasserski gelaufen werden?

Bei Nacht und bei verminderter Sicht.

137

●●
Wie haben sich Wasserskiläufer und ihre Zugboote zu verhalten?

Sie haben allen anderen Fahrzeugen auszuweichen. Beim Begegnen mit anderen Fahrzeugen haben sich die Wasserskiläufer im Kielwasser ihrer Zugboote zu halten.

Abb. 123: *Wasserski im Fahrwasser erlaubt.*

Yachtführung

Nr.	Amtliche Frage	Amtlicher Antwortvorschlag	Vereinfachte Antwort	Seite
152 ●	Sie sehen folgende Tonne: Was bedeutet diese Tonne?	Gesperrt für Maschinenfahrzeuge wegen Badebetriebes.	Badegebiet, gesperrt.	72
153 ●	Welche Höchstgeschwindigkeit dürfen Sie vor Stellen mit erkennbarem Badebetrieb – außerhalb des Fahrwassers – in einem Abstand von 300 Meter und weniger vom Ufer nicht überschreiten?	8 km/h (4,3 sm/h) Fahrt durch das Wasser.	8 km/h.	72
310 ●●●	Welche Sicherheitsmaßnahmen treffen Sie vor dem Auslaufen?	Wetterbericht einholen, Kraftstoff-, Öl- und Wasservorrat vervollständigen, Überprüfung insbesondere der Rettungsmittel.	Wetterbericht hören, Treibstoff- und Wassertank füllen, Rettungsmittel überprüfen.	73
320 ●●	Wie oft müssen Sie Ihr aufblasbares Rettungsfloß und Ihre aufblasbare Rettungsweste warten lassen?	Mindestens alle 2 Jahre.	–	73
325 ●●	Was ist beim Aufladen von Batterien (Bleiakkumulatoren) an Bord zu beachten?	Es ist erforderlich, daß der Batterieraum wegen der beim Aufladen entstehenden Gase ausreichend belüftet ist (Explosionsgefahr).	Lüften, Explosionsgefahr.	73
279 ●	Was verstehen Sie unter einer rechts- bzw. linksgängigen Schraube?	Bei Vorwärtsgang dreht sich, von hinten gesehen, eine rechtsgängige Schraube nach rechts, eine linksgängige nach links.	Dreht bei Vorwärtsfahrt von hinten gesehen nach rechts bzw. links.	75
280 ●	Nach welcher Seite dreht sich im allgemeinen das Heck im Rückwärtsgang bei einer rechtsgängigen Schraube?	Nach Backbord.	Bb.	75
277 ●	Welches ist der günstigste Anlaufwinkel beim Anlegen in stromfreien Gewässern?	Ein möglichst spitzer Winkel.	Spitzer Winkel.	76
267 ●	Warum soll man möglichst gegen Strom und Wind anlegen?	Weil sich das Fahrzeug dabei besser manövrieren läßt.	Boot bremst dann von selbst.	76
281 ●	Was müssen Sie beim Festmachen Ihres Fahrzeugs beachten?	Es ist so festzumachen, daß das Fahrzeug sicher liegt und sich nicht losreißen kann. Wind, Strom und Wasserstandsänderungen sind zu berücksichtigen.	Muß halten; Wasserstandsschwankungen.	78

Yachtführung

Nr.	Amtliche Frage	Amtlicher Antwortvorschlag	Vereinfachte Antwort	Seite
282 ●●	Welche Vorkehrungen sollten Sie insbesondere dann treffen, wenn Sie Ihr festgemachtes Fahrzeug für längere Zeit verlassen?	1. Alle Seeventile schließen. 2. Hauptschalter des Bordnetzes ausschalten. 3. So festmachen, daß die Masten nebeneinanderliegender Boote gegeneinander versetzt sind und nicht bei Schwell beschädigt werden können.	1. Seeventile zu. 2. Hauptschalter Strom aus. 3. Zu Nachbarbooten etwas versetzt.	78
139 ●●●	Wo dürfen Sie mit Ihrem Fahrzeug nicht anlegen bzw. nicht festmachen?	Insbesondere: 1. An Sperrwerken, Strombauwerken, Leitwerken, Pegeln, festen und schwimmenden Schiffahrtszeichen. 2. An engen Stellen und in unübersichtlichen Krümmungen. 3. Vor Hafeneinfahrten und an Anlegestellen, die nicht für Sportboote bestimmt sind. 4. Innerhalb von Fähr- und Brückenstrecken. 5. An Stellen, die durch die Sichtzeichen „Festmache- und Liegeverbot" gekennzeichnet sind.	1. Sperrwerke, Pegel, Tonnen, 2. enge oder unübersichtliche Stellen, 3. Häfen und Anleger für Berufsschiffahrt, 4. Fähren, 5. Verbotszeichen.	78
313 ●●●	Welche Sicherheitsmaßnahmen sind beim Tanken zu treffen?	1. Motor abstellen. 2. Alle offenen Feuer aus. 3. Keine elektrischen Schalter betätigen. 4. Vor und während des Tankens alle nicht betroffenen Räume verschließen, nach dem Tanken alle Räume lüften. 5. Bei Vergaserkraftstoff zwecks Vermeidung elektrostatischer Entladung die auf den Einfüllstutzen gelegte Zapfpistole mit der bloßen Hand berühren.	1. Motor aus, 2. Kein offenes Feuer, 3. Hauptschalter Strom aus, 4. Luken dicht, 5. Bei Benzin: Zapfpistole und Einfüllstutzen gleichzeitig berühren.	79
274 ●	Wieviel Ankerkette bzw. -leine soll man normalerweise beim Ankern ausstecken?	Mindestens die dreifache Wassertiefe bei Kette oder fünffache bei Leine.	Kette: mind. 3-fache Wassertiefe, Leine: mind. 5-fache Wassertiefe.	81
275 ●●	Woran können Sie erkennen, ob der Anker hält?	Durch wiederholtes Peilen verschiedener Objekte. Der Schiffsort darf sich nicht wesentlich ändern.	Wiederholt peilen, Schiffsort unverändert.	81
276 ●	Warum sollen Sie sich die Ankerpeilungen aufschreiben?	Um mit Kontrollpeilungen festzustellen, ob das Fahrzeug vertrieben ist.	Zur Kontrolle.	81

Yachtführung

Nr.	Amtliche Frage	Amtlicher Antwortvorschlag	Vereinfachte Antwort	Seite
138 ●●●	Wo ist Ankern verboten?	Insbesondere: 1. Im Fahrwasser. 2. An engen Stellen und in unübersichtlichen Krümmungen. 3. Im Umkreis von 300 Meter von schwimmenden Geräten, Wracks und anderen Schiffahrtshindernissen, von Kabeltonnen sowie von Stellen für militärische und zivile Zwecke. 4. Vor Hafeneinfahrten, Anlegestellen, Schleusen und Sielen sowie in den Zufahrten des NOK. 5. Innerhalb von Fähr- und Brückenstrecken. 6. 300 Meter vor und hinter Ankerverbotszeichen.	1. Fahrwasser, 2. enge oder unübersichtliche Stellen, 3. Hafeneinfahrten, Schleusen, Fähren, Brücken; 4. 300 m um Schiffahrtshindernisse und Ankerverbote.	81
12 ●●●	Wann gelten Sie als Überholer?	Wenn ich mich einem anderen Fahrzeug aus einer Richtung von mehr als 22,5 Grad achterlicher als querab (Bereich des Hecklichtes) nähere. Im Zweifelsfalle habe ich mich als Überholer zu betrachten.	Wenn ich mich von hinten (Hecklichtbereich) nähere, im Zweifel immer.	83
11 ●●	Was verstehen Sie unter dem Begriff „Manöver des letzten Augenblicks"?	Ausweichmanöver des Kurshalters, wenn ein Zusammenstoß durch Manöver des Ausweichpflichtigen allein nicht mehr vermieden werden kann.	Ausweichen des Kurshalters, um im letzten Augenblick einen Zusammenstoß abzuwenden.	84
17 ●	Wann gilt ein Fahrzeug unter Segel als Maschinenfahrzeug?	Wenn es unter Segel gleichzeitig mit Maschinenkraft fährt.	Wenn die Maschine läuft.	84
79 ●●	Wie müssen sich zwei Maschinenfahrzeuge verhalten, die sich einander auf entgegengesetzten oder fast entgegengesetzten Kursen nähern, um die Möglichkeit der Gefahr eines Zusammenstoßes zu vermeiden?	Jedes Fahrzeug muß seinen Kurs nach Steuerbord ändern.	Jedes nach Stb.	84
80 ●●	Welches von zwei Maschinenfahrzeugen, deren Kurse einander so kreuzen, daß die Möglichkeit der Gefahr eines Zusammenstoßes besteht, ist ausweichpflichtig?	Dasjenige Fahrzeug muß ausweichen, welches das andere an seiner Steuerbordseite hat.	Wenn der andere von Steuerbord kommt, muß ich ausweichen.	84
81 ●	Wie hat sich ein Maschinenfahrzeug auf der hohen See oder außerhalb des Fahrwassers gegenüber einem Segelfahrzeug zu verhalten, wenn die Möglichkeit der Gefahr eines Zusammenstoßes besteht?	Das Maschinenfahrzeug muß ausweichen.	Ausweichen.	84

Yachtführung

Nr.	Amtliche Frage	Amtlicher Antwortvorschlag	Vereinfachte Antwort	Seite
90 ●●	Wie verhalten Sie sich gegenüber einem ausweichpflichtigen Fahrzeug?	Kurs und Geschwindigkeit sind beizubehalten.	Kurs und Geschwindigkeit beibehalten.	84
91 ●●	Wie müssen die Ausweichmanöver durchgeführt werden?	Ausweichmanöver müssen rechtzeitig und entschlossen durchgeführt werden.	Rechtzeitig und entschlossen.	84
92 ●	Wie hat sich ein überholendes Fahrzeug zu verhalten?	Das überholende Fahrzeug hat auszuweichen.	Muß ausweichen.	84
94 ●●●	Wie verhalten Sie sich als Kurshalter, wenn Sie feststellen, daß ein anderes Fahrzeug seiner Ausweichpflicht nicht nachkommt?	Ich behalte zunächst Kurs und Geschwindigkeit bei und gebe mindestens 5 kurze Töne. Im letzten Augenblick muß ich so manövrieren, daß ein Zusammenstoß vermieden wird.	Kurs und Geschwindigkeit beibehalten; 5 kurze Töne; Manöver des letzten Augenblicks.	84
130 ●	Nach welchen Regeln muß außerhalb des Fahrwassers ausgewichen werden?	Nach den Kollisionsverhütungsregeln (KVR).	KVR.	84
326 ●●	Wie verhalten Sie sich nach einem Zusammenstoß?	1. Erste Hilfe leisten. 2. So lange am Unfallort bleiben, bis ein weiterer Beistand nicht mehr erforderlich ist. 3. Vor Weiterfahrt alle erforderlichen Schiffsdaten austauschen.	Erste Hilfe leisten. Namen austauschen, Hilfe anbieten.	84
13 ●●	Was verstehen Sie unter dem Begriff „manövrierunfähiges Fahrzeug"?	Ein Fahrzeug, das wegen außergewöhnlicher Umstände nicht wie vorgeschrieben manövrieren und daher einem anderen Fahrzeug nicht ausweichen kann.	Beschädigtes Fahrzeug, es kann nicht ausweichen.	89
14 ●●	Was verstehen Sie unter dem Begriff „manövrierbehindertes Fahrzeug"?	Ein Fahrzeug, das durch die Art seines Einsatzes behindert ist, so wie vorgeschrieben zu manövrieren, und daher einem anderen Fahrzeug nicht ausweichen kann.	Arbeitsschiff, es kann nicht ausweichen.	89
82 ●	Wie hat sich ein Maschinenfahrzeug auf der hohen See oder außerhalb des Fahrwassers gegenüber einem manövrierunfähigen Fahrzeug zu verhalten, wenn die Möglichkeit der Gefahr eines Zusammenstoßes besteht?	Das Maschinenfahrzeug muß ausweichen.	Ausweichen.	89
83 ●	Wie hat sich ein Maschinenfahrzeug auf der hohen See oder außerhalb des Fahrwassers gegenüber einem manövrierbehinderten Fahrzeug zu verhalten, wenn die Möglichkeit der Gefahr eines Zusammenstoßes besteht?	Das Maschinenfahrzeug muß ausweichen.	Ausweichen.	89

Yachtführung

Nr.	Amtliche Frage	Amtlicher Antwortvorschlag	Vereinfachte Antwort	Seite
84 ●	Wie hat sich ein Maschinenfahrzeug auf der hohen See oder außerhalb des Fahrwassers gegenüber einem fischenden Fahrzeug zu verhalten, wenn die Möglichkeit der Gefahr eines Zusammenstoßes besteht?	Das Maschinenfahrzeug muß ausweichen.	Ausweichen.	89
85 ●	Wie hat sich ein Segelfahrzeug auf der hohen See oder außerhalb des Fahrwassers gegenüber einem manövrierunfähigen Fahrzeug zu verhalten, wenn die Möglichkeit der Gefahr eines Zusammenstoßes besteht?	Das Segelfahrzeug muß ausweichen.	Ausweichen.	89
86 ●	Wie hat sich ein Segelfahrzeug auf der hohen See oder außerhalb des Fahrwassers gegenüber einem manövrierbehinderten Fahrzeug zu verhalten, wenn die Möglichkeit der Gefahr eines Zusammenstoßes besteht?	Das Segelfahrzeug muß ausweichen.	Ausweichen.	89
75 ●●●	Wann besteht die Möglichkeit der Gefahr eines Zusammenstoßes?	Wenn die Fahrzeuge sich einander nähern und die Peilung zu dem anderen Fahrzeug sich nicht oder nur unwesentlich verändert. Im Zweifelsfalle ist die Gefahr als bestehend anzusehen.	Wenn die Peilung steht und die Fahrzeuge sich nähern; im Zweifel immer.	89
87 ●	Wie hat sich ein Segelfahrzeug auf der hohen See oder außerhalb des Fahrwassers gegenüber einem fischenden Fahrzeug zu verhalten, wenn die Möglichkeit der Gefahr eines Zusammenstoßes besteht?	Das Segelfahrzeug muß ausweichen.	Ausweichen.	90
125 ●●●	Wie haben sich die Fahrzeuge zu verhalten, die 1. in das Fahrwasser einlaufen, 2. das Fahrwasser queren, 3. im Fahrwasser drehen, 4. ihre Anker- und Liegeplätze verlassen?	Sie haben die Vorfahrt der im Fahrwasser fahrenden Fahrzeuge zu beachten.	Vorfahrt beachten, keinen gefährden oder behindern.	90
126 ●●	Was haben Sie beim Drehen im Fahrwasser zu beachten?	Die übrigen im Fahrwasser fahrenden Fahrzeuge haben Vorfahrt und dürfen nicht gefährdet oder behindert werden.	Vorfahrt beachten, keinen gefährden oder behindern.	90
127 ●●	Was haben Sie beim Queren des Fahrwassers zu beachten?	Die im Fahrwasser fahrenden Fahrzeuge haben Vorfahrt und dürfen nicht gefährdet oder behindert werden.	Vorfahrt beachten, keinen gefährden oder behindern.	90

Yachtführung

Nr.	Amtliche Frage	Amtlicher Antwortvorschlag	Vereinfachte Antwort	Seite
76 ●●●	Zwei Segelfahrzeuge nähern sich auf der hohen See oder außerhalb des Fahrwassers so, daß die Möglichkeit der Gefahr eines Zusammenstoßes besteht. Welches Fahrzeug muß dem anderen ausweichen, wenn sie den Wind nicht von derselben Seite haben?	Es muß dasjenige Fahrzeug ausweichen, das den Wind von Backbord hat.	Segler mit Wind von Backbord.	85
77 ●●●	Zwei Segelfahrzeuge nähern sich auf der hohen See oder außerhalb des Fahrwassers so, daß die Möglichkeit der Gefahr eines Zusammenstoßes besteht. Welches Fahrzeug muß dem anderen ausweichen, wenn sie den Wind von derselben Seite haben?	Es muß das luvwärtige Fahrzeug dem leewärtigen Fahrzeug ausweichen.	Luv weicht Lee.	85
18 ●	Welche Seite wird als Luv-, welche als Leeseite bezeichnet?	Die dem Wind zugekehrte Seite wird als Luvseite, die dem Wind abgekehrte Seite als Leeseite bezeichnet.	Luv = windzugewandte Seite; Lee = windabgewandte Seite.	87
78 ●●●	Wie hat sich ein Segelfahrzeug auf der hohen See oder außerhalb des Fahrwassers zu verhalten, wenn es mit dem Wind von Backbord ein Segelfahrzeug in Luv sichtet und nicht mit Sicherheit feststellen kann, ob das andere Fahrzeug den Wind von Backbord oder von Steuerbord hat, und die Möglichkeit der Gefahr eines Zusammenstoßes besteht?	Es muß ausweichen.	Ausweichen.	87
128 ●	Wo muß im Fahrwasser grundsätzlich gefahren werden?	So weit wie möglich rechts.	Ganz rechts.	90
129 ●	Was muß ein Fahrzeug, das außerhalb des Fahrwassers fährt, durch seine Fahrweise klar erkennen lassen?	Es muß klar erkennbar sein, daß das Fahrwasser nicht benutzt wird.	Klar erkennbar außerhalb fahren.	90
223 ●●	Wie haben Sie sich beim Befahren von Naturschutzgebieten und Nationalparken zu verhalten?	1. Pflanzen- und Tierwelt nicht mehr als unvermeidbar beeinträchtigen oder stören. 2. Befahrensregelungen (örtliche Befahrensverbote, zeitliche Befahrensbeschränkungen, festgesetzte Höchstgeschwindigkeiten und dergleichen) beachten.	Pflanzen und Tiere schützen; Verbote beachten; 10 goldene Regeln.	91
224 ●●	Wie können Sie mithelfen, die Lebensmöglichkeiten der Pflanzen- und Tierwelt in Gewässern und Feuchtgebieten zu bewahren und zu fördern?	Indem ich mich umweltbewußt verhalte und hierbei insbesondere die „Zehn Goldenen Regeln für das Verhalten von Wassersportlern in der Natur" beachte, die von den Wassersportverbänden und dem Deutschen Naturschutzring erarbeitet wurden.	10 goldene Regeln beachten.	91

Yachtführung

Nr.	Amtliche Frage	Amtlicher Antwortvorschlag	Vereinfachte Antwort	Seite
271 ●	Wie lang sollte eine Schleppleine bei starkem Seegang sein?	Mindestens 2- oder 3fache Wellenlänge.	2- bis 3fache Wellenlänge	92
272 ●●●	Was ist zu beachten, wenn ein Sportboot geschleppt werden soll?	1. Die Schleppleine ist den Seegangsverhältnissen anzupassen; bei starkem Seegang soll die Schleppleine das mindestens 2- oder 3fache der Wellenlänge haben. 2. Ein ruckartiges Steifkommen der Schleppleine ist zu vermeiden. 3. Die Schleppgeschwindigkeit darf nicht größer sein als die Geschwindigkeit, die der Anhang freifahrend bei Verdrängerfahrt erreichen kann.	1. Lange Schleppleine (2- bis 3fache Wellenlänge). 2. Nicht ruckartig anfahren. 3. Geschwindigkeit an Geschleppten anpassen.	92
273 ●●	Wie vertäuen Sie Ihr Boot, wenn Sie längsseits geschleppt werden?	Durch 2 Querleinen (vorn und achtern je eine) sowie durch eine Vor- und eine Achterspring. Das Heck des schleppenden Fahrzeuges soll über das Heck des geschleppten Fahrzeuges hinausragen.	1. 4 Leinen (Vor- und Achterleine, Vor- und Achterspring). 2. Schlepper braucht freies Schraubenwasser.	92
283 ●●	Warum müssen Sie bei geringer Wassertiefe mit der Geschwindigkeit heruntergehen?	Das Heck kann sich absenken, die Steuerfähigkeit kann verlorengehen.	Steuerfähigkeit kann verlorengehen.	92
266 ●	Warum soll ein kleines Fahrzeug nicht dicht an ein großes in Fahrt befindliches Fahrzeug heranfahren?	Es kann durch dessen Bug- oder Heckwelle kentern oder durch den Sog mit dem Fahrzeug kollidieren.	Kann durch dessen Wellen kentern oder durch den Sog herangezogen werden.	93
131 ●●●	Wo ist das Überholen verboten?	1. In der Nähe von in Fahrt befindlichen nicht freifahrenden Fähren. 2. An Engstellen. 3. In unübersichtlichen Krümmungen. 4. In Schleusenbereichen. 5. An Stellen und innerhalb von Strecken, die durch Überholverbotszeichen gekennzeichnet sind.	Krümmungen, Kettenfähren, Engstellen, Schleusen, Überholverbote.	93
269 ●●●	Welche Gefahren können entstehen, wenn ein größeres Fahrzeug Sie überholt?	Mein Fahrzeug kann durch Stau, Sog oder Schwell aus dem Kurs laufen, querschlagen, in flachen Gewässern auf Grund laufen; Gefahr des Überbordfallens.	Querschlagen, aus dem Ruder laufen, über Bord fallen.	93
270 ●●	Wie ist ein Überholmanöver durchzuführen?	Zügig und im ausreichenden Abstand und nur dann, wenn die Verkehrslage es erlaubt.	Wenn frei ist, zügig, Abstand halten.	93
265 ●	Wie müssen Sie in engen Gewässern Ihre Fahrt einrichten?	Vorsichtig und langsam fahren; Sog und Wellenschlag vermeiden.	Langsam, ohne Sog und Wellenschlag.	93
268 ●	Wie verhalten Sie sich beim Begegnen mit anderen Fahrzeugen in einem engen Fahrwasser?	Nach rechts ausweichen. Geschwindigkeit herabsetzen, ausreichenden Abstand halten.	Rechts fahren, langsam fahren, Abstand halten.	93

Yachtführung

Nr.	Amtliche Frage	Amtlicher Antwortvorschlag	Vereinfachte Antwort	Seite
284 ●●	Welche Geschwindigkeit müssen Sie in engen Gewässern wählen, in denen am Ufer festgemachte Fahrzeuge liegen?	Eine Geschwindigkeit, bei der gefährlicher Sog oder Wellenschlag vermieden wird.	Langsam, kein Sog und Wellenschlag.	93
133 ●	Wo muß ein wartepflichtiges Fahrzeug vor einer Brücke, einem Sperrwerk oder einer Schleuse anhalten?	Das wartepflichtige Fahrzeug muß in ausreichender Entfernung oder, wenn ein Halteschild vorhanden ist, vor diesem anhalten.	Ausreichend Abstand; Halteschild.	94
155 ●	Sie sehen folgendes Sichtzeichen: Was bedeutet dieses Sichtzeichen?	Halt vor diesem Zeichen, solange die Durchfahrt nicht freigegeben ist.	Halt vor diesem Zeichen.	94
134 ●	Wo darf ein wartepflichtiges Fahrzeug vor einer Brücke, einem Sperrwerk oder einer Schleuse nicht festmachen?	Es darf nicht festmachen an den Leitwerken und Abweisedalben.	Leitplanken, Schutzpfähle.	94
173 ●●	Sie sehen an Brücken, Sperrwerken oder Schleusen folgende feste Lichter: Was bedeutet dieses Sichtzeichen?	Brücke, Sperrwerk oder Schleuse geschlossen. Durchfahren oder Einfahren verboten.	Einfahrt verboten (Schleuse, Hubbrücke).	94
174 ●●	Sie sehen an Brücken, Sperrwerken oder Schleusen folgende feste Lichter: Was bedeutet dieses Sichtzeichen?	Diese Anlage ist dauernd gesperrt.	Anlage dauernd gesperrt.	95
16 ●●●	Welche Maßnahmen müssen Sie bei verminderter Sicht treffen?	1. Es muß mit sicherer Geschwindigkeit gefahren werden. 2. Es müssen Nebelsignale gegeben werden. 3. Es müssen Positionslichter eingeschaltet werden. 4. Es muß Ausguck gegangen werden.	1. Sichere Geschwindigkeit, 2. Nebelschallsignale geben, 3. Positionslaternen an, 4. Verstärkter Ausguck.	96
15 ●●	Was verstehen Sie unter dem Begriff „verminderte Sicht"?	Sichteinschränkung durch Nebel, dickes Wetter, Schneefall, heftige Regengüsse oder ähnliche Umstände.	Nebel, heftiger Regen, Hagel, Schnee usw., behindert die Sicht.	97

Yachtführung

Nr.	Amtliche Frage	Amtlicher Antwortvorschlag	Vereinfachte Antwort	Seite
28 ●●●	Wie haben Sie allgemein Ihre Geschwindigkeit einzurichen?	Ich muß stets mit einer Geschwindigkeit fahren, die es erlaubt, durch geeignete und wirksame Maßnahmen einen Zusammenstoß zu vermeiden, und die es ermöglicht, daß ich unter den gegebenen Verhältnissen mein Fahrzeug auf einer angemessenen Strecke aufstoppen kann (sog. sichere Geschwindigkeit).	Sichere Geschwindigkeit (Bremsweg = halbe Sichtweite).	96
73 ●●●	Wie haben Sie Ihre Fahrweise bei verminderter Sicht aufgrund seemännischer Sorgfaltspflicht einzurichten?	1. Das Fahrwasser verlassen. 2. Wenn dies nicht möglich ist, im Fahrwasser äußerst rechts halten. 3. Möglichst Flachwassergebiet aufsuchen und ankern.	Fahrwasser verlassen und auf flachem Wasser ankern; sonst äußerst rechts fahren.	96
93 ●●●	Wie haben Sie sich zu verhalten, wenn Sie vorlicher als querab das Nebelsignal eines anderen Fahrzeuges hören?	Ich muß meine Fahrt auf das für die Erhaltung der Steuerfähigkeit geringstmögliche Maß verringern. Erforderlichenfalls ist jegliche Fahrt wegzunehmen und in jedem Fall mit äußerster Vorsicht zu manövrieren, bis die Gefahr eines Zusammenstoßes vorüber ist.	So langsam wie eben möglich, äußerst vorsichtig.	96
74 ●●●	Welche Sicherheitsmaßnahmen treffen Sie an Bord aufgrund der seemännischen Sorgfaltspflicht neben den in den Kollisionsverhütungsregeln vorgeschriebenen Verhaltensmaßregeln bei verminderter Sicht?	1. Radarreflektor aufheißen, falls nicht fest angebracht. Fahrzeug ohne Radarreflektor möglichst in eine waagerechte Schwimmlage bringen. 2. Alle Navigationsanlagen, z. B. Radar, Echolot, sorgfältig gebrauchen. 3. In einem Revier mit Landradarberatung die Radarberatung über UKW-Sprechfunk mithören.	Radarreflektor; Navigationsgeräte sorgfältig nutzen; Radarberatung.	97
135 ●●	Wo darf Wasserski gelaufen werden?	1. Außerhalb des Fahrwassers, aber nicht auf Flächen, auf denen es von der Schiffahrtspolizeibehörde durch Bekanntmachung verboten ist. 2. Im Fahrwasser nur in Bereichen, die durch die blaue Tafel mit dem weißen Symbol eines Wasserskiläufers bezeichnet sind, oder in den besonders bekanntgemachten Abschnitten.	1. Außerhalb des Fahrwassers: überall; es sei denn, es ist ausdrücklich verboten. 2. Im Fahrwasser: nirgends; es sei denn, es ist ausdrücklich erlaubt.	104
136 ●	Wann darf kein Wasserski gelaufen werden?	Bei Nacht und bei verminderter Sicht.	Nachts; verminderte Sicht.	104
137 ●●	Wie haben sich Wasserskiläufer und ihre Zugboote zu verhalten?	Sie haben allen anderen Fahrzeugen auszuweichen. Beim Begegnen mit anderen Fahrzeugen haben sich die Wasserskiläufer im Kielwasser ihrer Zugboote zu halten.	Allen ausweichen. Begegnen nur mit Läufer genau hinter dem Boot.	104

Yachtführung

Nr.	Amtliche Frage	Amtlicher Antwortvorschlag	Vereinfachte Antwort	Seite
132 ●	Sie sehen folgendes Sichtzeichen: Was bedeutet dieses Sichtzeichen?	Überholverbot für alle Fahrzeuge.	–	98
146 ●	Sie sehen an Land folgendes Sichtzeichen: Was bedeutet dieses Sichtzeichen?	Begegnungsverbot.	–	99
147 ●	Sie sehen an Land folgendes Sichtzeichen: Was bedeutet dieses Sichtzeichen?	Die Geschwindigkeit durch das Wasser in km/h, auf dem Nord-Ostsee-Kanal über Grund in km/h, die nicht überschritten werden darf; hier 12 km/h.	max. 12 km/h.	99
150 ●	Sie sehen an Land folgendes Sichtzeichen: Was bedeutet dieses Sichtzeichen?	Sog und Wellenschlag vermeiden.	–	99
151 ●●	Sie sehen folgendes Sichtzeichen: Was bedeutet dieses Sichtzeichen?	Geschwindigkeit von 8 km/h, die innerhalb eines Mindestabstandes von 300 Meter von der jeweiligen Uferlinie nicht überschritten werden darf.	Max. 8 km/h innerhalb 300 m vom Ufer	99
154 ●	Sie sehen folgendes Sichtzeichen: Was bedeutet dieses Sichtzeichen?	Mindestabstand in Metern, der vom Aufstellungsort der Tafel (hier 40 m von der in Fahrtrichtung rechten Seite) an eingehalten werden muß.	Mindestabstand 40 m.	99
158 ●	Sie sehen folgendes Sichtzeichen: Was bedeutet dieses Sichtzeichen?	Festmacheverbot.	Festmacheverbot.	99

Yachtführung

Nr.	Amtliche Frage	Amtlicher Antwortvorschlag	Vereinfachte Antwort	Seite
159 ●	Sie sehen folgendes Sichtzeichen: Was bedeutet dieses Sichtzeichen?	Liegeverbot.	Liegeverbot.	98
160 ●●	Sie sehen folgendes Sichtzeichen: Was bedeutet dieses Sichtzeichen?	Das in der Zusatztafel angegebene Schall-signal – ein langer Ton – ist zu geben.	Langen Ton geben.	98
161 ●●	Sie sehen folgendes Sichtzeichen: Was bedeutet dieses Sichtzeichen?	Ende einer Gebots- oder Verbotsstrecke.	–	98
171 ●●	Sie sehen folgendes Sichtzeichen: Was bedeutet dieses Sichtzeichen?	Sperrung einer Teilstrecke der Seeschiffahrts-straße.	SeeSchStr-Teilstück gesperrt.	98
175 ●●	Sie sehen an einer Brücke folgende Tafeln: Was bedeuten diese Sichtzeichen?	Die Brückenöffnung darf nur innerhalb des durch die beiden Tafeln begrenzten Raumes durchfahren werden. Dies gilt nicht für kleine Fahrzeuge (Fahrzeuge von weniger als 12 m Länge).	Fahrzeuge ab 12 m müssen zwischen den Tafeln durchfahren.	98
176 ●	Sie sehen folgendes Sichtzeichen: Was bedeutet dieses Sichtzeichen?	Fährstelle, freifahrende Fähre.	Freifahrende Fähre.	98
177 ●	Sie sehen folgendes Sichtzeichen: Was bedeutet dieses Sichtzeichen?	Fährstelle, nicht freifahrende Fähre.	Kettenfähre.	98
156 ●●	Sie sehen folgendes Sichtzeichen: Was bedeutet dieses Sichtzeichen?	Ankerverbot 300 Meter vor und hinter diesem Zeichen.	Ankerverbot, 300 m Umkreis.	99

Allgemeine Hinweise

Dieser Abschnitt beinhaltet keinen Prüfungsstoff.

Allgemeine Hinweise

Hafenmanöver laufen manchmal vor den kritisch schadenfrohen Augen des Kaffee trinkenden Hafenpublikums ab. Das führt zwangsläufig zu Streß an Bord, wenn man mit dem Boot noch nicht ganz vertraut ist oder in einen unbekannten Hafen einläuft. Wie vermeidet man mitleidige Blicke und wohlmeinende, aber nicht erbetene Ratschläge?

Der erfahrene Steuermann zeichnet sich durch Fingerspitzengefühl am Gashebel aus. Der Anfänger gibt meistens zu viel Gas. Grundsätzlich werden, bevor das Schiff den Hafen erreicht hat, die benötigten

Leinen und Fender an Deck bereitgelegt. Die Mannschaft bleibt dann jedoch nicht an Deck stehen – so gespannt der (neue) Hafen auch erwartet wird – sondern nimmt wieder ihre Plätze im Cockpit ein. Oft zeigt bereits der erste Blick auf ein einlaufendes Schiff, ob dessen Crew routiniert und erfahren ist oder noch etwas Übung braucht. Die eingespielte Mannschaft sitzt im Cockpit, während die Anfänger an Deck herumstehen – und die Sicht des Skippers behindern. Da fehlt nur noch, daß ein Besatzungsmitglied im Hafen ins Wasser stürzt.

Vor jedem neuen Manöver sollte die Crew in Ruhe besprechen, wie das Manöver ablaufen soll. Welche Störfaktoren können es gefährden? Was ist

Abb. 125: *Hier weiß jeder, was zu tun ist. Manöver müssen vorher besprochen werden.*

in jenen Fällen zu tun? Welche Rolle kann jeder am besten dabei übernehmen? Der Skipper moderiert diese Vorbereitungen. Mit seiner den übrigen Mitseglern überlegenen Erfahrung stellt er sicher, daß alle Eventualitäten bedacht und die Rollen richtig verteilt werden. Er gewährt auch Einblick in die nautischen Unterlagen (Hafenpläne, Beschreibung der Ansteuerung), die zum Anlaufen des Hafens gebraucht werden.

> Vor jedem neuen Manöver sollte die Crew unter Moderation des Skippers in aller Ruhe besprechen, wie das Manöver ablaufen soll.

Je leiser die Kommandos des Skippers, je mehr er sich im Hintergrund hält, um so souveräner wirkt er. Brüllen macht lächerlich. Ein gut vorbereitetes Manöver erfordert keine oder nur diskrete Kommandos.

Auf manchen Booten herrschen in dieser Hinsicht völlig veraltete Vorstellungen. Der schneidige Kommandoton ist out. Der qualifizierte Schiffsführer ist kein einsamer Alleskönner, der von lauter ahnungslosen Deppen umgeben ist. Es spricht wirklich nicht für den Schiffsführer, wenn er Anordnungen wie „Klar bei Vorleine" geben oder Fragen stellen muß wie „Hängen die Fender richtig?". Nur noch Kopf-

Abb. 124: *Wie klappen die Hafenmanöver bei anderen?*

Allgemeine Hinweise

schütteln ruft hervor, wenn die Crew darauf antworten muß: „Vorleine ist klar" oder „Fender hängen richtig".

Unauffällige Kommunikation sollte die Mannschaft auf Sportbooten praktizieren. Niemand muß durch den halben Hafen schreien: „Zwei Meter, ein Meter, haaaalt", wenn sich das Boot dem Steg nähert und für den Steuermann die Sicht behindert ist. Das geht mit Hilfe von Zeichensprache geräuschlos und eleganter (s. Abbildungen 126 – 128).

Der Könner zeigt sich an langsamer Fahrt bei Hafenmanövern. Nur Anfänger versuchen, mit flotter Geschwindigkeit im Hafen zu fahren. Selbst wenn nichts passiert, ist dieses Verhalten doch wenig rücksichtsvoll. Denn „Sog und Wellenschlag vermeiden" ist Gebot in jedem Hafen.

Der Skipper muß bei Hafenmanövern nicht selbst am Ruder stehen. Rudergehen erfordert keine Kraft, das kann bei kleiner Mannschaft jede Frau genauso gut oder mit etwas Übung und anfänglicher Hilfe sogar ein größeres Kind. Der Umgang mit nassen, verschmutzten Leinen dagegen ist überhaupt keine Frauenarbeit. Glückliche Wassersportlerbeziehungen haben oft

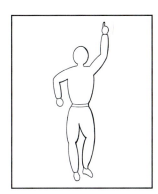

Abb. 126: *Der Abstand zum Steg ist größer, als ich greifen kann.*

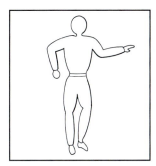

Abb. 127: *So groß ist jetzt der Abstand zum Steg.*

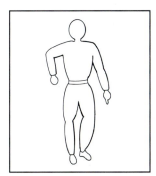

Abb. 128: *Achtung: Nun beträgt der Abstand nicht mal mehr 1 m.*

Abb. 129: *Gelungene Arbeitsteilung segelnder Paare: Die Frau steht während der Manöver am Ruder.*

eine auf den ersten Blick ungewohnte Aufgabenteilung: Die Frau steht bei Manövern am Ruder, der Mann besorgt die Arbeit auf dem Vorschiff, ohne den Überblick, die Ruhe und den klaren Kopf zu verlieren.

Vor allem jugendliche, aber auch erwachsene Gäste an Bord müssen wissen, daß niemals ein Fuß zwischen ein Boot und den Steg gehalten werden darf, um ein unsanftes Anstoßen zu vermeiden. Das ist gut gemeint, führt aber zu schweren Verletzungen. Ein Fender hält mehr aus als ein Fuß.

Sobald richtig Zug auf Festmacherleinen kommt, kann ein Mensch sie nicht mehr halten. Läuft die Leine hingegen – gegebenenfalls mehrfach geschoren – über eine **Klampe,** so läßt

sich auch bei starker Belastung gefühlvoll Lose geben (s. Abbildung 130). Wird beim Anlegen – was einfach und kräftesparend ist – Maschinenkraft genutzt, etwa um ein Schiff seitwärts gegen Wind oder Strom an den Steg zu drücken (s. Hafenmanöver mit Radeffekt), so läßt der

Abb. 130: *Über eine Klampe gefahren hält man Leinen auch bei großem Zug.*

Hafenmanöver mit Radeffekt

erfahrene Skipper den Propeller so lange drehen, bis das Schiff vollständig festgemacht ist. So wird das Heck gegen den Steg gedrückt und das Schiff stabilisiert. Diesen Trick verwendet auch die Berufsschiffahrt bei Anlege- oder Schleusenmanövern. Festmacherleinen sollten bei Hafenmanövern möglichst nicht in das Wasser fallen, weil sie dann leicht in den Propeller geraten könnten. Das muß jeder an Bord wissen. Auf größeren Schiffen liegt im Hafen immer ein **Bootshaken** bereit. Es ist überhaupt keine Schande, wenn ein Manöver mißlingt. Das kann jedem passieren. Aber auch in diesem Punkt unterscheidet sich der Anfänger vom Profi. Während der unerfahrene Skipper versucht, ein schlecht laufendes Manöver doch noch zum Abschluß zu bringen, bricht der souveräne Profi es ohne Aufregung ab und nimmt einen ganz neuen Anlauf. Beim zweiten Mal geht es bestimmt besser. Liegt das Schiff an seinem Platz, so wird zunächst klar Deck gemacht. Es spricht nicht für ein gut geführtes Schiff, wenn an Deck große Unordnung herrscht. Natürlich ist gegen das Trocknen an Deck von Leinen, Segeln, Kleidung oder Handtüchern nichts einzuwenden.

Radeffekt

Der durch den seitlichen Propellerschub entstehende Radeffekt (s. Abbildung 76) kann erheblichen Einfluß auf die Manövriereigenschaften einer Segelyacht haben. Radeffekt tritt immer auf; bei einigen Booten mit Saildrive (s. Abbildung 75) ist er jedoch so schwach ausgeprägt, daß er kaum wahrgenommen wird. Bei anderen Schiffen mit starrer, schräger Welle (s. Abbildungen 151 und 153) kann er die Hafenmanöver erheblich beeinflussen. Am leichtesten erkennt man die Stärke des Radeffektes, wenn man im Hafen unter Maschine achteraus läuft. Boote, die sich in Achterausfahrt ohne Schwierigkeiten steuern lassen, haben nur geringfügigen Radeffekt und bereiten bei Hafenmanövern in der Regel keine Probleme. Zieht das Heck bei Achterausfahrt hingegen sofort nach Backbord (Steuerbord), so ist eine rechtsgängige (linksgängige) Schraube in Verbindung mit Radeffekt die Ursache (s. Abbildung 74). Viele Schiffsführer verzweifeln auf einer Yacht mit ausgeprägtem Radeffekt bei Hafenmanövern. Dem läßt sich bereits mit wenigen Tips und Hinweisen abhelfen.

Längsseits anlegen bei Wind oder Strom

Grundsätzlich wird gegen den Wind oder Strom bzw. den stärkeren von beiden angelegt. So kann man sich in langsamer Fahrt seinem Liegeplatz nähern und viel einfacher aufstoppen als mit einem von hinten oder seitlich schiebenden Wind und Strom. Sobald die Vorleine belegt ist, schwojt das Boot frei im Wind oder Strom. Zum Längsseitsliegen soll auch nun das Heck an den Steg kommen. Auf kleinen Booten zieht man das Heck einfach mit der Achterleine an den Steg. Auf großen Schiffen dagegen muß man jetzt mit der Maschine arbeiten. Dazu läßt sich der Radeffekt gut einsetzen. Belegt man das Schiff an der Vorleine, so kann es weder Fahrt voraus noch Fahrt achteraus machen, und der Radeffekt schiebt das Heck – je nach Drehrichtung des Propellers – nach Steuerbord oder nach Backbord (s. Abbildungen 131 bis 136). Im folgenden wird stets ein rechtsgängiger Propeller (s. Abbildung 74) angenommen, der das Heck bei Vorausfahrt nach Steuerbord und bei Achterausfahrt nach Backbord versetzt. Ein linksgängiger Propeller arbeitet umgekehrt.

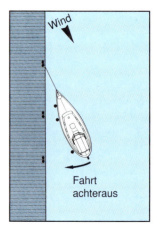

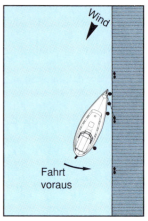

Abb. 131/132: *Ein ausgeprägter Radeffekt (seitlicher Propellerschub) läßt sich nutzen, um beim Anlegen das Heck seitlich an den Steg zu schieben. Ein rechtsgängiger Propeller versetzt hierbei das Heck in Vorausfahrt nach Steuerbord und in Achterausfahrt nach Backbord. Die Bordwand muß natürlich mit Fendern gut geschützt werden.*

Hafenmanöver mit Radeffekt

Bei rechtsgängigem Propeller und Anlegen an Backbord belegt man die Vorleine und gibt dann leichte Fahrt achteraus. Das Heck zieht nun nach Backbord und das Schiff längsseits an den Steg. Der Propeller sollte so lange drehen, bis die Yacht achtern festgemacht ist (s. Abbildung 131).
Zum Anlegen an Steuerbord belegt man die Vorleine, schützt den vorderen Teil der Bordwand mit Fendern und gibt mit Ruder Backbord leichte Fahrt voraus. Vorausfahren kann die Yacht nicht, weil sie an der Vorspring hängt. Also schiebt sie das Heck nach Steuerbord an die Pier

heran. Dieses Manöver heißt „**Eindampfen in die Vorspring".** Der Propeller dreht weiter, bis die Yacht achtern belegt ist (s. Abbildung 132).

Ablegen gegen den Wind

Wenn die Yacht längsseits am Steg liegt und durch seitlichen Wind gegen den Steg gedrückt wird, hilft der Radeffekt auch beim Ablegen.
Liegt sie mit ihrer Steuerbordseite am Steg, so legt man die Vorleine auf Slip und gibt langsame Fahrt achteraus. Der Radeffekt zieht – gegen den seitlichen Wind – das Heck

vom Steg weg. Bei ausreichendem Abstand nimmt man die Vorleine an Bord und legt achteraus ab (s. Abbildung 133).
Wird umgekehrt die Backbordseite gegen den Steg gedrückt, so läßt man bei auf Slip liegender Vorspring die Maschine vorauslaufen (s. Abbildung 134).
Der Bugbereich muß jetzt gut mit Fendern abgepolstert sein. Durch den Radeffekt wird das Heck – gegen den seitlichen Wind – nach Steuerbord geschoben. Bei ausreichendem Abstand zum Steg nimmt man die Vorspring zurück an Bord und legt mit Fahrt achteraus ab.

Wenden auf engem Raum bei seitlichem Wind

Seitlicher Wind kann den Wendekreis vergrößern. Bei seitlichem Wind von Steuerbord dreht man zuerst mit dem Bug gegen den Wind und zieht mit Fahrt achteraus das Heck in die gewünschte Richtung (s. Abbildung 135). Bei seitlichem Wind von Backbord dreht man mit Achterausfahrt zuerst das Heck in den Wind (s. Abbildung 136).
Wiederum unterstützt der Radeffekt das Manöver. In anderer Richtung kann bei starkem Radeffekt nicht gewendet werden.

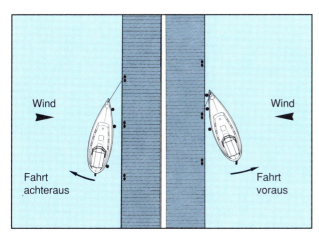

Abb. 133/134: *Ablegen, wenn Wind oder Strom das Schiff gegen den Steg drücken, ist keine Schwierigkeit mit starkem Radeffekt: Bei Fahrt voraus drückt der rechtsgängige Propeller das Heck nach Steuerbord, bei Fahrt achteraus nach Backbord (ein linksgängiger Propeller arbeitet genau entgegengesetzt).*

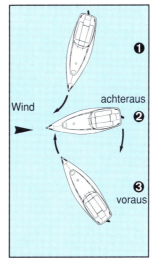
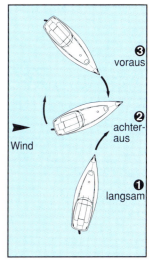

Abb. 135/136: *Bei Wenden auf engem Raum mit seitlichem Wind sollte immer der Radeffekt beachtet werden. Der seitliche Propellerschub unterstützt das Manöver.*

Ankermanöver

Vor Buganker

In Mittelmeerhäfen liegt man häufig mit dem Heck zur Pier. Dazu muß das Boot so vor Anker gelegt werden, daß man vom Heck aus bequem die Pier betreten kann (s. auch Abbildung 137).

Allerdings bieten im Hafen ausgebrachte Anker bei Sturm oder Starkwind nur begrenzten Halt, da wegen der beengten Platzverhältnisse nicht ausreichend Kette gesteckt werden kann und zudem der eigene Anker häufig mit fremden Ankern unklar kommt.

Bei Sturm muß dann mit langsamer Fahrt voraus der Anker entlastet werden. Um in engen Häfen anzulegen, muß man das Verhalten der Yacht bei Achterausfahrt genau kennen. Denn der Anker sollte immer so weit wie möglich von der Pier entfernt ausgebracht werden. Schiffe, die problemlos achteraus laufen, bieten auch hier einen großen Vorteil (s. Abbildung 139).

Sonst muß man – während man sich rückwärts seinem Liegeplatz nähert – mit kurzen Schüben voraus oder Zug an der Ankerkette das Schiff wieder auf Kurs bringen (s. Abbildung 140).
Vor Erreichen der Pier holt man die Ankerkette dicht, um dadurch den Anker in den Grund einzugraben. Wenn er nicht hält, muß das Manöver wiederholt werden.

Abb. 137: *In vielen Mittelmeerhäfen liegt man mit dem Heck zur Pier. Zwar ist das Anbordgehen einfacher, doch jeder Passant kann in das Cockpit und die Kajüte gucken.*

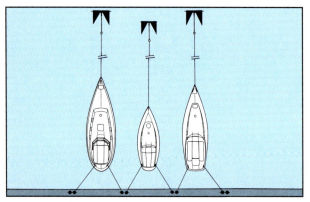

Abb. 138: *Über Nacht verholt man das Boot nach vorne, um den Sicherheitsabstand zur Pier zu vergrößern.*

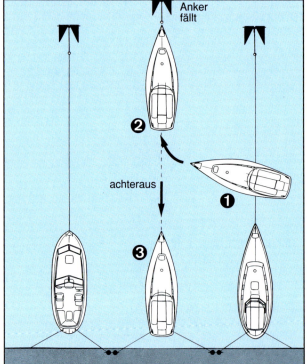

Abb. 139: *Anlegemanöver mit Buganker sind kein Problem, wenn die Yacht einwandfrei achteraus läuft. Wichtig: je länger die Kette, um so besser hält der Anker.*

Ankermanöver

Wer über ausreichend Leine verfügt, kann auch zunächst mit dem Bug an die Mole fahren, dort eine Leine belegen, an der man sich nach dem Fallen des Ankers wieder zurück zur Pier verholen kann (s. Abbildung 141).

Eine zur Mole geführte Hilfsleine hilft auch beim Ablegen, wenn seitlicher Wind das Schiff sonst abtreiben würde.

Vor Heckanker

Um mit dem Bug an einer Pier anzulegen, muß der Anker über das Heck ausgebracht werden. Das Manöver selbst bereitet keine Schwierigkeiten (s. Abbildung 142). Es ist jedoch auf Yachten mit schwerem Ankergeschirr etwas umständlich, weil der Anker am Bug gefahren wird und dort die Ankerwinsch sitzt.

Der Anker als Manövrierhilfe

Ein an kurzer Kette oder Leine auf dem Grund liegender Anker gräbt sich nicht ein. Er kann ein Schiff nicht halten, dessen Manöver jedoch wirkungsvoll unterstützen.

Auf vielen Yachten wird bei seitlichem Wind der Bug nach Lee gedrückt, sobald die Fahrt aus dem Schiff ist. Bei Boxen- oder Anlegemanövern kann der Anker dann das Schiff stabilisieren.

Auf träge drehenden Langkielern läßt sich der Drehkreis mit Hilfe eines Ankers erheblich verkleinern.

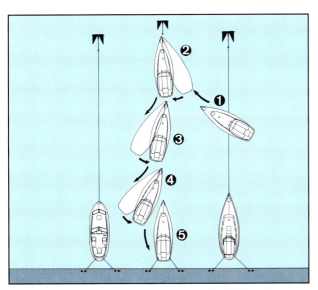

Abb. 140: *Anlegemanöver werden auf Schiffen, die bei Achterausfahrt zu einer Seite ziehen, schwierig. Durch leichten Zug an der Ankerkette und kurze Schübe voraus kann man das Heck wieder ausrichten.*

Abb. 141: *Ein guter Trick: Zuerst eine lange Leine am Liegeplatz belegen und sie zum Ankermanöver mitführen. An ihr kann man das Schiff zur Pier verholen.*

Abb. 142: *Anlegen mit Heckanker ist einfach. Der Anker fällt auf dem Weg zum Liegeplatz.* ▶

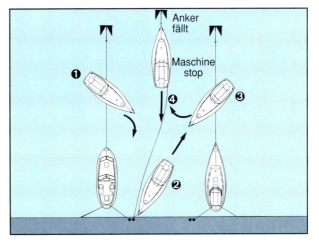

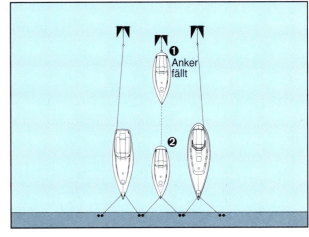

Rumpf

Dieses Kapitel enthält keinen Prüfungsstoff. Hier werden Fahrtenyachten, ihre Ausrüstung und ihre Einrichtung vorgestellt. Jede Sportart hat ihre Fachausdrücke. Der Segelsport hat davon reichlich. Dennoch soll sich niemand abschrecken lassen, wenn sich die Fachwörter teilweise häufen. Dieser Abschnitt kann auch erstmals an Bord oder nur zum Nachschlagen genutzt werden.

Der Einstieg in den Yachtsport ist genauso gut ohne Verwendung der Fremdwörter möglich. Den Führerschein gibt's auch ohne Seglerlatein. Viele erfahrene Segler – selbst renommierte Wassersportzeitschriften – verzichten weitgehend auf alle Fachbegriffe, die Laien unverständlich sind.

So bleibt es schließlich jedem selbst überlassen, in welchem Umfang die Fachsprache übernommen wird. Wer sich die Fachausdrücke aneignen möchte, macht es – vielleicht mit Hilfe dieses Buches – am besten an Bord.

Rumpf

Segeln ist ein Sport mit zwei Elementen, mit Wasser und Wind. Das Wasser wirkt auf den Rumpf einer Segelyacht ein, der Wind

Abb. 143: *Jollen sind Schwertboote und können kentern. Sie sind für offene Seegewässer nicht geeignet.*

Abb. 144: *Yachten können nicht kentern, selbst wenn man sie – wie hier bei einem Test – gewaltsam auf die Seite legt.*

auf ihr Rigg. Das Wasser bremst, der Wind treibt an.

Jollen und Yachten

Jollen sind Schwertboote. Unter ihrem Rumpf hängt ein **Schwert,** eine Platte, die das Abtreiben verhindert. Wenn es flach wird oder der Wind von achtern kommt, kann das Schwert aufgeholt werden. Jollen segeln auf Binnenseen. Für Seegewässer sind sie nicht geeignet. Denn das Schwert verhindert nur das Abtreiben, nicht das Kentern. Jollen sind leichte Gleitboote, sie können kentern, aber nicht sinken.

Yachten sind Kielschiffe. Der Kiel kann nicht aufgeholt werden. An seinem unteren Ende hat er ein Gewicht, das eine Kenterung unmöglich macht. Selbst wenn das Schiff von einer großen Welle umgeworfen werden sollte, richtet es sich wieder auf. Bei einem erheblichen Wassereinbruch hingegen sinkt eine Yacht. Yachten können nicht kentern, aber sinken.

Gleiter und Verdränger

Sobald sich ein Boot in Bewegung setzt, bildet sich am Bug eine kleine Welle, die **Bugwelle.** Bei

Rumpf

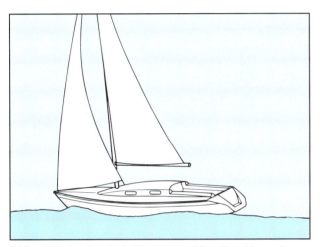

Abb. 145: *Segelyacht in Verdrängerfahrt. Der Abstand zwischen Bug- und Heckwelle bestimmt die Geschwindigkeit.*

Abb. 146: *Höchstgeschwindigkeit eines Verdrängers: Die Heckwelle hat das Heck erreicht.*

zunehmender, aber immer noch sehr langsamer Fahrt schließt sich an die Bugwelle ein Wellental und daran eine zweite Welle, die **Heckwelle,** an (s. Abbildung 145).
Je weiter Bug- und Heckwelle auseinanderliegen, um so schneller läuft das Boot. Bei den leichten, offenen Jollen kann der Abstand zwischen Bug- und Heckwelle besonders groß werden: Wenn sie **gleiten,** bildet sich die „Bugwelle" erst auf Höhe des Mastes, und die „Heckwelle" läuft weit hinter dem Boot her. Jollen sind Gleiter, Yachten sind überwiegend **Verdränger.** Bei ihnen bleibt die Heckwelle immer am Heck; der maximale Abstand zwischen Bug- und Heckwelle – und damit die

Höchstgeschwindigkeit – ist hier nur von der **Länge der Wasserlinie** LWL (der Linie, an der die Wasseroberfläche den Rumpf berührt) abhängig. Je länger das Schiff, je länger damit die Wasserlinie, um so schneller kann das Schiff segeln. Seine Höchstgeschwindigkeit heißt **Rumpfgeschwindigkeit.** Sie ist erreicht, wenn die Heckwelle sich am Heck bildet.
Während der Verdränger sein „Wellenbett" nicht verlassen kann und immer in seine Bug- und Heckwellen eingebettet bleibt, hebt sich der **Gleiter** mit seinem breiten, flachen Rumpf aus dem Wasser und gleitet über das Wasser. Im Gleitzustand verdrängt das Boot weniger,

Abb. 147: *Jollen – hier Finn Dinghies – erreichen in Gleitfahrt höhere Geschwindigkeiten als Yachten.*

Rumpf

als es wiegt. Wenn das gleitende Boot Fahrt verliert, sackt es zurück ins Wasser und geht wieder in Verdrängerfahrt über.

Länge läuft.
Breite gleitet.

Formstabilität, Gewichtsstabilität

Stabilität hat nichts mit Haltbarkeit zu tun. Unter **Stabilität** versteht man die konstruktionsbedingte Fähigkeit eines Schiffes, der **Krängung** (seitliches Überneigen) entgegenzuwirken. Stabilität kann durch zwei Möglichkeiten erreicht werden: durch die Form des Rumpfes und durch das Kielgewicht. Der breite, flache Rumpf einer **Jolle** besitzt **Formstabiltät**; ähnlich wie ein Floß kippt er nur schwer um. Schmale, tiefgehende Yachten dagegen halten sich nach dem Stehauf-Männchen-Prinzip aufrecht. Das tief hängende Kielgewicht einer **Yacht** bewirkt **Gewichtsstabilität.** Moderne Regattayachten bauen auf beides, Form und Gewicht. Ihr Rumpf ist breit und flach wie der einer Jolle, und zusätzlich haben sie einen Kiel mit Gewicht. Damit sind sie seetüchtig und können sogar kurzzeitig Gleitfahrt erreichen.

Abb. 148: *Der Vorschoter hängt im Trapez und verbessert die Stabilität.*

Abb. 150: *J 24, ein Kielschiff in kurzzeitiger Gleitfahrt.*

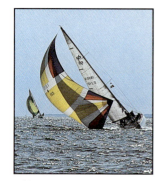

Abb. 149: *Kippt garantiert nicht – Steh-auf-Mänchen-Prinzip bei Kielyachten.*

Lateralplan

Die seitliche Ansicht (lateral = seitlich) des **Unterwasserschiffes** (= unter Wasser befindlicher Rumpfteil) heißt **Lateralplan.** Mit einem Blick auf den Lateralplan bekommt man bereits einen ersten Eindruck der Segeleigenschaften einer Yacht. Der **Langkieler** ist das robuste, etwas behäbige, gut

Abb. 151: *Robust, behäbig und seetüchtig, der Langkieler.*

Rumpf

Abb. 152: *Dehler 36, ein Kurzkieler mit Flügelkiel.*

Abb. 153: *Najad 343, ein gemäßigter Kurzkieler.*

geradeaus laufende Schiff. Es verträgt eine leichte Grundberührung am ehesten und verfügt innen über tiefliegende, kühle Stauräume. Besonders sicher ist das Ruder aufgehängt.

Der **Kurzkieler** verursacht nur geringen Wasserwiderstand und läuft deutlich schneller an. Sein frei hängendes Ruder reagiert lebendig und erlaubt ein rasches Drehen. Es kann sich jedoch auch als Achillesferse erweisen.

Dazwischen gibt es vielfältige Mischformen, **gemäßigte Kurzkieler** genannt. Sie werden zumeist für Fahrtenyachten gewählt.

Spantenriß

Als **Spanten** werden die „Querrippen" eines Schiffes bezeichnet; das Spant an der breitesten Stelle heißt **Hauptspant.**
Während der Lateralplan die seitliche Ansicht des Schiffes widergibt, zeigt der **Spantenriß** den Rumpf von vorn und hinten. Die rechte Hälfte des Spantenrisses zeigt die Spantenformen vom Bug bis zum Hauptspant, die linke Hälfte die vom Heck bis zum Hauptspant (s. Abbildung 154).
Bildet der Querschnitt im Vorschiff ein spitzes, tiefes „V", so wird die Yacht etwas sanfter in harten

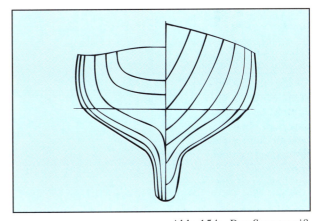

Abb. 154: *Der Spantenriß zeigt den Rumpf von vorn und von achtern.*

Wellengang eintauchen. Ein flaches, auf reduzierte Benetzung der Oberfläche ausgelegtes Vorschiff kann hart auf die Wellen schlagen, wenn man nicht im Bugbereich jedes zusätzli-

Rumpf

Abb. 155: *Ein flaches Vorschiff setzt hart in die Welle ein.*

Abb. 156: *Auf allen Kursen sehr schnell: Maxiyacht.*

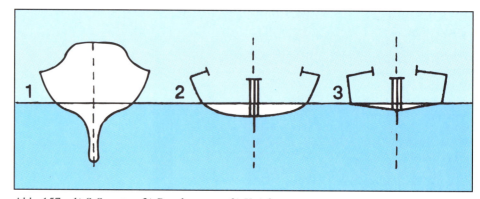

Abb. 157: *1) S-Spanter, 2) Rundspanter, 3) Knickspanter.*

che Gewicht vermeidet. Ein breites, flach geschnittenes Heck verspricht gute Geschwindigkeit auf Raumschotkursen (Wind schräg von hinten); am Wind (Wind spitz von vorne) sind schlankere Yachten überlegen.

Je nach der Form der Spanten unterscheidet man **Rundspanter, S-Spanter** und **Knickspanter** (s. Abbildung 157).

Der Langkieler ist immer ein S-Spanter, der Kurzkieler immer ein Rundspanter. Rümpfe aus Aluminium oder Stahl können als Knickspanter billiger gebaut werden. Jollen werden als Rund- und als Knickspanter angeboten.

Scheuerleiste

Die **Scheuerleiste** ist eine kräftige, seitlich um die Bordwände verlaufende Leiste aus dem Rumpfmaterial (s. Abbildungen 151 und 153). Durch eine Metalleinlage wird sie besonders robust. Sie entspricht der Stoßstange beim Auto. Die Scheuerleiste bewahrt den Rumpf vor Schrammen, wenn ein Hafenmanöver nicht geklappt hat. Insbesondere Charteryachten, bei denen leichte Beschädigungen der Außenhaut mit der Kaution verrechnet werden können, sollten immer mit einer soliden Scheuerleiste ausgestattet sein.

Rigg

Wenn Bootsverkäufer eine Yacht mit ihren angeblich „schnellen Rumpflinien" anpreisen, lassen sie oft unerwähnt, daß der Rumpf „nur bremst", der Antrieb hingegen durch Segel und Rigg entsteht. Schnelle Rumpflinien sind mit einem guten Cw-Wert eines Autos vergleichbar. Um eine hohe Geschwindigkeit zu erzielen, nützt ein guter Cw-Wert wenig, wenn der Motor zu schwach ist. Das Rigg ist für gute Segeleigenschaften nicht weniger wichtig als der Rumpf. Die in die Luft ragenden Teile einer Segelyacht heißen **Rigg** oder **Takelage.** Das Rigg wird in drei Bereiche gegliedert:

1. Mast und Spieren
2. Stehendes Gut
3. Laufendes Gut.

Zentrum des Riggs ist der Mast. Auf dem **Masttopp** (Mastspitze) ist der Windrichtungsanzeiger angebracht – in einfacher Ausführung als Fähnchen (**Verklicker** oder **Stander/** Clubwimpel) oder mit Fernanzeige im Cockpit. Auf dem Masttopp können sich weiterhin eine Antenne für UKW-Sprechfunk und eine Positionslaterne (3-Farbenlaterne, siehe „Schiffe auf See") befinden. Als **Spieren** bezeichnet man die **Bäume** (Großbaum, Besanbaum, Spinnakerbaum, gelegentlich auch Fockbaum), sie

verlaufen horizontal. Der Mast ist **verstagt** – nach vorne und nach achtern durch das **Vorstag** und das **Achterstag** sowie seitlich durch die **Wanten.** Schnelle Schiffe haben ein strömungsgünstiges Profilvorstag, in das die Fock eingeführt wird. Es bietet zudem den Vorteil, das Vorsegel um das Vorstag drehen und es damit leicht bergen oder **reffen** (verkleinern) zu können. Man spricht dann von einer **Rollfock.**

Abb. 158: *Rollfock.*

Ist das Achterstag verstellbar, so kann damit die Mastkrümmung eingestellt werden (Mast nach achtern biegen, wenn der Wind von vorne kommt). Seitlich wird der Mast durch **Wanten** stabilisiert. Die **Salinge** spreizen die Wanten vom Mast ab und verbessern dadurch deren

Wirkung. Stage, Wanten und Salinge bilden das **stehende Gut.**

Das **laufende Gut** dient zur Bedienung der Segel. Mit den **Schoten** (die Großschot, die Fockschoten, die Spinnakerschot) werden die Segel eingestellt; mit den **Fallen** (das Großfall, das Fockfall, das Spinnakerfall) werden sie gesetzt. Die **Dirk** führt vom Masttopp (Mastspit-

ze) zur **Baumnock** (Ende des Baums) und hält den Baum waagerecht, wenn das Großsegel geborgen ist (s. Abbildung 160). Yachten werden auch nach ihrer Takelungsart unterschieden.

Die **Slup** hat nur einen Mast; das ist die übliche Takelungsart mit einem **Großsegel** (auch **Groß** genannt) und einer **Fock.** Große Segel sind unhand-

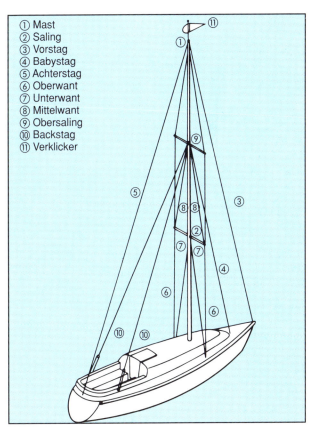

① Mast
② Saling
③ Vorstag
④ Babystag
⑤ Achterstag
⑥ Oberwant
⑦ Unterwant
⑧ Mittelwant
⑨ Obersaling
⑩ Backstag
⑪ Verklicker

Abb. 159: *Stehendes Gut.*

Rigg

lich und erfordern viel Kraft. Man kann daher statt einer großen Fock auch zwei kleine Focks fahren. Einmastige Schiffe mit zwei Vorsegeln heißen **kuttergetakelt** oder kurz **Kutter.** Das vordere Vorsegel heißt **Klüver,** dahinter ist die Fock gesetzt. Auch das Großsegel kann geteilt werden. Dann braucht man aber zwei Masten. Der größte Mast heißt immer **Großmast.** Davor oder dahinter kann ein zweiter Mast vorhanden sein. Schiffe mit zwei Masten heißen **Ketsch,** wenn hinten ein kleinerer Mast (**Besan**) steht. **Schoner** haben vorne den kleinen Mast (**Vormast**) oder zwei gleichgroße Masten (Vormast und Großmast).

Eine Ketsch unter 12 m Länge oder ein Schoner

Abb. 161: *Slup mit „Genua" – so heißt die große Fock. Sie bringt bereits bei wenig Wind gute Fahrt; diese Segelfläche verlangt aber eine große Crew.*

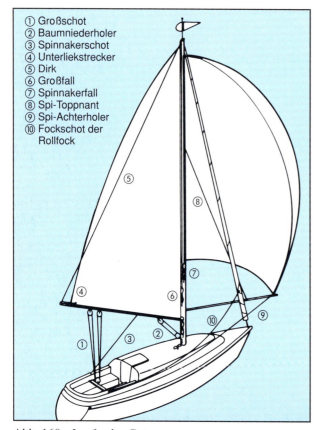

① Großschot
② Baumniederholer
③ Spinnakerschot
④ Unterliekstrecker
⑤ Dirk
⑥ Großfall
⑦ Spinnakerfall
⑧ Spi-Toppnant
⑨ Spi-Achterholer
⑩ Fockschot der Rollfock

Abb. 160: *Laufendes Gut.*

Abb. 162: *Eine Ketsch mit Fock und Klüver, vorn der Großmast, dahinter der Besan.*

Rigg

unter 15 m Länge wirken häufig plump.

Reicht die Fock bis zum Masttopp (Mastspitze), so spricht man von **Topptakelung,** andernfalls von einer **7/8-Takelung.**

7/8-getakelte Yachten sehen eleganter aus und sind mit weniger Kraftaufwand zu segeln, weil hier die viel Kraft erfordernde Fock deutlich kleiner ist als das mit einer **Talje** (Flaschenzug) gefahrene Großsegel.

Besonders bedienerfreundlich sind **Selbstwendefocks.**

Bei toppgetakelten Yachten ist oft das Vorsegel größer als das Groß. Das erfordert zum Wenden mindestens zwei starke Männer an der Fockschot.

Abb. 163: *CB 370, eine schnelle Yacht aus Schweden. Die Selbstwendefock ist leicht zu bedienen.*

Abb. 164: *Schoner (achterer Mast höher) sind für manche der Inbegriff eines schönen Schiffes.*

An Deck

Das Deck deckt den Rumpf ab. Es wird in **Vordeck, Achterdeck, Seitendecks** und **Kajütdeck** eingeteilt. Der Decksbelag muß auch bei Nässe rutschfest sein. Ideal ist ein **Teakdeck.**

Schutz gegen das Überbordfallen bietet die **Seereling.** Durch kräftige Relingsstützen werden zwei **Relingsdrähte** geführt. Die untere Begrenzung der Reling bildet eine gelochte Winkelleiste aus Aluminium, die **Fußreling.** Eine als Windschutz an der Reling befestigte Plane heißt **Relingskleid.** Im Bugbereich oder falls Kleinkinder an Bord sind, kann ein **Relingsnetz** gespannt sein. Die Reling geht am Bug in den **Bugkorb** und am Heck in den **Heckkorb** über. Beide sind bei schönem Wetter begehrte Plätze; es ist sehr entspannend, vom Bugkorb aus zu beobachten, wie der Rumpf die Wellen teilt oder im Heckkorb in der Sonne zu sitzen und sich das Boot, die Segel, die Wellen und das Kielwasser anzuschauen. Der Bugkorb wird benötigt, wenn auf See die Fock gewechselt werden muß. Dann bietet er sicheren Halt. Am Bugkorb ist meist eine 2-Farben-Positionslaterne (siehe „Schiffe auf See") angebracht. Auf dem Achterdeck oder bei einer Ketsch auf dem Besan steht der **Flaggenstock** mit der **Nationalen** (siehe „Schiffe auf See: Flaggenbrauch").

Abb. 166: *Begehrte Plätze bei gutem Wetter.*

Abb. 165: *Schön und praktisch, das Teakdeck. Das Relingsnetz weist auf kleine Kinder an Bord hin.*

Abb. 167: *Sehr entspannend ist es, vom Heckkorb aus das Spiel der Wellen zu beobachten.*

An Deck

Abb. 168: *Ankerkasten auf einer Aphrodite 33.*

Oft hängt am Bugbeschlag ein Anker, ein Patentanker, meistens ein **CQR-Anker,** auch **Pflugscharanker** genannt. Dahinter befindet sich eine Klappe zum Ankerkasten, in dem die **Ankerkette** oder die Ankerleine mit Kettenvorlauf liegt. Gut, wenn im Ankerkasten eine **Ankerwinde** vorhanden ist. Hier stört sie nicht und ist vor der Witterung geschützt. Diverse **Luken** geben den darunterliegenden Kajüten Licht und Luft. Sie dürfen nicht zugestellt werden, da sie im Brandfall Fluchtwege sein können. Geschwungene **Deckslüfter** ragen als breite Kunststoffrohre, welche die Kajüten auch bei geschlossenen Luken mit Frischluft versorgen, aus dem Deck hervor.

Der Mast kann auf dem Deck stehen oder durch das Deck hindurchgeführt werden und auf dem **Kielschwein** (Längsträger über dem Kiel) stehen. An ihm sind **Fallwinschen** zum Setzen der Segel und

Klampen zum Belegen verschiedener Leinen angebracht (s. Abbildung 169). Am Mast oder am Baum befinden sich weiterhin Leinen zum Trimmen des Großsegels (**Vorliek-** und **Unterliekstrecker**). Bei stärkerem Wind oder auf Amwindkursen (Wind spitz von vorne) soll das Großsegel flach getrimmt werden. Wichtig ist, die vorhandene Reffmöglichkeit zu kennen. **Reffen** heißt Verkleinern des Segels; auf See kann es notwendig werden, wenn der Wind zunimmt. Zwei grundsätzliche Reffmöglichkeiten stehen zu Verfügung: das **Rollreff** und das **Bindereff.** Beide gibt es in verschiedenen Ausführungen. Das Rollreff erlaubt, das Segel um den Baum oder

in den Mast zu rollen. Dabei verliert das Segel seine Form. Besser ist in dieser Beziehung ein Bindereff. Um nicht in schwerer See am Mast arbeiten zu müssen, werden Fallen und Strecker häufig durch Umlenkrollen über das Kajütdeck in das Cockpit geführt. Dies erhöht den Komfort und die Sicherheit. Die diversen Fallen und Stecker sollten beschriftet sein.

An Deck einer Segelyacht kann sich also eine Fülle von Leinen befinden. Wer deren genaue Namen nicht kennt, liegt mit dem Wort „Leine" nie falsch. Taue, Stricke, Schnüre oder Bindfäden gibt es an Bord nicht. Manche Segler sprechen ironisch von „Strippen", wenn das Leinengewirr unüberschaubar wird.

Abb. 169: *Fallwinschen am Mast. Über sie laufen die Fallen zum Setzen der Segel.*

Abb. 170: *Großsegel und Fock sind gerefft (Rollreff).*

Im Cockpit

Abb. 171: *Auf dieser CB 370 mit Pinnensteuerung werden die Fallen in das Cokpit geführt.*

Abb. 172: *Aphrodite 36: Die Radsteuerung beherrscht das Cockpit. Ideal für Fahrtensegler ist die feste Scheibe, an der die Sprayhood befestigt ist. Seitlich auf den Süllls je eine Winsch zum Bedienen der Fock, darunter je zwei Schwalbennester. Am unteren Bildrand der Traveller zum Verstellen des Holepunktes der Großschot. Der Teakbelag vereint hohe Rutschfestigkeit, leichte Pflege und Schönheit.*

Der Aufenthaltsbereich während des Segelns ist das **Cockpit** oder die **Plicht.** Vor Spritzwasser wird das Cockpit durch die **Sprayhood** oder **Spritzpersenning** – am besten in Kombination mit einer festen Scheibe – geschützt. Die Mannschaft sitzt auf den **Backskisten,** in denen Segel, Fender, Festmacher und anderes gestaut werden können.

Das Cockpit wird bei **Radsteuerung** vom **Steuerstand,** dem Platz, wo der **Rudergänger** arbeitet, beherrscht. Das **Rad** ist an der **Steuersäule** angebracht. Auf der Steuersäule befindet sich der **Steuerkompaß** sowie eventuell ein GPS-Navigator (siehe „Moderne Navigationsgeräte") für den Notfall „Mann-über Bord". Auf großen Yachten erlaubt ein bogenförmig geschwungener Sitz dem Rudergänger, auch bei **Krängung** (Schräglage) noch bequem zu sitzen. Radsteuerung ist im allgemeinen nur auf großen Yachten anzutreffen, weil das Rad viel Platz wegnimmt. Die meisten Yachten werden mit einer **Pinne,** einem Rohr, das zum Ruderkopf führt, gesteuert. Sie erlaubt feinfühliges Steuern. Wenn die Pinne einen Ausleger hat, kann man beim Steuern auf dem Seitendeck sitzen. Das

Abb. 173: *Pinnensteuerung auf einer Jolle.*

macht viel Spaß und verbessert den Überblick. „Der Mann am Rohr geht allen vor", hieß es früher auf Yachten, wenn dem Rudergänger, der bei Regen und Sturm Wache ging, die erste Muck Kaffee zustand. Auf alten Rahseglern wurde in dieser Blechtasse die Rumration verabreicht, nachdem eine Halse gut abgeschlossen war. „Besanschot an", das letzte Kommando nach der Halse, hieß gleichzeitig: Antreten zum Rumempfang.

Die Zeiten ändern sich. Viele Yachten verfügen heute über einen **Autopiloten** (Selbststeueranlage; siehe „Moderne Navigationsgeräte", Seite 65). Der Autopilot braucht Strom.

Im Cockpit

Abb. 174: *H-Boot am Wind auf der Ostsee vor Schleimünde. Die Mannschaft sitzt nicht im Cockpit, sondern auf dem Seitendeck. So zu segeln, macht besonders Spaß.*

Abb. 175: *Starkwindsegeln auf der „Schlüssel von Bremen". Der Mann ist durch einen Lifebelt gesichert. Im Vordergrund zwei Winschen, die untere ist selbstholend.*

Rum oder Kaffee in der Muck akzeptiert er nicht. Neben dem Kompaß befindet sich oftmals eine Reihe weiterer Instrumente im Cockpit, ironisch dann als Opferaltar der Technik bezeichnet. Dies können sein: Windmesser, Windrichtungsanzeiger, Geschwindigkeitsmesser, Tiefenmesser (Echolot), Radar, GPS-Navigator, Ruderstandanzeiger, Kartenplotter (siehe „Moderne Navigationsgeräte") und Motoreninstrumente.

Das Cockpit ist von einer Reihe von **Winschen** umgeben, die zur Bedienung der Schoten (Fockschot, Spinnakerschot) benötigt werden. Oben in die Winsch wird eine **Winschkurbel** gesteckt, durch deren Drehung die Schot dichtgeholt wird. Gleichzeitig zieht ein zweiter Mann an der Schot. Bei selbstholenden Winschen ist der zweite Mann nicht unbedingt erforderlich. Die Winschkurbeln verbleiben nicht auf der Winsch, weil sie leicht über Bord gehen können. Sie werden in einen Köcher gesteckt. Die **Großschot** (Leine zur Bedienung des Großsegels) wird über eine **Talje** (Flaschenzug) gefahren. Die Talje verbindet den **Großbaum** (Querstange zum Mast) mit dem **Traveller,** einer Schiene für zusätzliche Verstellmöglichkeiten.

Eine zweite Talje am Großbaum ist der **Baumniederholer** in Mastnähe. Mit ganz dichtgeholtem Baumniederholer bekommt das Segel über seine ganze Länge eine einheitliche Form zum Wind. Das Boot wird so erheblich schneller, wenn der Wind von der Seite (Halbwindkurs) oder von hinten (raumer Wind, vor dem Wind) kommt (s. Abbildung 204).

Abb. 176: *Drachen, eine unsterbliche Klasse von zeitloser Schönheit, haben nur eine Kajütkappe.*

Unter Deck

Unter Deck gelangt man auf manchen Schiffen erst über eine breite, hohe Stufe, das **Brückendeck.** Es soll auf seetüchtigen Schiffen verhindern, daß eine in das Cockpit eingestiegene See in die Kajüte läuft. Gleichzeitig gibt das Brückendeck dem Rumpf Steifigkeit.

Über eine steile Treppe (**Niedergang**) geht man rückwärts unter Deck. Hinter dem Niedergang liegt üblicherweise die Einbaumaschine. In der Mitte des **Salons** steht meist ein großer klappbarer Tisch, **Back** genannt, der von zwei gegenüberliegenden **Sofakojen** umgeben ist. Bei doppelstöckigen Kojen heißt die obere Koje **Lotsenkoje.** Die **Hundekoje** liegt neben dem Niedergang und ragt unter das Cockpit. Mit den Füssen zuerst kriecht der Navigator, der sie meist benutzt, hinein. Nur das Kopfende liegt frei und wird gleichzeitig als Sitzplatz für den Kartentisch benutzt (s. Abbildung 179). Auf Schiffen mit Achterkajüte gibt es meist keine Hundekoje. Traditionell an Steuerbord (s. auch Seite 20) befindet sich die **Navigationsecke** mit dem **Kartentisch,** an Backbord dagegen die **Kombüse** oder **Pantry** (Kochecke) mit dem kardanisch aufgehängten

Abb. 177: *Brückendeck mit Traveller vor dem Niedergang.*

Abb. 178: *Kajüte der CB 370 – zwischen den Sofakojen die Back, über ihnen Schapps. Nach achtern an Backbord die Pantry, an Steuerbord der Kartentisch. Zwei weitere Kojen im Vorschiff.*

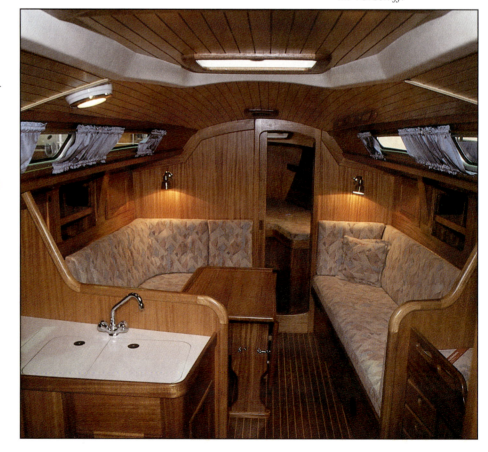

Unter Deck

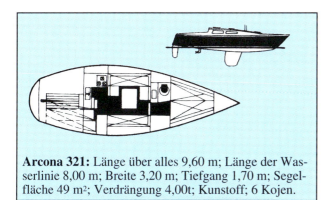

Arcona 321: Länge über alles 9,60 m; Länge der Wasserlinie 8,00 m; Breite 3,20 m; Tiefgang 1,70 m; Segelfläche 49 m²; Verdrängung 4,00t; Kunstoff; 6 Kojen.

Abb. 179: *Kajüte klassisch, Rumpf modern.*

Kocher sowie der **WC-Raum** mit Waschgelegenheit.
Wichtig unter Deck sind solide Handläufe, Stützen und Griffe, um sich bei Seegang festzuhalten.
Im **Vorschiff (Vorderkajüte)** liegen meist zwei weitere Kojen, die eine große dreieckige Liegefläche bilden. An der Bordwand angebrachte, schmale Staukästen heißen **Schwalbennester.** Schränke oder kleinere Fächer mit Klappen nennt man **Schapps.** Größere Yachten verfügen zudem noch über eine oder zwei **Achterkajüten** sowie einen weiteren WC-Raum.

Abb. 180/181: *Navigatorplatz und Pantry (Apollo 12).*

Abb. 182: *Blick in das Vorschiff der Hutting.*

Verschiedene Yachttypen

Die Auswahl eines Schiffes ist so persönlich wie die der Kleidung. Entsprechend viele Möglichkeiten gibt es.

Wem das Segeln besonders wichtig ist, der sollte seine Yacht nicht nach den Wohnmöglichkeiten auswählen, sondern das Schiff probesegeln. Es ist nicht sehr clever, die Bezugsstoffe persönlich auszusuchen, aber die Wahl des Segelmachers der Werft zu überlassen.

Wer vielleicht auch an Fahrtenseglerregatten teilnehmen möchte, braucht ein anderes Schiff als ein Eigner, der lange Strecken über offene See zurücklegen möchte. Wer vor allem gute Bauqualität verlangt, sollte auf einem Zertifikat einer Klassifikationsgesellschaft (**Germanischer Lloyd, Lloyd´s Register of Shipping, Norske Veritas** u. a., s. auch Seite 166) bestehen.

Selten ist das erste Schiff genau das richtige. Wer zunächst chartert, sammelt wertvolle eigene Erfahrungen. In vielen **Marinas** (Yachthäfen) bieten sich auch Gesprächsmöglichkeiten mit Eignern, die ein Schiff von dem Typ segeln, das man selbst gerne hätte. Solche Gespräche sind besonders sinnvoll, wenn man eine gebrauchte Yacht kaufen möchte.

Abb. 183: *Malö 96.*

Abb. 184: *Nauticat 521.*

Abb. 185: *Oldtimer.*

Abb. 186: *30er Schärenkreuzer.*

Abb. 187: *Dehler 35 CWS.*

Abb. 188: *Älteres Fahrtenboot.*

Abb. 189: *Abnehmbarer Cockpittisch.*

Verschiedene Yachttypen

Abb. 190: *Aphrodite.*

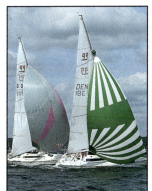

Abb. 191: *X-99.*

Abb. 192: *Mön 830.*

Abb. 193: *Folkeboot.*

Abb. 194: *Baltic.*

Abb. 195: *Comfortina 38.*

Abb. 196: *Halberg Rassy 34.*

Abb. 197: *Regattaschiff.*

Abb. 198: *Luffe 37.*

Abb. 199: *Swan 44.*

Kurs halten

Segeln ist eine Sehnsucht vieler Menschen. Schon einige haben sie verwirklicht und den Segelsport als ihr Hobby entdeckt. Sie verbringen regelmäßig einen erholsamen Kurzurlaub auf dem Wasser. Segeln ist keine Kunst. Wer auf einer stabilen Fahrtenyacht, die sich unter dem Druck des Windes ein wenig auf die Seite legen, aber niemals kentern kann, seine ersten Erfahrungen sammelt, hat sich ein gutmütiges Schiff ausgesucht, das die meisten Segelfehler verzeiht. Und Spaß macht Segeln allemal.

Wer segeln lernen will, muß – auch wenn es etwas komisch klingt – zunächst lernen, geradeaus zu fahren, der Segler sagt, **Kurs** zu **halten.** Das ist auf See, wo man keine Landmarken ansteuern kann, gar nicht einfach. Das **Kielwasser** achteraus zeigt alle Schlenker an. Es kann einige Zeit dauern, bis man auf hoher See ein Kielwasser wie mit dem Lineal gezogen hinbekommt.

Abb. 200: *Hafentage können genauso erholsam sein wie Segeln auf See.*

Abb. 201: *Das schafft nur ein erstklassiger Steuermann: ein wie mit dem Lineal gezogenes Kielwasser. Das Foto wurde beim Whitbread Rennen um die Welt 1989 / 90 aufgenommen.*

Luv und Lee

Abb. 202: *„Pinta" am Wind. Die Mannschaft sitzt in Luv, die Segel stehen in Lee.*

Unter **Luv** versteht man allgemein die gegen den Wind gerichtete Richtung. Auf Segelbooten nennt man die dem Wind zugewandte Schiffsseite, die Luvseite, kurz Luv. **Lee** ist dort die windabgewandte Schiffsseite.

Auf Segelyachten richtet man sich immer nach dem Großsegel. Die Seite, auf der das Großsegel steht, heißt Lee, die gegenüberliegende Seite ist Luv. Das gilt auch, wenn der Wind genau von achtern kommt. Strenggenommen

gibt es dann keine dem Wind zugewandte Schiffsseite, weil dann das Heck im Wind liegt. Hier wird festgelegt: **Lee** ist die Seite, auf der der Großbaum steht.

Nur wenn eine Yacht genau gegen den Wind läuft (um zu bremsen), gibt es kein Luv und kein Lee. Wer sich in der Theorie Luv und Lee partout nicht merken kann, wird trotzdem keine Schwierigkeiten in der Praxis haben. Wenn ein Seekranker sich übergeben muß: ein einziges

Mal nach Luv, und jeder hat es begriffen.

Auch die Drehrichtung einer Segelyacht bezieht sich auf Luv und Lee. Dreht sie nach Luv, so **luvt** die Yacht **an**; eine Drehung nach Lee heißt dagegen **abfallen** (s. Abbildung 202).

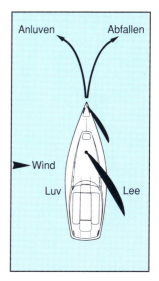

Abb. 203: *Jede Drehung einer Segelyacht ist Anluven oder Abfallen. Andere Begriffe werden nicht verwendet.*

Die richtige Segelstellung

Die Leinen, mit denen die Segel bedient werden, heißen **Schoten** – das Großsegel mit der **Großschot** und die Fock mit der **Fockschot.** Segler **holen** die Schoten **dicht** oder **geben** ihnen **Lose** – man kann auch **fieren** für Lose geben sagen.

Die richtige Segelstellung zu finden, ist ganz einfach: Jede Schot wird soweit gefiert, bis das Segel **killt** (flattert). Dann nimmt man die Schot wieder gerade so dicht, daß das Segel nicht mehr killt. Diese Regel gilt für alle Segel, selbst für Spinnaker (bei denen die Schot hinter dem Großsegel verläuft).

Die richtige Segelstellung: Jede Schot soweit fieren, bis das Segel killt (flattert). Dann die Schot wieder gerade soweit dicht nehmen, daß das Segel nicht mehr killt.

Viele Fahrtensegler verstoßen gegen diese Grundregel. Sie glauben, daß viel Druck auf dem Segel auch zu hoher Fahrt führt und nehmen ihre Segel zu dicht. Zu dicht geholte Schoten führen jedoch nur zu **Krängung** (Neigung), aber nicht zu mehr Fahrt. Ohne die Theorie aus der Mottenkiste zu holen – beim Segeln gibt es zwei Antriebsarten: **Antrieb durch Windwiderstand** und Antrieb durch Auftrieb. Dem Wind nur Widerstand zu bieten, ist nicht sehr intelligent. Wenn der Wind von achtern kommt, können die Segel nur quer zum Wind gestellt werden. Sie bieten ihm Widerstand; der Wind nimmt das Boot mit. Dazu gehört nicht viel, so „segelt" jeder Holzschuh. Schiffe laufen mit achterlichem Wind stets langsamer als der Wind. Katamarane, Surfer und Eissegler hassen diesen Kurs. Selbst wenn sie Um-

Abb: 205: Wenn der Wind von achtern kommt, ist es an Bord immer relativ ruhig.

Abb. 204: *Großschot lose, Baumniederholer dicht.*

Abb. 206: *Segeltrimmer auf der „Becks Diva".*

Die richtige Segelstellung

wege segeln, sind sie noch eher am Ziel.

Antrieb durch Auftrieb dagegen bedeutet, den Wind nur umzulenken, anstatt ihn einzufangen. Vögel können fliegen, weil ihre Flügel den vorbeistreichenden Fahrtwind umlenken. Das verleiht ihren Flügeln Auftrieb. Die Form der Segel ist den Vogelflügeln abgeschaut. Sobald ein Segel den Wind nur umlenkt, wird das Schiff schnell. Leichte Jollen, Katamarane, Strand- oder Eissegler können dann sogar schneller als der Wind werden. So zu segeln ist großartig.

Um der Großschot möglichst viel Lose geben zu können, kann man den Baumniederholer zu Hilfe

nehmen. Der **Baumniederholer** vorne in Mastnähe sollte immer möglichst dichtgeholt sein. Nur bei stärkerem Wind gibt man ihm etwas Lose, um das Material nicht zu sehr zu belasten.

Der dichtgeholte Baumniederholer gewährleistet eine einheitliche Segelform über die ganze Masthöhe. Mit dicht gesetztem Baumniederholer verwindet sich das Segel nicht. Je dichter der Baumniederholer, um so loser kann die Großschot gegeben werden, und um so schneller wird die Yacht (s. Abbildung 204). Diese Wirkung unterstützt ein nach Lee geschobener Traveller.

Das Großsegel kann durch **Vorliek-** und **Unterliek-**

Abb. 208: *Die Mastkrümmung ist beabsichtigt. Sie öffnet das Achterliek des Großsegels. Das Schiff wird am Wind schneller.*

der Stage und Wanten. Sie kontrollieren den **Trimm** durch schwarze Wollbändsel, die auf die Segel geklebt werden, um die Strömung anzuzeigen.

Um der Fock möglichst viel Lose geben zu können, kann der Holepunkt der Fockschot verstellt werden. Die Fockschot wird über eine Umlenkrolle in das Cockpit geführt. Diese Umlenkrolle ist auf einer Schiene angebracht und kann nach vorne oder achtern verschoben werden (s. Abb. 206). Sie hat die richtige Position, wenn die Fockschot weit gefiert werden kann. Auf Amwindkursen (Wind spitz von vorn) ist der ideale Holepunkt weiter hinten als auf Raumwindkursen (Wind schräg von hinten). Diese Einstellmöglichkeiten kann nutzen, wer Spaß daran hat, sein Schiff zu optimieren. Wem das zu aufwendig ist, der „zieht die Plünden hoch", fährt los und hat genauso viel Freude. Jedem das Seine.

strecker bauchiger oder flacher **getrimmt** werden. Man trimmt es wie die Landeklappen am Flugzeug. Sie werden bei der Landung – also bei geringer Geschwindigkeit – ausgefahren, um dem Flügel ein rundes Profil zu geben. Das bringt dann mehr Auftrieb. Genauso wird ein Segel getrimmt: bauchig bei wenig, flach bei viel Wind; bauchig, wenn der Wind schräg von hinten (raumer Wind) kommt – und damit etwas schwächer weht –, flach, wenn er von vorne kommt (Amwindkurs).

Regattasegler trimmen ihre Segel zusätzlich über die Mastkrümmung mit Hilfe

Abb. 207: *Traveller am unteren Bildrand auf einer Najad 360.*

Kurse

Abb. 209: *Hart am Wind. Bei frischem Wind bietet die Sprayhood Schutz vor Spritzwasser.*

Abb. 210: *Höchstgeschwindigkeit auf Halbwindkurs. Die Segel sind optimal getrimmt.*

Abb. 211: *Raumschots mit Spinnaker.*

Kommt der Wind spitz von vorne, so segelt das Boot **am Wind** oder auf **Amwindkurs.** Läuft eine Yacht so spitz gegen den Wind wie möglich, so segelt sie **hart am Wind** oder **hoch am Wind.** Die Betonung liegt dabei auf „läuft". Wenn sie mit dicht geknallten Segeln keine oder kaum Fahrt mehr macht, so **steht sie im Wind.** Das passiert Anfängern oder Übereifrigen gelegentlich. Wichtig ist daher, auf Amwindkursen stets das **Speedometer** (Geschwindigkeitsmesser) und den Verklicker im Auge zu behalten.
Wer hingegen nur das Speedometer, aber nicht den Verklicker beobachtet, wird abfallen und bald nicht mehr hoch am Wind segeln. Amwindsegeln erfordert konzentriertes Rudergehen.
Bei Sonnenschein und leichtem bis mäßigem Wind macht Amwindsegeln am meisten Spaß. Die Yacht krängt ein wenig und rauscht mit ordentlicher Fahrt durch das Wasser. Wer jetzt „auf der hohen Kante" sitzt, den Verklicker beobachtet und den Bug durch die Wellen steuert, ist glücklich.
Segelt eine Yacht, so daß der Wind genau seitlich – der Seemann sagt **dwars** oder **querab** – einfällt, so spricht man von **halbem Wind** oder **Halbwindkurs.** Der Wind hat natürlich seine Stärke nicht verändert.
Sobald es gegenan etwas rauher wird – also je nach Schiffsgröße bei mäßigem

Kurse

bis frischem Wind –, erreicht die Yacht auf Halbwindkurs ihre größte Fahrt.

Kommt der Wind schräg von hinten, so heißt es, die Yacht segelt **mit raumem**

Abb. 212: *Folkeboote beim Schmetterlingsegeln. Sie dürfen in Regatten keinen Spinnaker setzen.*

Wind oder auf **Raumschotkurs.** Bei starkem Wind ist es dann noch relativ gemütlich – man muß nicht gegen Wind und Wellen anlaufen. Die Yacht macht bei starkem

Abb. 213: *Das vordere Boot segelt auf Backbordbug, die beiden hinteren auf Steuerbordbug.*

Wind auf Raumschotkurs ihre größtmögliche Fahrt überhaupt, und es ist eine reine Lust, die Wellen hinunterzusurfen.

Weht der Wind genau von achtern, so nennt man ihn **achterlichen Wind;** die Yacht segelt nun auf **Vorwindkurs** oder **vor dem Wind.**

Auf Vorwindkurs ist die Fock hinter dem Großsegel wirkungslos, sie ist abgedeckt. Deshalb nimmt man sie auf die dem Großsegel gegenüberliegende Seite (nach Luv) und stabilisiert sie mit einem **Fockbaum.** Das nennt man **Schmetterlingsegeln.** Noch schneller geht es vor dem Wind mit **Spinnaker,** den man auch schon raumschots fahren kann.

Bei achterlichem Wind stehen die Segel quer zum Wind. Jetzt kann die Seite, auf der das Großsegel stehen soll, frei gewählt werden.

Das Herübernehmen des

Großsegels heißt **schiften,** wenn dabei keine Kursänderung erfolgt. Viele Segler schiften vor dem Wind auf Backbordbug, um entgegenkommenden Yachten auf Steuerbordbug nicht ausweichen zu müssen.

Auf Vorwindkursen sollte immer eine Bullentalje (s. Abbildung 216) angebracht sein. Denn obwohl der Vorwindkurs den ruhigsten Kurs darstellt, birgt er die größte Gefahr. Wer am Wind segelt, kommt durch Abfallen zunächst auf Halbwind-, dann auf Raumschot- und schließlich auf Vorwindkurs.

Vom Vorwindkurs aus anluvend durchläuft man die umgekehrte Reihenfolge (s. Abbildung 214).

Steht das Großsegel an Steuerbord, so sagt der Segler: Das Schiff segelt auf **Steuerbordbug.** Wenn das Großsegel an Backbord steht, so segelt das Schiff auf **Backbordbug** (s. Abbildung 215).

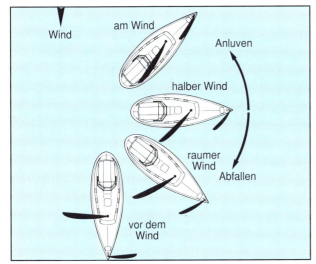

Abb. 214: *An Bord leicht zu lernen: anluven, abfallen und die Namen der Kurse.*

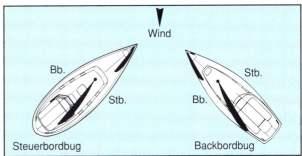

Abb. 215: *Die Seite, auf der das Großsegel steht, bestimmt den Bug.*

Patenthalse

Auf Vorwindkursen, wenn das Großsegel auf jeder Seite stehen kann, besteht immer die Gefahr, daß der Wind hinter das Großsegel packt und Großsegel und Großbaum vehement auf die andere Seite wirft. Dieses unfreiwillige Manöver heißt **Patenthalse.**

Dabei schleudert der Großbaum mit großer Wucht herum und gefährdet Besatzung und Schiff. Mitsegler, die von einem überkommenden Baum getroffen werden, können – mit schweren Schädelverletzungen – über Bord gehen.

Der Mast kann brechen. Das Schiff kann durch den Drall in eine Drehbewegung geraten und bei starkem Wind dadurch fast waagerecht auf das Wasser gedrückt werden. Es richtet sich zwar wieder auf, aber wer an Deck sich in der 90°-Lage nicht sehr gut festhält oder kurz angeleint ist, geht über Bord. Die Patenthalse stellt auf Segelyachten eine der gefährlichsten Situationen überhaupt dar. Ihre Ursache ist immer ein Steuerfehler. Der Steuermann hat das Schiff achtlos so weit gedreht, daß der Wind hinter das Großsegel fassen kann. Anfänger sollten daher keine Vorwindkurse steuern. Niemand sollte sich auf Vorwindkursen

unnötig im Schwenkbereich des Großbaums aufhalten.

In schwerer See muß bei achterlichem Wind der Großbaum durch eine **Bullentalje** gesichert werden. Dies ist eine von der Baumnock (Großbaumende) zum Vorschiff führende Leine, die als Flaschenzug (Talje) ausgelegt werden kann (s. Abbildung 216).

Eine Bullentalje bewahrt das Schiff vor einer Patenthalse mit den schweren Folgen. Aber trotz Bullentalje kann bei Steuerfehlern auf Vorwindkursen der Wind hinter das Großsegel fassen. Das Schiff kann dadurch in eine extreme Schräglage geraten und völlig unkontrolliert aus dem Ruder laufen.

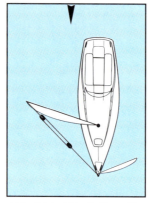

Abb. 216: *Die Bullentalje verhindert unfreiwillige Halsen mit dem gefährlichen Überkommen des Baumes.*

Abb. 217: *Vom Masttopp aus fotografiert: die „Schlüssel von Bremen" auf Vorwindkurs. Der Wind kommt genau von achtern, das aufgefierte Großsegel steht quer zum Wind, der am oberen Bildrand erkennbare Spinnaker bringt zusätzlichen Vortrieb. Der Spinnakerbaum führt vom Mast zum Spinnaker, er stabilisiert das riesige Segel und ermöglicht dessen optimalen Trimm. Oben ist das Want gut zu erkennen, das durch eine Obersaling vom Mast abgespreizt wird. Die Crew kann sich entspannen, das Schiff segelt ruhig und nimmt kein Wasser über.*

Halse

Eine Patenthalse ist für Yachten ganz und gar nicht patent – im Gegenteil: Der Baum darf keinesfalls unkontrolliert herumschlagen. Selbst wenn keine Person verletzt wird und kein Sachschaden entsteht, besteht immer noch die Gefahr, daß die Yacht dabei einen starken Drehimpuls erhält und aus dem Ruder läuft.

So wird eine **schulmäßige Halse** durchgeführt: Die Yacht segelt mit raumem Wind. Der Steuermann kündigt mit dem Kommando **„Klar zur Halse"** das Manöver an. Er fällt nun ab, beobachtet dabei sorgfältig den Verklicker, bis die Yacht vor dem Wind läuft. Ist die Crew groß genug, so nimmt der Großschotmann jetzt die Großschot dicht. Bei kleiner Crew muß das der Steuermann selbst machen. Ist der Großbaum dichtgeholt, so fällt der Steuermann mit dem Kommando **„Rund achtern"** weiter ab, bis der Wind hinter das Großsegel faßt. Jetzt schlägt der Baum – nur in einem kleinen Sektor von 30° – 40° – herum. In diesem Moment legt der Steuermann etwas Gegenruder, um das Schiff nicht in eine Drehbewegung geraten zu lassen. Gleichzeitig wird das Großsegel gefiert. Nun kann der Steuermann auf Raumschotkurs anluven,

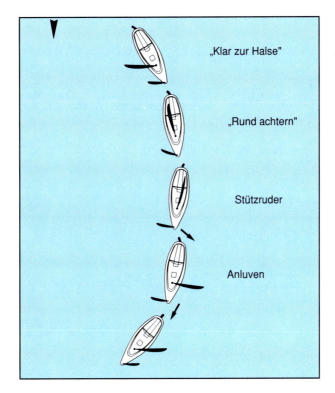

„Klar zur Halse"

„Rund achtern"

Stützruder

Anluven

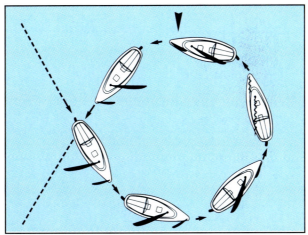

Abb. 219: *Bei frischem Wind ist eine Q-Wende ungefährlicher und einfacher als eine Halse.*

Abb. 218: *Halsen ist bei stärkerem Wind nicht einfach. Wichtig ist, Stützruder zu geben, damit die Yacht nicht in eine Kreisbewegung kommt und den Baum – falls möglich – vor der Halse dichtzuholen.*

und die Halse ist abgeschlossen (s. Abbildung 218).

Die Halse zählt zu den schwierigen Manövern. So schulmäßig wie beschrieben läuft sie nur bei mäßigem Wind ab. Bis zu welcher Windstärke überhaupt gehalst werden kann, wie dicht das Großsegel auf Vorwindkurs genommen werden muß und wieviel Gegenruder gegeben wird, hängt von der Schiffsgröße und der Windstärke ab. Probieren geht über studieren.

Fahrtensegler verzichten bei starkem Wind auf Halsen; sie machen eine **Q-Wende.** Anstatt von raumem Wind aus abzufallen und zu halsen, luven sie an, nehmen die Segel dicht, bis sie am Wind segeln. Jetzt wird gewendet und auf dem neuen Bug mit gefierten Schoten bis auf Raumschotkurs abgefallen. So kommt man gefahrloser zum Ziel. Bei der Q-Wende beschreibt das Schiff ein „q" (s. Abbildung 219).

Wende

Segelt eine Yacht hoch am Wind, so kann sie ihren Schwung nutzen, anluven und mit einer 90°-Drehung durch den Wind gehen. Dabei wechseln die Segel die Seite. Dieses Manöver heißt **Wende** (s. Abbildung 220).

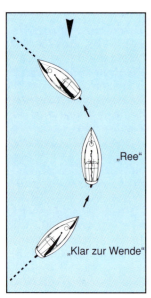

Abb. 220: *Die Wende ist schnell gelernt und auch bei stärkerem Wind gut zu fahren.*

Für einen Anfänger ist es nicht einfach, eine Drehung von annähernd 90° hinzukriegen. Die Yacht hat auf Amwindkurs gekrängt. Durch das Anluven läßt der Winddruck nach, die Yacht richtet sich auf. Die Segel fangen an, im Wind zu **killen** (flattern).

Die Fock muß auf die andere Seite gezogen und dichtgeholt werden. Schließlich greift der Wind wieder in die Segel, und dadurch krängt das Schiff zur anderen Seite. Die Mannschaft wechselt während der Wende ihre Plätze und geht auf die andere Seite.
Viele Bewegungsabläufe müssen koordiniert werden. Steuermann und Vorschotmann arbeiten Hand in Hand. Der Steuermann kündigt mit dem Kommando **„Klar zur Wende"** die Wende an. Der Vorschotmann legt nun die freie Fockschot für den anderen Bug um die Winsch und bereitet seine Fockschot zum Losgeben vor. Nach seiner Rückmeldung, „Ist klar", kann der Steuermann mit **„Ree"** die Wende einleiten.
Gleichwohl ist die Wende ein einfaches Manöver. Nach wenigen Versuchen klappt sie schon recht gut. Für die Vorschotleute allerdings können Wenden mit einer großen Fock zu einer kraftraubenden Angelegenheit werden. Sie sind dann häufig nach wenigen Wenden erschöpft. Das Großsegel dagegen wird allein vom Wind auf die neue Seite gedrückt. Es kann sogar belegt (festgemacht) bleiben.
Hier zeigt sich der Vorteil einer 7/8-Takelung (s. Sei-

te 129, kleine Fock in Verbindung mit einem größeren Großsegel). Wenden laufen ohne viel Kraft ab, und die Crew ermüdet nicht so schnell. Am elegantesten jedoch wenden Yachten mit **Selbstwendefocks.** Hier rutscht die

Fock in der Wende – genau wie das Großsegel – automatisch auf die andere Seite. Das Schiff muß nur gesteuert, die Segel brauchen nicht bedient zu werden. So macht Aufkreuzen selbst in engen Fahrwassern Spaß.

Abb. 221: *Wende während einer Starboot-Regatta.*

Abb. 222: *Wende – die Aufnahme täuscht geringere Abstände vor.*

Aufschießer

Segelyachten haben keine Bremse. Die Fahrt wird verlangsamt, indem man die Segel killen läßt. Um die im Wind flatternde **Fock** zu schonen, nimmt man sie **back** (auf die Luvseite). Nun liegt das Schiff **beigedreht,** aber es macht noch langsame Fahrt voraus.

Um eine Yacht zum Stillstand zu bringen, steuert man sie genau gegen den Wind. **Aufschießer** heißt die Drehung in den Wind mit anschließendem Auslaufen bis zum Stillstand (s. Abbildung 223).

Einen Aufschießer macht man beispielsweise beim Anlegen, wenn man unter Segeln an einem Pfahl oder Steg genau zum Stehen kommen will oder zum Ankern. Mit einem Blick zum Verklicker wird kontrolliert, ob die Yacht auch genau gegen den Wind läuft.

Aufschießer sind überhaupt nicht schwer, erfordern aber viel Übung. Die Länge des Aufschießers variiert nämlich von Schiff zu Schiff und von Fall zu Fall. Schwere Yachten laufen länger aus als leichte.

Wellen bremsen stärker als Wind. Schließlich hängt die Länge des Aufschießers auch von der Fahrt ab, die die Yacht zuvor gemacht hatte.

Bei einem Aufschießer zu einem Pfahl oder Steg ist man der Situation ausgeliefert: Entweder er klappt (die Yacht kommt genau an der gewünschten Stelle zum Stillstand), oder er klappt nicht (die Yacht erreicht den Pfahl oder Steg nicht, oder sie stößt unsanft dagegen).

Daher bietet sich als etwas zuverlässigere Alternative der **Nahezu-Aufschießer** an. Dabei läuft man nicht genau gegen den Wind, sondern im Winkel von etwa 30° gegenan. Der Gegenwind bremst auch hier, doch wenn man den Auslauf zu kurz gewählt hat, kann mit dem Großsegel noch etwas nachgeholfen werden. So tastet man sich langsam an die gewünschte Stelle heran (s. Abbildung 224). Ein Nahezu-Aufschießer wird auch bei einem Boje-über-Bord-Manöver gefahren, wenn die Yacht genau an der Boje stehen muß.

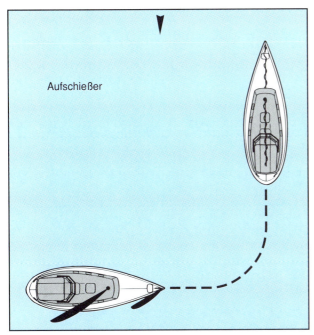

Abb. 223: *Direkt gegen den Wind, die Segel flattern, und das Schiff kommt zum Stehen.*

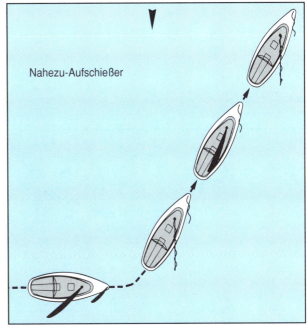

Abb. 224: *Beim Nahezu-Aufschießer kann der Auslauf durch Dichtholen des Großsegels verlängert werden.*

Kreuzen

Genau gegen den Wind kann man nur unter Maschine laufen. Segler, die ein in Windrichtung liegendes Ziel ansteuern wollen, müssen **kreuzen.** Sie nähern sich im Zickzackkurs mit Amwindkursen und Wenden ihrem Ziel (s. Abbildung 225). Kreuzen

Abb. 226: *Kreuzende Boote, eines ist gekentert.*

erleben. Auch auf baugleichen Yachten gewinnt der Routinier schnell einen Vorsprung von mehreren hundert Metern.
Anfänger laufen oft nicht hoch genug am Wind, sie **gewinnen** keine **Höhe.** Wenn sie es bemerken, luven sie zu stark an, das Schiff verliert an Fahrt. Wer sieht, mit welch harmonischen Bewegungsabläufen Regattafreaks ihre Yacht wenden (ohne dabei Fahrt zu verlieren), kann nur vor Neid erblassen. Dahinter steckt oft ein Training von Tausenden von Wenden.

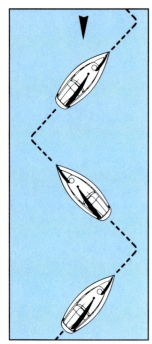

Abb. 225: *Kreuzen, die Hohe Schule des Segelns, ist in der Theorie ganz einfach.*

ist nicht einfach. In Regatten scheidet sich hier die Spreu vom Weizen. Selbst wer meint, gut kreuzen zu können, wird, wenn er auf erfahrene Regattasegler trifft, sein blaues Wunder

Abb. 227: *Sportliches Segeln in einer Regatta.*

Regatta

Abb. 228: *Start zur ARC vor Las Palmas: Die Atlantic Rallye for Cruisers ist die weltweit größte Fahrtenseglerregatta über einen Ozean. Sie findet jährlich im November / Dezember statt und geht von den Kanarischen Inseln über den Atlantik in die Karibik.*

Bei alledem behält der erfahrene Regattasegler noch den Überblick über Wind und Wellen. Er beobachtet andere Yachten, die Wasserverfärbung und die Wolken genau, erkennt Winddrehungen und Böen und findet so über die gute Segeltechnik hinaus noch die gewinnbringende Taktik.

Regattasegeln stellt Herausforderungen ganz anderer Art an Schiff und Besatzung dar. Wer in Ergänzung zur Fahrtensegelei einmal Gelegenheit zur Teilnahme an einer Regatta erhält, sollte sie ergreifen. Der Spaß am Segeln ist für viele in Regatten am größten.

Abb. 229: *Start zum X-99 World Cup vor Glücksburg.*

3

SICHERHEIT, WETTER

UNFALLVERHÜTUNG

UNFALL AUF SEE

GRUNDLAGEN DER WETTERKUNDE

PRÜFUNGSAUFGABEN

UKW-SPRECHFUNK

PYROTECHNISCHE SEENOTSIGNALE

Unfallursachen

Vorbemerkung

Das Thema Unfallverhütung spielt keine gewichtige Rolle in der Sportbootführerschein-Prüfung. Wohlwollend betrachtet könnte man 30 von 362 Fragen diesem Thema zuordnen; bei kritischer Zählung sind es eher weniger. Wer sich nur zielstrebig auf die Prüfung vorbereiten möchte, kann dieses Kapitel flüchtig überfliegen und sich auf die Prüfungsfragen beschränken. Die nachfolgenden Ausführungen betreffen seegehende Segelyachten.

Unfallursachen

Unfalluntersuchungen haben einige häufig wiederkehrende Ursachen ergeben. Sie zeigen zugleich, wie man es nicht machen sollte.
Unfälle passieren oft in Folge von Kälte oder Erschöpfung. Ein kalter oder erschöpfter Mensch ist immer unfallgefährdet. Erschöpfung entsteht nicht nur durch Schlafmangel oder harte Arbeit. Auch die auf See sehr intensive Sonneneinstrahlung kann zur Erschöpfung führen. Manchmal erzielt bereits frische Seeluft dieselbe Wirkung.

Unfälle entstehen durch Alkohol auf See. Alkohol beeinträchtigt das Reaktionsvermögen und den Gleichgewichtssinn. Was

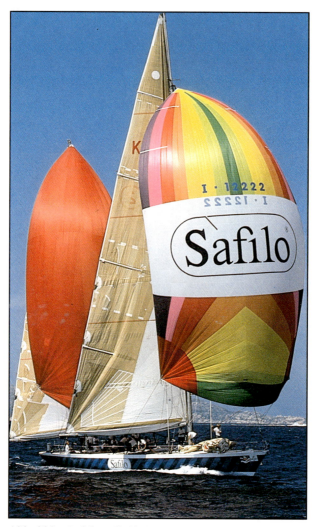

Abb. 230: *Auf der „Safilo" ex „Steinlager", einer Teilnehmerin am Whitbread-Rennen um die Welt, kennt man natürlich die möglichen Unfallursachen.*

auf festem Boden an Land noch gutgeht, führt auf den schwankenden Planken eines Schiffes zum Sturz. Eine beinahe „klassische"

Unfallform ist das Über-Bord-Gehen von Männern beim Pinkeln.
Fehlende Sicherheitsbelehrungen vor Fahrtantritt sowie unterlassenes Mannschaftstraining – also eine im entscheidenden Augenblick hilflose oder falsch reagierende Mannschaft – sind häufige Unfallursachen. Dies begründet die Aussage: Die Schiffe sind manchmal besser als die Mannschaften.
Seesegeln bei Nacht ist sehr reizvoll, aber **gefährlich.** Einen Sonnenuntergang auf See, eine Nacht unter freiem Sternenhimmel, das Morgengrauen sind unbeschreiblich schön. Dennoch sollte man sich zunächst mehrfach einem erfahrenen Schiffsführer anschließen, bevor man in eigener Verantwortung einen Nachttörn unternimmt.

Mögliche Unfallursachen
1. Unfälle passieren oft in Folge von Kälte oder Erschöpfung.
2. Unfälle entstehen durch Alkohol auf See.
3. Fehlende Sicherheitsbelehrungen vor Fahrtantritt und unterlassenes Mannschaftstraining gehen Unfällen voran.
4. Segeln bei Nacht ist gefährlich.

Wichtige Sicherheitsregeln

Jahrhunderte christlicher Seefahrt und jahrzehntelanger Yachtsport haben einige grundlegende Sicherheitsregeln hervorgebracht, die jeder Freizeitkapitän kennen und anwenden sollte.

„Eine Hand fürs Schiff, eine Hand fürs Leben" besagt, daß man sich immer mit einer Hand festhalten muß. „Einhandsegler" sind nicht armamputiert, sie segeln nur alleine. Dabei haben sie nur eine Hand zum Segeln frei, weil sie die andere für ihr Leben brauchen. „Hand gegen Koje" bietet an, wer kostenlos mitfahren will und als Gegenleistung seine Arbeitskraft anbietet – eine Hand.

Verlasse im Notfall NIE das Schiff! Das Schiff hält dem Sturm viel länger stand als die eigenen Nerven. Eine Rettungsinsel (rundes oder eckiges, überdachtes Schlauchboot) ist keine Alternative, solange das Schiff noch schwimmt. Man verlasse das Schiff erst, wenn es sinkt; einen gefährlichen Strudel ruft eine Yacht nicht hervor.

Niemand darf an Land schwimmen, um Hilfe zu holen. Entfernungen auf See werden unterschätzt, die eigenen Kräfte werden überschätzt. Ein Mensch ist in der See kaum wiederzufinden.

Sobald die Yacht ihren Liegeplatz verläßt, müssen Kinder unter 12 Jahren mit Rettungsweste und Lifebelt gesichert werden. Der Lifebelt (Sicherheitsgurt) muß dabei so kurz befestigt sein, daß der Körper nicht über die Deckskante kommen kann. Nur innerhalb der Kajüte darf ein Kind abgeleint werden. Ein Kind darf auf See unter keinen Umständen über Bord fallen.

Kinder unter 8 Jahren sollen auch im Hafen immer Rettungswesten tragen. Selbst der Weg zum Duschen wird nur in Rettungswesten angetreten. Feststoffwesten sind für Kinder im Hafen besser geeignet als Automatikwesten. Kinder-Rettungswesten sollten zuvor im Schwimmbad getestet werden.

Schiff und Mannschaft müssen immer auf das Schlimmste vorbereitet sein. Gute Seemannschaft heißt auch, in jeder nur denkbaren Situation sofort richtig reagieren zu können. Wenn ein Feuer ausbricht, muß der Feuerlöscher sofort einsatzbereit sein. Wenn bei Seewind die Maschine in Landnähe ausfällt, müssen die Segel umgehend gesetzt werden können und zusätzlich der Anker klar zum Fallen sein. Bei einem Wassereinbruch müssen die Lenzpumpen sofort arbeiten. Es widerspricht guter Seemannschaft, mit einem Schiff auszulaufen, dessen Zustand, Ausrüstung oder Mannschaft mit vorhersehbaren Gefahrensituationen nicht fertigwerden kann.

Wichtige Sicherheitsregeln
1. Eine Hand fürs Schiff, eine Hand fürs Leben.
2. Verlasse im Notfall NIE das Schiff!
3. Niemand darf an Land schwimmen, um Hilfe zu holen.
4. Sobald das Schiff seinen Liegeplatz verläßt, müssen Kinder unter 12 Jahren mit Rettungsweste und Lifeline gesichert werden.
5. Kinder unter 8 Jahren sollen auch im Hafen immer Rettungswesten tragen.
6. Schiff und Mannschaft müssen immer auf das Schlimmste vorbereitet sein.

Verletzungsgefahr kann entstehen durch:
– Stürze an Bord (Niedergang rückwärts runtergehen),
– Barfußlaufen,
– das Schothorn der im Wind schlagenden Fock,
– Halten eines Fußes zwischen Schiff und Kai,
– Greifen in den Motorraum bei laufender Maschine,
– Herumfliegen von Gegenständen in starkem Seegang,
– Arbeiten im Mast (Mann im Mast immer an zwei Fallen sichern; Werkzeug kann runterfallen),
– Großbaum bei Patenthalse,
– Drehenlassen des Propellers, obwohl Menschen im Wasser sind,
– lange Haare in der Großschottalje.

Verbrennungsgefahr wird hervorgerufen durch:
– Verschütten heißer Speisen oder Getränke,
– Öffnen des Motorraums bei Motorbrand (Stichflamme).

Abb. 231: *Jugendkutter, ein robustes Ausbildungsboot.*

Mann-über-Bord

Die größte Einzelgefahr ist das Überbordfallen. Jedem Überbordfallen geht ein Sturz voraus. Das klingt trivial. Tatsächlich aber besitzen die meisten Landratten kein Gefühl dafür, wie man sich auf einer Segelyacht bewegt. Damit sind sie gefährdet, an Bord und über Bord zu stürzen.

Wie kann man einen Sturz über Bord verhindern?

Was ist hier zu beachten? Keine Sprünge, nicht einmal große Schritte und immer festhalten. Eine Hand fürs Schiff, eine Hand fürs Leben. Das gilt an Deck wie in der Kajüte. Wer sich im Seegang an Deck bewegt, sollte den Schwerpunkt des Körpers niedrig halten (gebückt, gehockt).

Der Skipper muß im Rahmen der Sicherheitsbelehrung zeigen, wo man sich festhalten kann (Griffleisten, Bug-, Heckkorb, Mast, Wanten u. a.) und welche Stellen hierfür ungeeignet sind (Reling,

Abb. 232: *Bei stärkerem Wind besteht in solchen Situationen Mann-über-Bord-Gefahr.*

Abb. 233: *Der Großbaum soll durch eine zusätzliche Bullentalje gesichert werden. Der Mann ist dabei durch einen Lifebelt (mit Lifeline) gesichert.*

Mann-über-Bord

Sprayhood, Kompaßsäule, Ruder, Leinen, Schoten, Fallen).

Oft ist ein Ausrutscher die Ursache für den Sturz über Bord. Die Rutschfestigkeit aller Schuhe sollte daher getestet werden – auf trockenem wie auf nassem Deck und Cockpitboden. Segel, **Segelsäcke** und Planen auf Deck wirken wie eine Rutschbahn. Unordnung an Bord fördert Stürze.

Schoten können brechen, Winschkurbeln abrutschen. Vorsicht beim Be-

dienen der Fockschot auf einer krängenden Yacht.

Wer von einem überkommenden Großbaum (Patenthalse) getroffen wird, geht – möglicherweise verletzt – über Bord. Daher sollte bereits auf Raumwindkursen eine Bullentalje gesetzt werden. Anfänger dürfen auf Vorwindkurs nicht steuern. Der Schwenkbereich des Großbaums ist auf Vorwindkursen eine Gefahrenzone.

Auch die Fock kann einen Menschen über Bord drücken. Bei Wenden und

solange auf Vorwindkursen die Fock nicht ausgebaumt ist, darf sich auch zwischen Mast und Vorstag niemand aufhalten. Solange an Deck gearbeitet wird, sollte nur ein erfahrener Rudergänger steuern. Konzentriertes Rudergehen sowie geringe Fahrt unter Motor reduzieren starke Schiffsbewegungen.

Der Schiffsführer legt fest, ab welcher Windstärke man sich außerhalb der Kajüte nur angeleint (Lifebelt) aufhalten darf. Bereits im Hafen muß gezeigt

werden, wie Lifebelts angelegt werden und wo sie zu befestigen sind. Auch Strecktaue zum Einpicken des Lifebelts müssen bereits im Hafen gespannt werden. Bei einer überkommenden See kann sich niemand festhalten. Wer dann nicht mit einer Lifeline gesichert ist, wird über Bord gerissen.

Anleinpflicht betrifft insbesondere Seekranke. Schwere Seekrankheit kann einem Betroffenen jeglichen Lebenswillen rauben. Seekranke sollten daher grundsätzlich angegurtet werden, wenn sie sich außerhalb der Kajüte aufhalten.

Nachts muß an Deck und im Cockpit immer ein Lifebelt getragen werden, da dann ein in der See treibender Mensch praktisch nicht wiederzufinden ist. Nachts darf ein Mann nie – tags sollte er nie – über Bord pinkeln.

Maßnahmen, die eine über Bord gegangene Person retten können, werden im Abschnitt „Unfall auf See" (s. Seiten 168 – 170) erörtert.

Abb. 234: *Nachts müssen an Deck grundsätzlich Lifebelts getragen werden.*

Feuer an Bord

Anfänger schätzen die Gefährlichkeit von Feuer an Bord mit dem Hinweis auf das viele Wasser nicht richtig ein. Das Gegenteil ist der Fall. Feuer ist eine der gefährlichsten Situationen und muß unter allen Umständen verhindert werden.

Feuer kann z. B. durch den unsachgemäßen Umgang mit dem Kocher entstehen. Der Kocher darf nur brennen, wenn ein Topf oder eine Pfanne darauf stehen und darf dann nie unbeaufsichtigt bleiben.

Natürlich ist auch das Rauchen in der Koje untersagt. Glühende Reste dürfen nicht achtlos weggeworfen werden.

Bei Benzinmotoren sind die Sicherheitsvorkehrungen beim Start (Motorraum lüften) und Bunkern zu beachten.

Zur Sicherheitsbelehrung gehören auch die Einweisung in die an Bord vorhandenen Feuerlöscheinrichtungen sowie die in den Fragen 321 bis 324 beschriebenen Brandbekämpfungsmaßnahmen. Fettbrände dürfen nicht mit Wasser, sondern nur mit den zugelassenen Feuerlöschern oder mit Löschdecken gelöscht werden. Ein Brand in der elektrischen Anlage sollte mit Kohlensäure-Schnee, nie mit Schaum oder Wasser bekämpft werden.

Brandverhütungsmaßnahmen

Kocher nur mit Topf oder Pfanne brennen lassen.
Der brennende Kocher darf nicht unbeaufsichtigt bleiben.
Kein Rauchen in der Koje.
Kein Wegwerfen von glühenden Resten.
Sicherheitsvorkehrungen für Benzinmotoren beim Start und Bunken beachten.

Auch die Fluchtwege (Vorschiffsluk), die nicht durch Segelsäcke o. ä. versperrt sein dürfen, müssen gezeigt werden.
Der Maschinenraum sollte luftdicht verschließbar sein, eine automatische Feuerlöschanlage und eine Löschmittelöffnung besitzen. Durch sie kann ein Feuer gelöscht werden, ohne den Maschinenraum zu öffnen.

321

●

Welche Löschmittel dürfen Sie keinesfalls bei einem Brand in der elektrischen Anlage einsetzen?

Schaum und Wasser.

322

●●

1. Welcher Feuerlöscher ist für Sportboote zweckmäßig?
2. Wie oft müssen Sie einen Feuerlöscher überprüfen lassen?

1. ABC-Pulverlöscher.
2. Mindestens alle 2 Jahre.

323

●●●

Was ist zu tun, wenn es am Motor brennt?

1. Kraftstoffzufuhr abstellen und Motor mit möglichst hoher Drehzahl weiterlaufen lassen.
2. Bei leicht zugänglichen Motoren Brandstelle mit Löschdecke oder nasser Wolldecke abdecken oder Brand mit Pulverlöscher bekämpfen.
3. Bei schwer zugänglichen Motoren in geschlossenen Motorräumen Lüftungsöffnungen verschließen und Löschmittel aus Pulverlöscher durch Spalt am Zugang in den Raum eingeben.

324

●●●

Welche Maßnahmen ergreifen Sie, um einen Brand wirksam zu bekämpfen?

1. Luftzufuhr vermeiden.
2. Feuerlöscher erst am Brandherd in Tätigkeit setzen.
3. Das Feuer möglichst von unten bekämpfen.

Brandbekämpfungsmaßnahmen

Feuer sofort mit ganzer Kraft bekämpfen.
Feuer in der elektrischen Anlage darf nicht mit Wasser gelöscht werden.
Feuer im Motorraum sollte möglichst erstickt werden. Kraftstoffhahn absperren und Maschine im Leerlauf hoch drehen lassen.
In der Hocke dicht an den Brandherd gehen und dann von unten löschen. Nicht in die Flammen, sondern in den Brandherd sprühen. Vorsicht vor Stichflammen beim Öffnen des Motorraums.

Gas an Bord

Abb. 235: *Laien glauben gelegentlich, daß „bei dem vielen Wasser doch gar kein Feuer ausbrechen könne". Falsch! Feuer an Bord ist eine der gefährlichsten Situationen. Dieses Motorboot brennt bis auf die Wasserlinie ab.*

Gas ist schwerer als Luft; wenn Leitungen oder Anschlüsse nicht dicht sind, sinkt es in die **Bilge** (tiefste Stelle im Rumpf) und bildet dort mit Luft ein hoch explosibles Gemisch. 1 kg Gas hat die Sprengkraft von 20 kg Dynamit. Die erforderlichen Sicherheitsmaßnahmen für den Betrieb von Flüssiggasanlagen an Bord sind in Deutschland gesetzlich vorgeschrieben.

Die Gasanlage muß entsprechend dem DVGW-Arbeitsblatt G 608 „Technische Regeln für Flüssiggasanlagen auf Wassersportfahrzeugen" installiert und von einem Sachkundigen abgenommen werden. Hierüber wird eine Prüfbescheinigung (DVFG-405) ausgestellt.

Händler oder Werften dürfen ein Boot mit Flüssiggasanlage nur zusammen mit einer Prüfbescheinigung verkaufen (Gerätesicherheitsgesetz). Trotzdem werden – besonders von Importeuren – gelegentlich Boote mit Anlagen verkauft, die den deutschen Vorschriften nicht entsprechen.

Flüssiggasanlagen müssen alle zwei Jahre durch einen Sachkundigen geprüft werden. Seit 1988 wird eine Prüfplakette mit der Jahreszahl der nächsten Prüfung im Flaschenkasten angebracht. Reparaturen dürfen nur von Sachkundi-

gen ausgeführt werden. Die Gasflasche wird – gut befestigt – in einem abgeschlossenen Raum **(Flaschenkasten)** mit Abfluß nach außenbords so installiert, daß der Leitungsweg möglichst kurz ist. Die auf Frage 316 vorgesehene Musterantwort der Lagerung an Deck ist für Segelyachten nicht praktikabel. Gasleitung, Anschlüsse und Bilge sind regelmäßig zu untersuchen. Gas riecht von Natur aus nicht, wird aber in Deutschland mit einem Geruchsstoff versetzt. Bei Wahrnehmung von Gasgeruch ist sofort das Flaschenventil zu schließen. Undichtigkeiten dürfen auf keinen Fall mit einer offenen Flamme gesucht werden. Verdächtige Stellen sind mit schaumbildenden Mitteln (z.B. Seifenwasser) zu prüfen. Nach dem Kochen wird die Leitung leergebrannt, indem der Absperrhahn an der Gasflasche zuerst geschlossen wird. Die übrigen Armaturen werden erst geschlossen, wenn die Gasflamme erloschen ist. So vergißt man nie, nach dem Kochen das Flaschenventil zu schließen. Durch jede Verbrennung entsteht geruchloses, hoch giftiges Kohlenmonoxyd CO. Deshalb darf ein Kocher (Gas, Petroleum, Spiritus) nie zum Heizen benutzt werden.

Gas an Bord

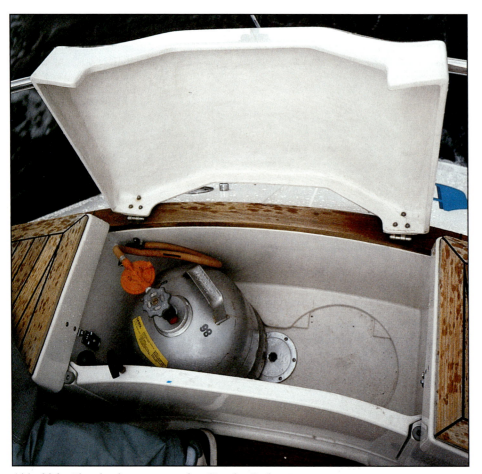

Abb. 236: *Flaschenkasten unter dem Sitz des Rudergängers. Der Boden befindet sich über der Wasseroberfläche, auslaufendes Gas kann außenbords entweichen.*

Flüssiggasflaschen sollen nur durch eingewiesene Personen ausgewechselt werden. Beim Flaschenwechsel darf in der Nähe kein offenes Feuer vorhanden sein und nicht geraucht werden.
Im **Winterlager** oder bei längerer Stillegung müssen die Flaschen von Bord genommen werden. Die Anlage muß dann gasdicht verschlossen werden.

317

●●
Was ist vor Inbetriebnahme einer Flüssiggasanlage zu prüfen?

Es ist zu prüfen, ob alle Leitungen und Anschlüsse dicht sind.

318

●●
Was ist zu beachten, wenn die Flüssiggasanlage außer Betrieb gesetzt wird?

Alle vorhandenen Absperrventile sind zu schließen.

316

●●●
Wo sollen die Gasbehälter einer Flüssiggasanlage gelagert werden?

1. Möglichst an Deck, geschützt vor Sonneneinstrahlung.
2. Sonst in einem besonders abgeschlossenen Raum für Gasbehälter, der in Bodenhöhe eine Öffnung nach außenbords hat.

315

●●●
Warum ist Flüssiggas gefährlich?

Es bildet mit Luft ein explosionsfähiges Gemisch. Flüssiggas ist schwerer als Luft und geruchlos.

Strandung, Untergang

Jahrhundertelang stellte die **Strandung** die größte Gefahr in der Seefahrt dar. Sie war die häufigste Form des Totalverlustes und hatte auf Grund fehlender Rettungsmittel stets viele Todesopfer zu Folge. Segelschiffe konnten sich damals nicht von der Küste freikreuzen. Auflandiger Wind trieb sie immer näher an die Küste; die Schiffe lagen **auf Legerwall,** und oft waren Schiff und Besatzung verloren. Die technische Entwicklung hat die Strandung sehr selten gemacht. Dennoch muß auch heute noch jedem Skipper bewußt sein, daß bei Seewind Ufernähe für ein Schiff immer eine latente Gefahr bedeutet. Wenn dann der Mast brechen oder die Maschine ausfallen und das Boot auf Land treiben würde, wäre es verloren. Wellen sind Energie in Reinformat. Sie schlagen ein Schiff, das nicht schwimmt, in kurzer Zeit kaputt. Bei Seewind müssen in Ufernähe die Segel stets klar zum Setzen sein, wenn das Schiff unter Maschine läuft, und die Maschine klar zum Start sein, wenn die Yacht segelt. Für diesen Fall muß der Anker immer klar zum Fallen sein. Davon kann das Schicksal des Schiffes abhängen.

Untergang

Das Schiff sinkt nach einem **Wassereinbruch,** der nicht bekämpft werden kann. Wodurch kann ein Wassereinbruch hervorgerufen werden? Warum kann er nicht bekämpft werden?
Jeder Rumpfdurchbruch stellt eine potentielle Gefahr dar. WC- und Kühlwasserleitungen müssen mit Seeventilen gesichert sein. Die Seeventile sind – auf See nach jedem Gebrauch und wenn das Boot für längere Zeit verlassen wird – zu schließen. Wasser kann durch eingedrückte Fenster, Luken und unverschlossene Lüftungsrohre sowie nach Grundberührung und Kollision eindringen. Schäden durch Treibgut (Container, Fässer, Baumstämme) sind selten.
Wassereinbruch muß mit allen Mitteln bekämpft werden. Das Leck muß abgedichtet und das Wasser **gelenzt** (abgepumpt) werden. Seegängige Schiffe brauchen mindestens zwei unabhängige **Lenzpumpen.**

Vor Fahrtantritt ist die Bilge von Dreck, der die Pumpen verstopfen könnte, zu reinigen. Etiketten von im Rumpf gelagerten Dosen und Flaschen sind zu entfernen und diese mit wasserfestem Stift zu beschriften.
Die effektivste „Lenzpumpe" ist auf kleinen Booten ein Mann mit einem Eimer in der Hand und Angst im Nacken.

Abb. 237: *Wellen sind Energie in Reinformat, sie schlagen ein Schiff, das nicht schwimmt, in kurzer Zeit kaputt.*

Mastbruch

Mit **Mast- und Schotbruch** wünschen sich Segler alles Gute. Ein Mastbruch sollte aber möglichst nicht vorkommen. Zwei Faktoren können – neben einer falschen Ausstattung – einen Mastbruch zur Folge haben: Materialermüdung und Bedienungsfehler.

Materialermüdung dürfte bei regelmäßiger Überprüfung der Seetüchtigkeit (s. Seiten 166, 167 „Seetüchtigkeit") nahezu ausgeschlossen werden können. Rost darf im Rigg nicht vorkommen. Wanten, Stage und Beschläge müssen auch auf **Fleischerhaken** (kleine Häkchen im Draht) bzw. Haarrisse untersucht werden.

Ein Bedienungsfehler ist beispielsweise eine zu lose (eingestellte oder gewordene) Verstagung.

Während des Segelns sollte man gelegentlich – auch in Böen oder im Wellengang – an der **Mastnut** (in die das Segel eingeführt ist) entlangpeilen. Hier erkennt man die Mastkrümmung.

Bedienungsfehler können bei 7/8-Takelung während des Reffens auftreten, wenn das Großsegel drucklos ist und die Fock nun den Mast nach vorne zieht. **Backstage** (verstellbare, nach achtern laufende Wanten s. Seite 127) kommen auf Regattayachten

vor. Deren falsche Bedienung kann zum Mastbruch führen.

Schließlich kann eine Yacht in extremem Wellengang umgeworfen werden. Auch dabei kann der Mast brechen.

Der Mast kann auf halber Höhe abknicken oder unten nach Lee wegbrechen. Personen werden dabei nur selten verletzt. In schwerem Wellengang jedoch kann der gebrochene Mast den Rumpf beschädigen.

Gelingt es nicht, ihn festzuzurren, so müssen die Wanten gekappt und der Mast versenkt werden. Dafür sollten sich ständig Bolzen- und Drahtschneider an Bord befinden.

Nach einem Mastbruch in Küstennähe läuft man unter Maschine in den nächsten Hafen. Auf hoher See muß ein **Notrigg** aus dem verbliebenen Rest aufgestellt werden.

Mit dem Mast geht auch die Antenne für das UKW-Sprechfunkgerät verloren. Einige Schiffe haben daher in der Kajüte eine **Notantenne** installiert. Schiffe in Sichtweite können damit immer noch angesprochen werden. Das UKW-Sprechfunkgerät wird beschädigt, wenn versucht werden sollte, ohne Antenne zu senden. Ohne Mast wird eine Yacht sehr instabil. Die Bewegungen des Bootes werden heftiger, die Gefahr, in schwerer See **durchzukentern,** steigt.

Abb. 238: *Nach einem Mastbruch in Küstennähe läuft man unter Maschine in den nächsten Hafen.*

Segeln in schwerer See

Mit der See ist nicht zu spaßen. Jeder verantwortungsvolle Skipper stellt seine Törns so zusammen, daß er nicht unter Zeitdruck die Heimreise antreten und bei unsicherem Wetter auslaufen muß. Durch regelmäßiges Hören der Seewetterberichte und durch eigene Barometerbeobachtungen läßt sich die Gefahr, in schweres Wetter zu geraten, erheblich verringern.

Eine Segelyacht wird weniger durch den Wind, sondern durch den Seegang, also durch Wellen unterschiedlicher Höhe, Steilheit und Geschwindigkeit bedroht. Länge und Höhe der Wellen sind von drei Faktoren abhängig:

1. Windstärke und zeitliche Dauer der Windeinwirkung,
2. Anlaufstrecke der Wellen (sogenannter **Fetch),**
3. Wassertiefe.

In flachem Wasser werden Wellen steiler und höher. Wellen, die ein Schiff in tiefem Wasser überstehen kann, können es auf weniger tiefem Wasser oder bei gegen den Wind setzendem Strom in Seenot bringen. Im Sturm kann Landnähe Gefahr bedeuten.

Gegen den Wind setzender Strom und flaches Wasser verstärken die Wellenbildung.

278

●●
Welche äußeren Einflüsse können sich auf die Manövrierfähigkeit Ihres Bootes auswirken?

Wind, Seegang, Strom, Sog, Wassertiefe.

Berüchtigt sind die Seegatten an der Nordseeküste. Als **Seegatt** bezeichnet man die Wasserfläche zwischen zwei benachbarten Inseln. Hier kann ein Gezeitenstrom von mehr als 6 kn auftreten. Setzt er gegen eine Sturmsee, so entsteht Seegang, der sogar besonders seetüchtige

Fischkutter zerschlagen kann. Die Passage eines Seegatts darf daher bei starkem Seegang nur erfolgen, wenn Seegang und Gezeitenstrom in gleicher Richtung laufen.

Niemand wird sich freiwillig einer schweren See aussetzen, um die Seetüchtigkeit seines Schiffes zu testen. Empfehlenswert ist es daher, bei Fahrten in starkem Wind Erfahrungen zu sammeln.

Wie verhält sich das Boot ohne Segel- und Maschinenantrieb? Treibt es quer zum Wind, legt es sein Heck oder seinen Bug in den Wind? Man laufe mit unterschiedlichen Geschwindigkeiten und in verschiedenen Winkeln gegen die Wellen und mit

den Wellen. Wie verträgt das Boot Wellen von der Seite?

Diese Erfahrungen können sich als sehr hilfreich erweisen, wenn man in schweres Wetter gerät. Denn es gibt keine Patentrezepte für das Fahren in schwerer See. Jedes Schiff verhält sich anders, jeder Skipper muß für sein Schiff die richtige Schwerwetterstrategie selbst herausfinden.

Abb. 239: *Mistral auf dem Mittelmeer, das im Winter nicht befahren werden sollte. Im Golfe du Lion gibt es im Februar mehr und schwerere Orkane als im Winter vor Kap Hoorn.*

Segeln in schwerer See

Abb. 240: *Gut, wenn man jetzt in einem Schutzhafen liegt.*

Die früher praktizierte Methode, Leinen oder Treibanker (Unterwasserfallschirm) auszubringen und das Schiff der See auszusetzen, wird heute nicht mehr empfohlen. Statt dessen sollte immer versucht werden, mit einer Sturmbesegelung (verstärkte Verarbeitung, schweres Tuch) aktiv zu segeln.

Üblich ist, vor der See abzulaufen und dabei die Wellen in spitzem Winkel unter dem Heck herlaufen zu lassen. Kurzkieler können auch quer zu den Wellen laufen, sich dabei eine Stelle von etwas geringerer Wellenhöhe aussuchen und dort mit dem Bug voran die Welle überqueren. In jedem Fall sollten Bug und Heck von Ballast befreit werden, damit das Schiff die Wellen nicht unterschneidet. Das auf den Schiffsschwerpunkt konzentrierte Gewicht verringert auch die Schiffsbewegungen. Bei Verlust des Ruders hingegen können ein Treibanker oder nachgeschleppte Leinen eine Yacht stabilisieren.

285

● *Womit kann ein steuerunfähiges Sportboot mit dem Bug in den Wind gehalten werden?*

Mit dem Treibanker.

Segeln in schwerer See

Bei schwerer See sind auch psychologische Aspekte zu beachten. Zu Hause auf dem Sofa sind die tatsächlichen Wirkungen von heulendem Sturm und stürmischen Wellen auf die menschliche Psyche kaum vorstellbar. Sturm und Wellenberge zermürben die Nerven. Sie isolieren die Menschen an Bord, Gespräche unterbleiben, Sturm wird auf See als persönlicher Feind empfunden. Sturm führt – besonders zwischen Familienmitgliedern – zum vorübergehenden Verlust von Bindung.

Wer vorgibt, keine Angst zu haben, hat entweder keinen wirklichen Sturm mit einem Boot auf See erlebt oder ist nicht mehr in der Lage, Angst zu empfinden.

Sturm auf See ist furchtbar.

Die Kombination aus Angst, Einsamkeit und dem Verlangen, der Situation entrinnen zu wollen, kann zu Panik führen. Panische Reaktionen sind nicht mehr beherrschbar. So können – selbst bei erfahrenen Wassersportlern – völlig unerwartete, später nicht mehr nachvollziehbare Verhaltensweisen auftreten.

Auch der Schiffsführer selbst kann hiervon betroffen sein.

Die Kenntnis dieser Ab-läufe vermag vielleicht zu helfen, Ruhe und Übersicht zu bewahren. Wer darüber hinaus noch seine Mitsegler beruhigen kann, besitzt vermutlich genau diejenigen Fähigkeiten, die einen hervorragenden Schiffsführer ausmachen. Wer einen Sturm überstanden hat, sollte sich umgehend bei seinen Angehörigen melden. Sie freuen sich in der Situation über jedes Lebenszeichen. Außerdem können dadurch überflüssige Suchaktionen vermieden werden. Jeder Bootsführer, der glaubt, vermißt zu werden, ist verpflichtet, sich bei der Leitstelle der Deutschen Gesellschaft zur Rettung Schiffbrüchiger (DGzRS) in Bremen zu melden.

▼ **311**

●●
Was soll ein Boots-führer unternehmen, wenn er durch schlechtes Wetter oder andere Umstände län-ger als vorgesehen aufgehalten wird?

Die Angehörigen verständigen, um aufwendige Suchaktionen zu vermeiden.

▼ **312**

●●
Was soll ein Boots-führer unternehmen, wenn er Grund zur Annahme haben muß, daß er vermißt wird und dadurch eine Suchaktion ausgelöst worden ist?

Die Seenotleitung Bremen der Deutschen Gesellschaft zur Rettung Schiffbrüchiger und Angehörige benachrichtigen.

Am besten ist es immer, dem schweren Wetter aus-zuweichen oder einen Schutzhafen anzulaufen. Gelingt dies nicht, so sollten Vorbereitungen getroffen werden: Luken schließen, alles verstauen oder verzurren, Tee oder Suppe auf Vorrat kochen, Rettungswesten und Lifebelts (Sicherheitsgurte) bereitlegen.

Anders als bei Autos gibt es auf Schiffen jedoch keine standardisierten Einklickmöglichkeiten für Lifebelts. Statt dessen sind z. B. am Mast Ringe angebolzt („Augbolzen"), in die man sich einklicken kann. Hierdurch wird jedoch die Bewegungsfähigkeit stark eingeschränkt. Daher spannt man (bei

Sturm) über das ganze Schiff Strecktaue, in die man sich einklicken kann, ohne die Bewegungsfreiheit zu verlieren.

▼ **314**

●●●
Welche Sicherheits-maßnahmen treffen Sie auf See vor Eintritt von schwerem Wetter (Starkwind, Sturm)?

1. Alle Öffnungen vor Wassereinbruch sichern. Lose Gegenstände festzurren.
2. Rettungswesten und Sicherheitsgurt mit Sorgleine anlegen, diese in Augbolzen, Strecktau oder Laufleine einhaken und andere Rettungsmittel bereithalten.
3. Unter Umständen Schutzhafen anlaufen.

Mannschaftstraining

Sicherheitsbelehrung

Eine Sicherheitsbelehrung muß vor jedem Törn stehen. Jeder Mitsegler hat Anspruch darauf, und der Skipper ist dazu verpflichtet. Was sie mindestens beinhalten muß, beantwortet die folgende Frage.

7

● ● ●
*Welche Sicherheits-
maßnahmen sollte der
Fahrzeugführer vor
Fahrtantritt zum
Schutze und für die
Sicherheit der Perso-
nen an Bord treffen?*

Der Fahrzeugführer hat die Besatzungsmitglieder und Gäste
1. über die Sicherheitsvorkehrungen an Bord zu unterrichten,
2. in die Handhabung der Rettungsmittel einzuweisen,
3. auf geeignete Maßnahmen gegen das Überbordfallen hinzuweisen.

Abb. 241: *Automatikweste – die praktische Übung beschränkt sich auf die weniger beliebten Gäste an Bord.*

Die **Sicherheitsbelehrung** sollte nicht auf die leichte Schulter genommen werden. Verantwortungsvolle Skipper führen sie nach einer schriftlich fixierten Gliederung durch und vermerken die Sicherheitsbelehrung im Logbuch, um nach einem Unfall nachweisen zu können, daß sie ihrer Verpflichtung nachgekommen sind (s. auch Seite 175, Verantwortung des Schiffsführers).

319

● ● ●
Was gehört zu der Sicherheitsausrüstung?

1. Ohnmachtssichere Rettungsweste mit Signalpfeife für jede Person
2. Sicherheitsgurte in ausreichender Anzahl
3. Rettungsring mit Wurfleine
4. Rettungsfloß
5. Notsignale
6. Erste-Hilfe-Kasten
7. Feuerlöscher
8. Lenzpumpe und Eimer
9. Riemen oder Paddel
10. Taschenlampe
11. Treibanker
12. Radarreflektor

Die Rettungsmittel

Jeder Mitsegler muß die an Bord befindlichen Rettungsmittel und deren Handhabung kennen. Der Gebrauch von Rettungsmitteln ist Gegenstand der praktischen Ausbildung. Die Mannschaft muß auch wissen, welche Notsignale an Bord sind, wo sie sich befinden und wie sie ausgelöst werden (Piktogramme auf den Notsignalen).

Mannschaftstraining

Abb. 242: *Niemals eine Alternative zur schwimmenden Yacht – Seenotrettungsinsel.*

Abb. 243: *Rettungskragen treiben bei starkem Wind schneller ab, als man schwimmen kann.*

Manövertraining

Seesegeln ist Mannschaftssport. Nur im Zusammenspiel aller Mitsegler kann eine Yacht sicher geführt werden. Manöver müssen zunächst besprochen und sodann trainiert werden. Dabei moderiert der Schiffsführer die Vorbereitung und koordiniert den Manöverablauf. Bei kleiner Crew muß er selbst anpacken.

Die wichtigsten Manöver, die regelmäßig geübt oder durchgeführt werden müssen, sind:
– An- und Ablegen unter Motor,
– Hafenmanöver unter Motor,
– Fockwechsel,
– Reffen,
– Ankern,
– Boje-über-Bord unter Segel und unter Motor.

Hinweise zum An- und Ablegen, zu den Hafenmanövern sowie zum Ankern werden im Kapitel „Yachtführung unter Motor" gegeben. Man beachte jedoch auch die nachfolgenden Hinweise zum Mann-über-Bord-Manöver (s. „Unfall auf See", Seiten 168 – 170).

Mann-über-Bord-Manöver sollen regelmäßig – mit neuer Crew täglich – unter verschiedenen Wetterbedingungen trainiert werden. Schiffsführer und Mannschaft müssen im Ernstfall in der Lage sein, unter Segel und unter Motor eine über Bord gegangene Person zurück an Bord zu holen.

Das Mannschaftstraining muß auch die Ausnahmesituation, daß der Schiffsführer ausfällt, berücksichtigen. Dafür muß ein stellvertretender Schiffsführer festgelegt werden, unter dessen Leitung natürlich auch das Mann-über-Bord-Manöver sicher gefahren wird.

Das Mannschaftstraining sollte sich nicht nur auf seemannschaftliche Aspekte beschränken, sondern auch gesetzliche Bestimmungen (z. B. Ausweichregeln), Wetterbeobachtung und – je nach Vorkenntnissen – die Navigation umfassen.

Schließlich sollten auch das Erkennen von und das Verhalten bei Seekrankheit besprochen werden.

Seetüchtigkeit

Dieser Abschnitt ist kein Prüfungsstoff. Hierin wird beschrieben, welche Sicherheitsüberlegungen für eine seetüchtige Segelyacht anzustellen sind. Seefahrer verstehen unter **Seetüchtigkeit** und unter **Fahrtüchtigkeit,** daß Schiff und Besatzung die Gefahren der geplanten Reise bestehen können. Nur außergewöhnliche Naturereignisse, die nicht rechtzeitig in Seewetterberichten angekündigt wurden, können ein In-Seenot-Geraten rechtfertigen.

Bauliche Seetüchtigkeit

Hochseeyachten, die nach den Richtlinien einer anerkannten Klassifikationsgesellschaft (Germanischer Lloyd, Lloyds Register, Bureau Veritas u. a.) gebaut wurden, haben formal eine höhere Seetüchtigkeit als unklassifizierte Fahrzeuge. „Klasse 100 A 4" ist das höchste Zertifikat des Germanischen Lloyd für Einzelbauten, dem „Typgeprüft 100 A 4" für Serienbauten entspricht. Solche Schiffe entsprechen zu 100 % den Sicherheitsnormen und müssen nach 4 Jahren erneut geprüft werden. „Typgeprüft" heißt dagegen, daß nur die Hauptbaugruppen von Rumpf, Deck und Aufbauten geprüft wurden.

Grundsätzlich sollte jährlich eine Inspektion des Unterwasserschiffs und des Ruders durchgeführt werden. **Osmose, Korrosion** und **Fäulnis** werden durch wärmeres Wasser und höhere Temperaturen beschleunigt. Unentdeckte Schäden treten dann oft in schweren Wetterlagen auf, wenn der Schiffskörper stärker als gewöhnlich belastet wird, und können gefährliche Seelagen zur Folge haben.

Charterer sollten sich die Seetüchtigkeit der Charteryacht vertraglich zusichern lassen.

Versicherer verlangen bei Totalverlust oftmals den Nachweis der See- und Fahrtüchtigkeit.

Ausrüstungsmäßige Sicherheit

Zur Ausrüstung zählt der Seemann alles, was zur Seefahrt erforderlich und mit dem Schiffskörper fest verbunden ist, also die Ruderanlage, die Takelage (Rigg), die Maschine, die Lenzeinrichtungen, die Navigationsanlagen, die Funkanlage usw. Vor Fahrtantritt hat sich der Skipper von der Funktionstüchtigkeit der vorhandenen Ausrüstung zu überzeugen und dies im Logbuch zu vermerken. Arbeitet ein Teil der Ausrüstung

nicht einwandfrei, so muß der Skipper vor Fahrtantritt für Reparatur oder Ersatz sorgen, weil er nur mit einem seetüchtigen Schiff zur See fahren darf.

Yachten sollen mit zwei unabhängig voneinander manuell oder mechanisch betriebenen Lenzpumpen mit einer der Größe des Schiffes angemessenen Pumpleistung ausgerüstet sein. Saugkörbe, Lenzbrunnen, Ansaugstutzen und Bilge müssen sauber gehalten werden, um ein Verstopfen der Lenzpumpen zu verhindern. Papieretiketten von Konserven, Flaschen usw. müssen entfernt werden, da diese im Notfall den Ansaugstutzen oder die Lenzpumpe verstopfen können. Ein Sieb vor dem Ansaugstutzen bietet keinen sicheren Schutz. Vor dem Auslaufen sollte sich der Skipper Klarheit über die **Beschaffenheit der Bilge** und den Zustand unter den Bodenbrettern verschaffen.

Die **Seeventile** müssen gangbar sein und dicht schließen. Skipper und alle Mitsegler sollten über die Lage der Ventile und Pumpen genau unterrichtet sein, so daß im Notfall jeder die notwendigen Handgriffe machen kann. Rohr- und Schlauchleitungen können vom Anschlußstutzen rutschen, brechen, reißen, platzen oder ver-

stopfen. Manche Yachten sind gesunken, weil ihre Crews nicht in der Lage waren, ein Seeventil zu schließen, den Schlauch abzubinden oder das Rohr dichtzuproppen. Insbesondere Toilettenleitungen und Kühlwassersysteme bedürfen aufmerksamer Kontrolle.

Die **Ruderanlage** muß vor Fahrtantritt auf ihre Funktionstüchtigkeit überprüft werden. Bei Radsteuerung gehören Ruderketten, Rudergetriebe und Ruderhydraulik dazu. Das Ruder muß vor Leinenlos in jede Hartlage gedreht worden sein. Auf größeren Yachten sollte die Stopfbuchse im Ruderkoker auf Dichtigkeit kontrolliert werden, gegebenenfalls ist das Lager abzuschmieren.

Die **Takelage** (Rigg) muß mindestens einmal jährlich gründlich überprüft werden, bei besonderen Beanspruchungen auch in kürzeren Abständen. Dem laufenden Gut muß besondere Beachtung geschenkt werden. Der Skipper muß sich darüber klar sein, daß größere Blöcke (Umlenkrollen), Schäkel usw., die aus dem Mast fallen, einen Menschen erschlagen können. Frost kann in stehendem Gut z. B. in Terminals, Wanten und Stagen – Schäden anrichten, wenn die Yacht im Winter im Wasser bleibt.

Seetüchtigkeit

Abb. 244: *Die „Schlüssel von Bremen" hat ihre Seetüchtigkeit auf einer Weltumsegelung bewiesen.*

Luken, Oberlichter und Schwanenhälse (Lüftungsschächte) können undicht werden und bei schwerem Wetter erhebliche Mengen Wasser eindringen lassen. Gleiches gilt für Decksdurchbrüche an Winschen, Klampen und Decksverschraubungen.

Die zur **Navigation** eingebauten Geräte wie Echolot, Logge, Decca-Navigator, GPS-Navigator oder Radar müssen bei Fahrtantritt einsatzklar sein. Gleiches gilt für Anlagen zum Empfangen oder Senden von Nachrichten.

Fahrtüchtigkeit, Reisetüchtigkeit

Seeleute verstehen hierunter, daß die Besatzung in der Lage ist, mit dem Schiff die geplante Reise durchzuführen. Das Schiff muß mit den nautischen Druckschriften (einschließlich Seekarten), mit Proviant und Wasser, mit Brennstoffen, Ersatzteilen, Feuerlöschern, mit Lecksicherungsmaterial, Rettungsausrüstung (Rettungsinsel, -westen, Seenotsignalmunition usw.) sowie mit der Bordapotheke ausgestattet sein. Die

Besatzung soll gesund sein und über die erforderliche Bekleidung verfügen.

Die **Creweinweisung** muß nach An-Bord-Kommen der Crew entsprechend ihren Erfahrungen, Fähigkeiten und Führerscheinen erfolgen, indem Funktionen und Verantwortungsbereiche zugewiesen werden. Manöver müssen geübt werden: Boje-über-Bord, Reffen, Fockwechsel, Feuerlöschen, Lecksicherung. Die Crew ist in die Rettungsausrüstung einzuweisen. Selbstverständlich muß vor Fahrtantritt der Skipper bestimmt

werden, zudem soll er – für den Fall seiner Verhinderung – seinen Stellvertreter benennen.

Die Yacht muß vor dem Auslaufen **seeklar** gemacht werden. Alle losen Gegenstände müssen fest gestaut, gelascht oder gesichert werden. Gäste an Bord haben Anspruch auf eine Sicherheitsbelehrung: Anlegen einer Rettungsweste, Verhalten im Seenotfall, Bedienung des Yacht-WC. Die Segel sollen soweit klar sein, daß bei einem Ausfall der Maschine sofort gesegelt werden kann und keine Manövrierunfähigkeit eintritt.

Zum guten Yachtgebrauch gehört die ordnungsgemäße Führung des **Logbuchs,** derart, daß ein unbeteiligter Dritter daraus einen möglichst lückenlosen Reiseverlauf rekonstruieren kann. Die Verwendung eines Yacht-Logbuches der Edition Maritim wird empfohlen.

Jeder Skipper muß wissen, daß er im **Schadensfall** seine Eignung, die Seetüchtigkeit und die Fahrtüchtigkeit sowie die seemännische Richtigkeit seiner Verhaltensweise gegenüber Versicherung und Seeamt nachweisen muß. Es empfiehlt sich daher in vielen Fällen die schriftliche Form.

Mann-über-Bord

Mann-über-Bord

Der Begriff „Mann-über-Bord" ist so alt wie die Seefahrt, die früher ausschließlich von Männern betrieben wurde. Mann-über-Bord ist nach dem Verlust des ganzen Schiffes eine der schlimmsten Situationen an Bord. Gleichwohl ist – rechtlich gesehen – Mann-über-Bord keine Seenot. Zum einen wird vom Schiffsführer und der Mannschaft erwartet, daß sie die über Bord gegangene Person ohne fremde Hilfe bergen können. Zum anderen wird Mann-über-Bord rein rechtlich nur als „Dringlichkeit" eingestuft (s. „Verhalten bei Seenot", Seite 172). Trotzdem sollte bei Schwierigkeiten nicht

gezögert werden, Hilfe anzufordern.
Im Ernstfall kann das Mann-über-Bord-Manöver drei große Probleme beinhalten:
1. die im Wasser treibende Person wiederzufinden,
2. das Boot an sie heranzumanövrieren und
3. die Person unverletzt zurück an Bord zu bekommen.

Den Mann-über-Bord wiederfinden

Ein in der See treibender Mensch ist nur sehr schwer auszumachen. Die klassische Methode, daß ein Crewmitglied nichts anderes macht, als dauernd mit einem Arm auf den Über-Bord-Gegangenen zu

zeigen, ist durch die GPS-Technik ergänzt worden. Durch Drücken der „Mann-über-Bord-Taste" des GPS-Navigators (s. auch „Moderne Navigationsgeräte", Seite 65) wird die Unfallstelle automatisch festgehalten.
Der GPS-Navigator zeigt fortan Richtung und Entfernung zur Unfallstelle an. Allein diese Eigenschaft rechtfertigt bereits die Anschaffung eines GPS-Navigators. Yachten ohne GPS-Navigator müssen mit Markierungsbojen arbeiten.
Die Empfehlung, Rettungsmittel hinter dem Mann herzuwerfen, scheint dem Wunsch, überhaupt etwas zu unternehmen, zu entspringen. Derartige Rettungsgeräte – so hat ein

Praxistest der Zeitschrift „Yacht" ergeben – treiben bei Wind schneller ab, als ein Verunglückter schwimmen kann. Bei Nacht stellen Seenotsignale am Mann (Nico-Signal, Signalstift), welche die im Wasser treibende Person selbst auslösen kann, die beste Suchhilfe dar.

328

●●

Was ist sofort zu tun, wenn jemand über Bord gefallen ist?

1. Rettungsring zuwerfen,
2. gut Ausguck halten,
3. Mann-über-Bord-Manöver ausführen.

Abb. 245: *Frauencrew – auch hier würde gegebenenfalls „Mann-über-Bord" gerufen.*

Abb. 246: *Eine Markierungsboje hilft, die über Bord gegangene Person wiederzufinden.*

Mann-über-Bord

Das Boot an den Mann heranmanövrieren

Es gibt kein Patentrezept, um eine Yacht zur über Bord gefallenen Person zu manövrieren. Zu viele Faktoren sind im Einzelfall zu berücksichtigen:
– Windstärke und Seegang,
– Typ und Größe der Yacht,
– Motorisierung,
– Art und Anzahl der Segel,
– Crewstärke und
– Windrichtung (Kurs).
Wenn eine Crew nicht regelmäßig das Mann-über-Bord-Manöver übt, hat sie im Ernstfall keine Chance, das Leben des verunglückten Crewmitgliedes zu retten!
So könnten die Übungsmanöver ablaufen. Ohne jegliche Vorankündigung wirft man einen Schwimmkörper, der möglichst wenig abgetrieben wird, über Bord und ruft: **„Boje über Bord"** – der Ruf **„Mann über Bord"** wird nur im Ernstfall verwendet. Bei beiden Kommandos kommen unverzüglich alle Mann an Deck.
Sofort muß die Mann-über-Bord-Taste des GPS-Navigators gedrückt oder eine Markierungsboje hinterhergeworfen werden. Gleichzeitig wird ein Crewmitglied beauftragt, fortlaufend mit einem Arm auf den Schwimmkörper

zu zeigen („Wahrschau, der Mann"; **Wahrschau =** Achtung).
Je nach Situation bieten sich die umseitig abgebildeten Manöver an (s. Abbildungen 247 bis 252), um eine über Bord gegangene Person zu bergen. Alle Manöver müssen auch ohne Skipper gefahren werden können.

Den Mann unverletzt an Bord holen

Sobald ein Mensch im Wasser schwimmt, ist die Verletzungsgefahr durch den drehenden Propeller zu beachten. Deshalb sollte die Maschine ausgeschaltet werden, sobald eine sichere Leinenverbindung hergestellt ist.
Ein im Seegang **stampfendes** Schiff kann eine im Wasser schwimmende Person verletzen.
Besonders problematisch wird die Bergung sein, wenn der Über-Bord-Gegangene erschöpft und keine Badeleiter vorhanden ist. Es ist zu prüfen, inwieweit ein starkes Crewmitglied – durch eine Lifeline gesichert und eventuell im Bootsmannsstuhl sitzend – an einem Fall (Leine zum Segelsetzen) zu Wasser gelassen werden kann. Gegebenenfalls muß die Seereling abgebaut werden. Zweifellos am besten sind

ständig an den Wanten angebrachte **Rettungstaljen** (Flaschenzüge), mit denen der Über-Bord-Gegangene an Deck gehievt werden kann. Kleine Crews sollten sie unbedingt haben, weil im Seegang der Einstieg auch über eine Badeleiter unmöglich sein kann. Man kann mit Leinenbuchten (Strickleiter) oder mit Großbaum und Großschot (als Ladegeschirr) arbeiten

329

● ● ●

Wie können Sie nach einem Mann-über-Bord-Manöver eine erschöpft im Wasser treibende Person möglichst schnell und sicher an Bord bekommen?

1. Leinenverbindung zwischen Boot und Person im Wasser herstellen.
2. Leinenbuchten über die Bordwand hängen, wenn vorhanden, Badeleiter herunterklappen bzw. ausbringen.
3. Mit dem Großbaum und der Großschot oder über eine Badeleiter oder mit Hilfe von Rettungsmitteln Person an Bord holen.

– nur sollte man nicht erst zu tüfteln anfangen, wenn der Notfall eingetreten ist. Wie groß die Schwierigkeiten, einen Menschen zurück an Bord zu holen, im Einzelfall wirklich sind, kann man vorher testen. Ein Badenachmittag in einer Ankerbucht ist dazu ideal. Man lasse sich aber von den ruhigen Verhältnissen nicht täuschen. In schwerer See sieht alles ganz anders aus. Für einen stark unterkühlten Verunglückten kann eine Erstversorgung an Deck (Beine hoch) erforderlich sein, bevor dieser in die Kajüte gebracht wird.

Wenn man selbst über Bord gegangen ist

Ruhe bewahren, keine Panik, auch wenn sich die Yacht schnell entfernt, sie kommt zurück.
Mit Rettungsweste Kauerstellung einnehmen und jegliche unnötige Bewegung vermeiden. Luftblasen in der Kleidung halten. Keine Kleidung oder Schuhe ablegen.
Ohne Rettungswesten in Rückenlage mit möglichst wenig Kraftaufwand schwimmen.
Niemals sich selbst aufgeben. Es sind schon Menschen in Unterhose, ohne Rettungsweste nachts nach zweistündiger Suche wohlbehalten gerettet worden.

Mann-über-Bord

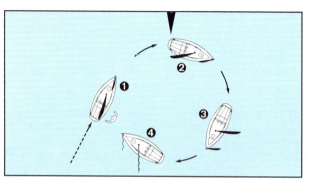

Abb. 247: *Mann über Bord auf Amwindkurs: abfallen, halsen, anluven, Nahezu-Aufschießer.*

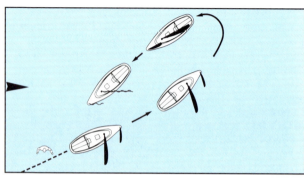

Abb. 250: *Mann über Bord bei raumem Wind ohne Spi: anluven, wenden, Nahezu-Aufschießer.*

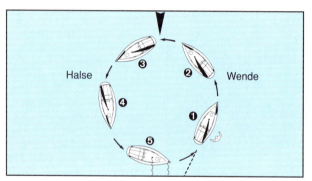

Abb. 248: *Quick-Stop-Manöver: wenden und engen Kreis fahren, nach der Halse Segel killen lassen.*

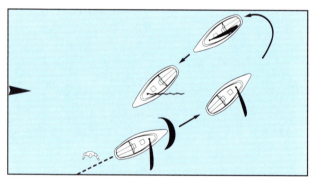

Abb. 251: *Mann über Bord bei raumem Wind mit Spi: etwas anluven, Spi bergen, wenden, Nahezu-Aufschießer.*

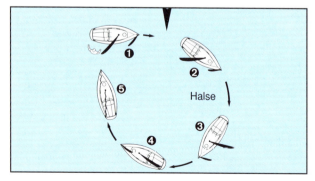

Abb. 249: *Mann über Bord bei halbem Wind: abfallen, halsen, anluven, Nahezu-Aufschießer.*

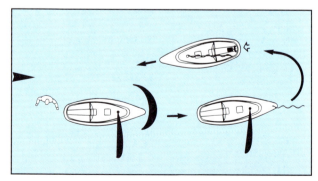

Abb. 252: *Mann über Bord vor dem Wind mit Spi: mit Maschine zurück, dabei Spi bergen.*

Abbergen durch Hubschrauber

Die effektivste Rettung kommt aus der Luft. Die gesamten deutschen Seegebiete werden durch vier Rettungsstationen in Borkum, Sylt, Kiel und Stralsund abgedeckt. Die Leitstelle der Deutschen Gesellschaft zur Rettung Schiffbrüchiger (DGzRS) in Bremen entscheidet, ob Rettungskreuzer oder Hubschrauber der Bundesmarine eingesetzt werden. Rettungskreuzer werden den Havaristen in vielen Fällen eher erreichen, Hubschrauber können ihn besser finden.

Beim Abbergemanöver ist zu beachten:
– Die beste Verständigung

342

● ● ●

Wie verhalten Sie sich bei Hilfeleistung durch einen Hubschrauber?

1. Fahrzeug in den Wind legen.
2. Soweit möglich, Antennen, Stagen usw. entfernen.
3. Rettungsschlinge mit dem Zugpunkt nach vorn über den Kopf unter die Arme streifen.
4. Anweisungen der Hubschrauberbesatzung Folge leisten.

zwischen Hubschrauber und Schiff erfolgt über UKW-Sprechfunk.
– Das Schiff soll – sofern dies noch möglich ist – mit etwa drei Knoten

Fahrt in spitzem Winkel (ca. 30°) gegen den Wind fahren. Der Wind soll möglichst von der Backbordseite kommen.
– Die Verbindung zwi-

Abb. 253: *Hubschrauber können einen Havaristen besser finden, Rettungskreuzer sind jedoch – wenn die Unglücksstelle bekannt ist – schneller da.*

schen Hubschrauber und Schiff wird zunächst mit einer Führungsleine, deren Ende mit einem kleinen Lederbeutel beschwert ist, hergestellt. Sie darf nicht an Bord festgemacht werden.
– Mit der Führungsleine wird die Rettungsschlinge an Bord gezogen und der zu bergenden Person angelegt. Die Rettungsschlinge darf nicht vom Windenseil abgehakt werden. Das Windenseil muß frei von Hindernissen (Rigg) gehalten werden.
– Währenddessen fliegt der Hubschrauber seitlich versetzt neben der Yacht her. Erst unmittelbar vor dem Anhieven fliegt der Hubschrauber wieder direkt über das Schiff und zieht dann die zu rettende Person schnell nach oben.
– Die Führungsleine bleibt mit der Rettungsschlinge verbunden. Sie wird vom Hubschrauber eingeholt, sobald sich die abgeborgene Person im Hubschrauber befindet.
– Zum Abbergen verletzter Personen wird ein Mitglied der Hubschrauberbesatzung auf das Schiff heruntergelassen. Auch eine Liegendbergung ist möglich. Bis zu 10 Personen können vom Hubschrauber aufgenommen werden.

Verhalten bei Seenot

Wer sich nicht alleine aus einer Notlage, in der z. B. ein Menschenleben in Gefahr ist oder schwerer Schaden am Boot droht, befreien kann, sollte nicht zögern, mit allen Mitteln um Hilfe zu rufen. Jedoch gibt es zwei rechtlich unterschiedliche Arten von Notlagen: Seenot und Dringlichkeit.

Seenot ist definiert als schwere und unmittelbare Gefahr für Leib und Leben der Besatzung, die ohne fremde Hilfe nicht abgewendet werden kann. Seenot verpflichtet alle Schiffe und die gesamte Küstenwache zur umgehenden, unentgeltlichen Hilfeleistung.

Dringlichkeit dagegen bedeutet äußerste Gefahr für Schiff oder Besatzung. Eine dem Seenotfall vergleichbare, uneingeschränkte Hilfeleistungspflicht für andere Schiffe besteht hier nicht.

Menschenleben werden immer unentgeltlich gerettet, die Bergung eines Schiffes hingegen kann sehr teuer sein; sie orientiert sich am Erfolg, am Risiko des Retters und am Schiffswert.

Der in einer Notlage befindliche Schiffsführer allein muß entscheiden, ob er einen Seenotalarm auslöst und die gesamte Berufsschiffahrt (mit Stundensätzen bis zu mehreren

tausend DM) verpflichtet, ihre Reise zu unterbrechen und Hilfe zu leisten oder ob er mit einem Dringlichkeitsruf Unterstützung anfordert.

Die Definition der Seenot enthält drei Bestandteile:
– Gefahr für Leib und Leben muß unmittelbar vorliegen; Gefahr allein für das Schiff stellt keine Seenot, sondern „Dringlichkeit" dar.
– Leib und Leben der Besatzung müssen bedroht sein; solange nur eine Person in Gefahr schwebt, liegt nach dieser Definition keine Seenot vor, sondern wiederum nur „Dringlichkeit". Solange nur eine Person oder allein das Schiff bedroht ist, sollte eher mit einem Dringlichkeitsruf Hilfe erbeten werden.
– Fremde Hilfe ist erforderlich; wer sich selbst helfen kann, ist nicht in Seenot.

330

Wann dürfen Notsignale gegeben werden?

Wenn Gefahr für Leib oder Leben der Besatzung und daher die Notwendigkeit zur Hilfe besteht.

In Küstennähe oder Reichweite anderer Schiffe wird per UKW-Sprechfunk Seenotalarm ausgelöst. Das Sprechfunk-Notzeichen besteht aus dem dreimal gesprochenen Wort **„Mayday"**, welches eine vereinfachte englische Schreib- und Sprechweise für das französische „Venez m'aider" (= Kommt, und helft mir) ist.

335

Sie hören über Seefunksprechgerät: Mayday, mayday, mayday. Was bedeutet dieses Signal?

Seenotfall.

Nach dem Sprechfunk-Notzeichen ist die Angabe des Standortes der wichtigste Bestandteil der Seenotmeldung.

UKW-Sprechfunkgeräte stellen eine deutliche Erhöhung des Sicherheitsstandards an Bord dar und sind heute praktisch auf allen Schiffen mit Wohnmöglichkeit vorhanden. Die Verwendung eines UKW-Sprechfunkgerätes ist jedoch – außer im Notfall – nur Inhabern des UKW-Sprechfunkzeugnisses oder des Allgemeinen Sprechfunkzeugnisses gestattet.

Das klassische Notsignal bei Nacht sind rote Leuchtraketen oder -sterne (s. auch „Pyrotechnische Seenotsignale, Seite 195 ff).

Abb. 254: *Mit roten Leuchtsternen zeigt man Seenot an. Nachts sind sie bis zu 12 sm weit sichtbar.*

Verhalten bei Seenot

Je größer ein Schiff, um so schlechter ist es zur Hilfeleistung geeignet. Als Retter von Menschenleben kommt die Berufsschifffahrt nur bedingt in Frage; zur Bergung von Yachten eignet sie sich überhaupt nicht. Die stark eingeschränkte Manövrierbarkeit eines großen Handelsschiffes, die hohen Bordwände und fehlendes Ladegeschirr machen die Bergung einer Yacht in der Regel unmöglich. Im Schlepp eines Berufsschiffes sinkt eine Yacht ziemlich schnell, da die Rumpfgeschwindigkeit der Yacht deutlich überschritten wird. Kriegsschiffe und Fähren haben größere Mannschaften und bessere Ausstattung.

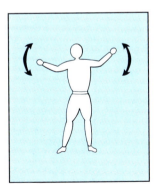

Abb. 255: *So winken Surfer und Jollensegler um ihr Leben. Wer dann nicht alles tut, um zu helfen, wird große Schwierigkeiten wegen unterlassener Hilfeleistung bekommen.*

331

● ● ●
Welche Notsignale können gegeben werden?

1. Knallsignale in Zwischenräumen von ungefähr 1 Minute.
2. Dauerton eines Nebelsignalgerätes.
3. Leuchtrakete mit einem roten Leuchtstern oder rote Handfackeln.
4. SOS durch Telegrafiefunk, Licht- oder Schallsignale.
5. Mayday durch Sprechfunk.
6. Flaggensignal NC.
7. Ball über oder unter Flagge.
8. Flammensignal.
9. Orangefarbenes Rauchsignal.
10. Langsames Heben und Senken der seitlich ausgestreckten Arme.
11. Signale einer Seenotfunkboje.
12. Seewasserfärber.

Die international verwendeten Seenotsignale sind in der obigen Frage 331 aufgeführt.
Ein Tip für die Prüfung: In einigen Fragebögen lautet die Antwort auf die letzte Frage „Seenot".

332

●
Sie sehen auf See einen roten Leuchtstern oder eine rot brennende Handfackel?
Was bedeuten diese Signale?

Seenotfall.

333

●
Sie hören von einem Schiff anhaltendes Ertönen eines Nebelsignalgerätes.
Was bedeutet dieses Signal?

Seenotfall.

334

●
Sie hören oder sehen folgendes Morsesignal: Dreimal kurz, dreimal lang, dreimal kurz
(●●● ▬ ▬ ▬ ●●●).
Was bedeuten diese Signale?

Seenotfall (SOS).

336

●
Sie sehen ein Schiff, das folgendes Flaggensignal gesetzt hat:
Was bedeutet dieses Signal?

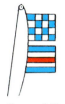

Seenotfall.

337

●
Sie sehen auf einem Schiff folgendes Signal:
Was bedeutet dieses Signal?

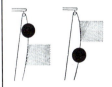

Seenotfall.

Verhalten bei Seenot

338

●

Sie sehen auf einem Schiff ein orangefarbenes Rauchsignal. Was bedeutet dieses Signal?

Seenotfall.

339

●

Sie sehen auf einem Schiff eine Person stehen, die ihre seitlich ausgestreckten Arme wiederholt langsam auf und ab bewegt. Was bedeutet dieses Signal?

Seenotfall.

340

●

Warum dürfen Seenotsignale nur bei einem Seenotfall verwendet werden?

Weil bei ihrer Anwendung der gesamte Seenotrettungsdienst an der Küste alarmiert wird.

341

●●

Welches Seenotsignal können Sie mit einer Leuchte geben?

(●●● ▬▬ ▬ ▬ ▬ ●●●)

(SOS).

Durch Seenotsignale wird der gesamte Seenotrettungsdienst alarmiert. Auch alle Schiffe sind zur sofortigen Hilfeleistung verpflichtet. Daher dürfen Seenotsignale ausschließlich im Seenotfall verwendet werden.

EPIRB

In einem Seenotfall auf hoher See, weitab von Rettungsstationen oder anderen Schiffen werden Seenotfunkbojen verwendet, um Alarm auszulösen. Diese EPIRB (Emergency Position Indicating Radio Beacon) genannten Geräte funken auf den internationalen Notfrequenzen Satelliten an, welche die empfangenen Signale an

Rettungsstationen weiterleiten. Suchflugzeuge und Rettungskreuzer können EPIRB-Signale anpeilen, um die Unglücksstelle zu lokalisieren.

Das seit dem 1.2.1992 verfügbare, Satelliten-gestützte Seenot- und Sicherheitssystem GMDSS (Global Maritime Distress and Safety System) wird bis zum 31.1.1999 zur Pflichtausrüstung der Berufsschifffahrt und ermöglicht weltweiten Funkverkehr im Seenotfall. Die Nutzung von GMDSS durch die Sportschiffahrt ist – mit entsprechenden Funkanlagen – ebenfalls möglich.

Abb. 256: Wilfried Erdmann auf der „Kathena Nui": Nonstop einhand um die Welt – ohne Seenot.

Verantwortung des Schiffsführers

Die rechtliche Situation des Schiffsführers wird aus dem Fragenkatalog allein nicht umfassend deutlich.

4

● *Wer ist auf einem Fahrzeug für die Befolgung der Verkehrsvorschriften verantwortlich?*

Der Fahrzeugführer oder dessen Vertreter.

5

●● *Was ist zu tun, wenn vor Antritt der Fahrt nicht feststeht, wer Fahrzeugführer ist?*

Wenn nicht feststeht, wer Fahrzeugführer ist und wenn mehrere Personen zum Führen eines Fahrzeuges berechtigt sind, dann haben sie vor Antritt der Fahrt zu bestimmen, wer verantwortlicher Fahrzeugführer ist.

Die internationalen und nationalen Richtlinien für die Sicherheit seegehender Yachten beschreiben die rechtliche Stellung des Schiffsführers mit einem Satz wie folgt:

Die Verantwortung für die Sicherheit des Schiffes und seiner Besatzung liegt ausschließlich und bedingungslos in der Hand des Schiffsführers. Durch die Worte „ausschließlich und bedingungslos" übersteigt der Verantwortungsbereich des Schiffsführers den des Autofahrers. Mit Ausnahme einer nicht vorsehbaren und nicht angekündigten Wetterentwicklung wird daher in nahezu allen Fällen ein In-Seenot-Geraten als Fehler der Schiffsführung angesehen. Die Fahruntüchtigkeit nach dem Genuß alkoholischer Getränke ist in den meisten Ländern auf dem Land und dem Wasser gleich geregelt. Wer seinen Sportbootführerschein verliert, wird in der Regel auch seinen Kfz-Führerschein abgeben müssen.

6

● *Wie hat sich ein Fahrzeugführer zu verhalten, der infolge des Genusses alkoholischer Getränke oder anderer berauschender Mittel in der sicheren Führung des Fahrzeuges behindert ist?*

Er darf das Fahrzeug nicht führen.

Seeunfalluntersuchungsgesetz

Das Seeunfalluntersuchungsgesetz schreibt vor, daß jeder Seeunfall untersucht werden muß. Als Seeunfall wird ein Unfall auf See mit Todesfolge oder der Verlust einer seegehenden Yacht sowie jeder Unfall von öffentlichem Interesse angesehen. Als Seeunfall gilt auch eine unterlassene Hilfe- oder Beistandleistung. Schiffsführer und Vercharterer müssen jeden Seeunfall auf ihrem Schiff unverzüglich anzeigen.
Die Untersuchung wird von einem Seeamt durchgeführt. Dieses mit fünf Volljuristen und Kapitänen besetzte Gremium stellt den Hergang und die Ursache des Unfalls amtlich fest. Es verkündet einen „Spruch", der Einfluß auf

327

●● *Welche Gesetze und Verordnungen enthalten Vorschriften über das Verhalten nach einem Zusammenstoß?*

Das Seeunfalluntersuchungsgesetz, die Verordnung über die Sicherung der Seefahrt und die Seeschiffahrtsstraßen-Ordnung.

staatsanwaltliche Ermittlungen und Versicherungsleistungen haben kann. Eine Berufung beim Oberseeamt, Hamburg, ist möglich.

Logbuch

Das Logbuch ist ein Schiffstagebuch, in das alle Daten der Navigation, der Wetterverhältnisse, der Manöver sowie der Seemannschaft eingetragen werden. Das Führen eines Logbuches ist auf Berufsschiffen vorgeschrieben, Sportbooten ist es empfohlen.
Das Logbuch ist eine Urkunde. Die Eintragungen müssen täglich vom Schiffsführer unterschrieben werden. Das Logbuch zählt als Beweismittel bei Seeamtsverhandlungen. Damit bietet das Logbuch dem Schiffsführer die Möglichkeit, nach einem Unfall nachzuweisen, daß er seiner Pflicht genügt hat.
In das Logbuch sollten – neben den erwähnten Daten – durchgeführte Sicherheitsbelehrungen, Mannschaftstrainings sowie Überprüfungen der Seetüchtigkeit und der Ausrüstung vor Fahrtantritt eingetragen werden. Für Sportboote eignen sich besonders die von der Edition Maritim herausgegebenen Logbücher.

Wetter = Luft + Sonne + Wasser

Wetterberichte

Wassersport ist wetterabhängig. Badegäste wollen wissen, ob das Wetter gut, Schiffsführer ob es schlecht wird. Der Skipper muß vor und während einer Reise **Seewetterberichte** hören. Diese werden von den Küstenfunkstellen (in Deutschland z. B. Norddeich Radio, Elbe-Weser Radio, Rügen Radio) und einigen Radiosendern ein- bis zweimal täglich ausgestrahlt. Für den Empfang der von Küstenfunkstellen ausgestrahlten Seewetterberichte ist ein Grenzwellenempfänger oder ein UKW-Sprechfunkgerät erforderlich.

295

●●
Wie können Sie Wetterberichte erhalten?

Über Rundfunk, Fernsehen, Zeitung, Fernsprech-Ansagedienst der Deutschen Bundespost, Deutscher Wetterdienst-Seewetteramt, Küstenfunkstellen.

Abb. 257: *Auch Jollenseglerinnen hören den Seewetterbericht, bevor sie an der Küste segeln gehen.*

In Seewetterberichten werden Fachausdrücke verwendet, die jeder Segler kennen soll. Diese werden im folgenden vorgestellt. Zuvor werden einige grundlegende Erläuterungen der Wetterabläufe gegeben.
Weitergehende Wetterkunde, das Zeichnen und Auswerten von Wetterkarten, die Wettererscheinungen in Fronten sowie das Wetter auf der Nordsee, der Ostsee und dem Mittelmeer sind Bestandteil der Sportseeschiffer-Ausbildung.

Wetter = Luft + Sonne + Wasser

In dieser einfachen Formel steckt das Verständnis für die grundlegenden Wetterabläufe. Luft umhüllt die Erde, ihr Gewicht bewirkt den **Luftdruck.** Er drückt jedoch nicht nur von oben, sondern von allen Seiten mit normalerweise 1013 g auf jeden Quadratzentimeter.
Der Luftdruck wird in **Hektopascal (hPa)** (1 hPa = 1 g/cm²) gemessen. Die früher verwendete Einheit Millibar ist mit Hectopascal identisch.

288

●
In welcher Maßeinheit wird der Luftdruck angegeben?

In Hektopascal (hPa).

Wenn die Sonne auf die Erde scheint, erwärmt sich die Luft. Warme Luft steigt auf. Dadurch sinkt ihr Gewicht; der Luftdruck fällt.

Aufsteigende Warmluft bewirkt fallenden Luftdruck.
Steigender Luftdruck wird durch herabsinkende Kaltluft hervorgerufen.

Während des Steigens kühlt die Luft ab. Schließlich hat sie ihre Höhe erreicht und strömt nun seitwärts ab. An anderer Stelle sinkt die kalte Luft zurück auf die Erde. Dadurch nimmt ihr Gewicht zu, der Luftdruck steigt.

Von der Sonne erwärmte Luft steigt auf und kühlt dabei langsam ab.
An anderer Stelle sinkt die abgekühlte Luft wieder zu Boden.

Wetter = Luft + Sonne + Wasser

Warum führt steigender Luftdruck zu einer Wetterbesserung und fallender Luftdruck zu einer Wetterverschlechterung? Warme Luft kann viel Wasser aufnehmen, kalte Luft nur wenig. Das bemerkt man z. B. beim Haarefönen. Haare trocknen in kalter Luft viel langsamer als in warmer.

Abb. 258: *Aufsteigende Warmluft kühlt ab und bildet dabei Haufenwolken („Cumulus").*

Soviel Feuchtigkeit kann Luft aufnehmen (100 % Luftfeuchtigkeit):

Lufttemperatur in °C	Gramm Wasser je m³ Luft
-10°	2,3 g
0°	3,5 g
+10°	9,4 g
+20°	17,2 g
+30°	30,4 g

Auch der im Winter als Nebel sichtbare Atem zeigt, wie die warme Luft in kalter Umgebung ihre Feuchtigkeit nicht halten kann.
Wolken sind Höhennebel. Wenn warme Luft aufsteigt, kühlt sie ab. Zuerst bildet sich Nebel, schließlich fällt Regen. Die Luft gibt überschüssige Feuchtigkeit ab.

Aufsteigende Warmluft wird feucht.

Lufttemperatur in °C	g Wasser je m³ Luft	Luftfeuchte
30°	12	40%
20°	12	70%
10°	12	Regen

10° warme Luft kann nur 9,4 g Wasser je m³ Luft aufnehmen; der Rest fällt als Regen heraus.

Beim Absinken erwärmt sich die Luft und trocknet. So entsteht ein strahlend blauer Himmel.

Herabsinkende Kaltluft trocknet.

Lufttemperatur in °C	g Wasser je m³	Luftfeuchte
10°	9,4	100%
20°	9,4	55%
30°	9,4	31%

So führt steigender Luftdruck zur Wetterverbesserung und fallender Luftdruck zur Wetterverschlechterung.

**Steigender Luftdruck führt zur Wetterbesserung.
Fallender Luftdruck führt zur Wetterverschlechterung.**

Je schneller der Luftdruck sich verändert, um so schneller verändert sich das Wetter.

289

● *Welche Schlüsse können Sie aus raschen Luftdruckänderungen ziehen?*

Schnelle Wetteränderung.

Seewind, Landwind

Die Entstehung von Hoch- und Tiefdruckgebieten läßt sich in kleinem Ausmaß an heißen Sommertagen an der Küste oder auf Inseln beobachten.

Die Sonne erwärmt das Land viel schneller als das Meer. Über Land steigt die warme Luft auf **(Hitzetief)**, was sich an kleinen Haufenwolken zeigt.

In der Höhe strömt die aufgestiegene Luft über das kühlere Meer und sinkt dort nieder **(Kältehoch).** Aus dem Hoch, also vom Meer weht der Wind zurück an die Küste. Hier erfreut man sich an dem leichten, erfrischenden Seewind (s. Abb. 260). Der Seewind ist nachmittags, wenn das Land am stärksten erwärmt ist, besonders ausgeprägt. Er kann Windstärke 4–5 Bft erreichen.

Bei Nacht wendet sich das Blatt. Das schnell abkühlende Land ist in den frühen Morgenstunden kälter als das Wasser. Nun steigt über dem Wasser warme Luft auf und sinkt über Land nieder. In geringerer Stärke tritt nun Landwind auf (s. Abbildung 261).

299

● ●

Was verstehen Sie unter Seewind und wann tritt er in der Regel auf?

Auflandiger Wind an der Küste, der örtlich auftritt, nachmittags seine größte Stärke (4 bis 5 Bft) erreicht und nachts wieder abflaut.

298

● ●

Was verstehen Sie unter Landwind und wann tritt er in der Regel auf?

Ablandiger Wind an der Küste von geringer Stärke, der meistens nur nachts auftritt.

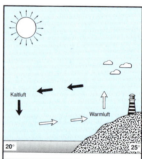

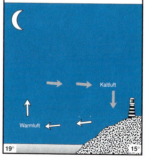

Abb. 260/261: *Die Seewind-Landwind-Zirkulation hat allein thermische Ursachen. Sie entsteht durch aufsteigende Warmluft und ist nachmittags (Seewind) und nachts (Landwind) am stärksten.*

Wetter = Luft + Sonne + Wasser

Wenn warme Luft aufsteigt, sinkt der Luftdruck. Beim Aufsteigen kühlt die Luft ab.

Dabei wird die Luft feucht. Zunächst bildet sich Nebel (=Wolken), dann regnet es. Daher verursacht sinkender Luftdruck schlechteres Wetter.

Wenn kalte Luft zu Boden sinkt, steigt der Luftdruck. Gleichzeitig erwärmt sich die Luft und trocknet. Der Himmel wird klar, die Sonne lacht. Daher verursacht steigender Luftdruck besseres Wetter.

Nur wo Luft, Sonne und Wasser vorhanden sind, kann es Wetter geben – auf dem Mond z. B. gibt es kein Wetter. Wasser kommt in der Lufthülle der Erde nur in der unteren Atmosphärenschicht, der Troposphäre, vor. Allein hier spielt sich das Wetter ab. Die **Troposphäre** besitzt über den Polen eine Höhe von etwa 8 km, über dem Äquator ist sie etwa 16 km hoch. Maßstabsgerecht auf einen Globus von 50 cm Durchmesser verkleinert hat die Troposphäre eine Dicke von etwa 0,3 mm. So empfindlich wie diese Schicht auf einem Globus ist das Wetter auf der Erde.

Abb. 259: *Hitzetief über einer Karibikinsel. Die Wolken entstehen durch feuchte Luft, die über dem von der Sonne erwärmten Land aufsteigt und dabei abkühlt.*

Hoch- und Tiefdruckgebiete

Ein Gebiet hohen Luftdrucks nennt man **Hoch,** eines mit tiefem Druck heißt **Tief.** Dabei kommt es nicht auf die absolute Höhe des Luftdrucks an, sondern nur darauf, daß in größerem Umkreis nicht noch höherer oder tieferer Luftdruck herrscht. Die Kerne werden mit „H" und mit „T" bezeichnet. Um sie herum verlaufen **Isobaren,** das sind Linien gleichen Luftdrucks.

292

Was bedeuten die um einen Hoch- oder Tiefdruckkern in der Wetterkarte abgebildeten Linien?

Linien, die Orte gleichen Luftdrucks miteinander verbinden (Isobaren).

293

Erklären Sie folgende Abbildung:

Hochdruckgebiet. Zahlenangaben an den Isobaren in hPa.

Unterschiedliche Drücke bleiben nicht lange bestehen. Das kann man schon beim Aufpusten einer Luftmatratze beobachten. Bläst man in die einzige Öffnung einer am Boden ausgebreiteten Luftmatratze einige kräftige Atemzüge hinein, so entsteht ein kleiner „Luftberg", ein Hochdruckgebiet. Am anderen Ende bleibt die Matratze flach, hier ist ein Tiefdruckgebiet.

Einige Minuten später ist der Luftberg verschwunden; die Luft in der Matratze ist von einem zum anderen Ende geströmt – sozusagen als Matratzenwind.

Wind auf der Erde entsteht durch Druckausgleich zwischen Hoch- und Tiefdruckgebieten. Luft strömt immer aus einem Hochdruckgebiet in ein Tiefdruckgebiet.

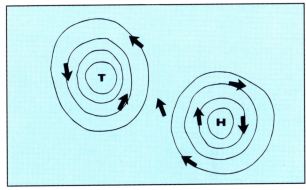

Abb. 263: *Der Wind weht spiralförmig. Auf der Nordhalbkugel strömt er mit dem Uhrzeigersinn aus dem Hoch und gegen den Uhrzeigersinn in das Tief – auf der Südhalbkugel genau umgekehrt. Nur am Äquator weht die Luft direkt aus dem Hoch in das Tief.*

Dabei weht der Wind nur am Äquator direkt aus dem Hoch- in das Tiefdruckgebiet. In höheren Breiten wird er durch die Drehung der Erde abgelenkt. Auf der nördlichen Erdhalbkugel strömt der Wind mit dem Uhrzeigersinn aus dem Hoch heraus und gegen den Uhrzeigersinn in das Tief hinein; auf der südlichen Erdhalbkugel genau umgekehrt: gegen den Uhrzeigersinn aus dem Hoch, mit dem Uhrzeigersinn in das Tief (s. Abbildung 263).

Im Herbst sieht man gut die gegen den Uhrzeigersinn aufsteigende Luft, wenn der Wind trockenes Laub aufwirbelt.

Abb. 262: *Eine schöne alte Yacht bei „Kaiserwetter" auf der Ostsee. Östliche Winde sind hier ein sicheres Zeichen für beständiges, schönes Wetter. Dreht der Wind nach Westen, so ist die Schönwetterperiode vorbei.*

Hoch- und Tiefdruckgebiete

Ursächlich für diese spiralförmigen Luftbewegungen ist die Drehung der Erde. Dadurch entsteht die Corioliskraft, die im übrigen auch die Wirbel im ablaufenden Badewannenwasser hervorruft. Diese drehen sich – wie die in einem Hochdruckgebiet herabsinkende Luft – mit dem Uhrzeigersinn auf der Nord- und gegen den Uhrzeigersinn auf der Südhalbkugel. Am Äquator gibt es keine **Corioliskraft;** dort weht der Wind ohne Umweg vom Hoch in das Tief. Je stärker das Druckgefälle ist (je enger die Isobaren liegen), um so schneller strömt die Luft. Meteorologen entnehmen so der Wetterkarte die Windstärke.

Fronten

In unseren Breiten wird das Wetter durch polare Kaltluftmassen, die südwärts strömen, und subtropische Warmluftmassen, welche nordwärts ziehen, geprägt. Die Grenzen solcher Kaltluftmassen heißen **Kaltfronten.** Sie vermischen sich nicht mit wärmerer Luft, sondern schieben diese weg. Die Grenzen subtropischer Warmluftmassen nennt man auch **Warmfronten.** Sie verdrängen Kaltluft. Kaltfronten werden in Wetterkarten durch Linien mit schwarzen Dreiecken, Warmfronten durch Linien mit schwarzen Halbkreisen dargestellt. Die Kaltluftmassen sind als schwarze, die Warmluftmassen als weiße Pfeile abgebildet.

●●●
Erklären Sie folgende Abbildung:

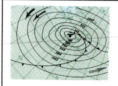

Tiefdruckgebiet auf Nordbreite mit Warm- und Kaltfront sowie Warmsektor, ferner Angaben über das Druck- und Windfeld im Bereich des Tiefs.

Der Durchzug einer Front macht sich immer als sehr heftige Wettererscheinung bemerkbar. Das typisch schlechte Wetter, bei dem man keinen Hund vor die Tür schicken würde, herrscht beim Durchzug einer Front.
Fronten sind stets mit Tiefdruckgebieten verbunden; unter dem Einfluß hohen Luftdrucks lösen sie sich auf.
Große Tiefdruckgebiete bilden sich über dem Atlantik und ziehen von West nach Ost. Junge Tiefs erreichen dabei eine Geschwindigkeit von 70 km/h, das sind bis zu 40 sm/h (= 40 kn). Je älter ein Tiefdruckgebiet wird, um so langsamer zieht es da-

hin, bis es von polarer Kaltluft aufgefüllt wird.

●●
Welche Zuggeschwindigkeit und -richtung haben Tiefdruckgebiete in der Regel in unseren Breiten?

1. 5–40 Knoten.
2. Von West nach Ost.

In Wetterkarten kann man das Alter der Tiefs an der Anzahl der Isobaren um das Tief erkennen. Je weniger Isobaren, um so jünger und damit schneller ist es.

Wind

Für die Sicherheit im Wassersport ist das schnelle Fallen des Luftdrucks von großer Bedeutung. Dann zieht Sturm auf.
An Bord soll sich immer ein **Barometer** befinden, um ein Fallen des Luftdruckes und damit Heraufziehen eines Sturmes rechtzeitig zu bemerken. Die Regel ist für die Nord- und die Ostsee ganz einfach.
Fällt der Luftdruck um mehr als 1 Hektopascal pro Stunde, so zieht Starkwind oder Sturm auf.

Abb. 264: *Nachbau einer Hansekogge. Dieser Schiffstyp war für schweres Wetter nicht besonders gut geeignet.*

Wind

Um sicherzugehen, daß der Luftdruck nicht unbemerkt fällt, soll auf See alle zwei Stunden der Luftdruck in das Logbuch eingetragen werden.

290

● **Was bedeutet rasches Fallen des Luftdrucks?**

In der Mehrzahl der Fälle Starkwind- oder Sturmgefahr.

291

●● **Was können Sie für eine Wetterentwicklung erwarten, wenn in unseren Breiten der Luftdruck um mehr als 1 Hektopascal in der Stunde fällt?**

Es gibt Starkwind oder Sturm.

Diese Regel kann nicht auf das Mittelmeer übertragen werden. Es ist nach We-

sten und Norden von hohen Gebirgszügen umgeben und wird so vor den aus Westen heranziehenden Tiefdruckgebieten geschützt.
Andererseits beeinflussen die relativ nahe an die Küsten heranreichenden Berge das Wetter so stark, daß bereits ein geringfügiger Luftdruckabfall verbunden mit einigen harmlosen Wölkchen an den Bergen zu starkem oder steifem Wind führen kann. Windstärken werden nach der **Beaufortskala** angegeben. Beaufort (sprich: Bohfohr) war ein englischer Admiral. Als Anfang des 19. Jahrhunderts noch keine technischen Mittel zur Messung der Windgeschwindigkeit existierten, führte er die **Windstärken 0 – 12** ein. Dabei legte er zunächst die Anzahl der

Segel, die ein Schiff gerade noch setzen konnte, zugrunde. Später wurden charakteristische Veränderungen der Wasseroberfläche zur Beurteilung der Windstärke herangezogen (s. Beaufortskala S. 183).

287

● **Welche Angaben liefert Ihnen die Beaufortskala?**

Einheiten der Windstärke von 0 bis 12 und die Auswirkungen des Windes auf die See.

In Wetterberichten werden Windstärken oftmals nicht mit Zahlen, sondern verbal bezeichnet. Es ist wichtig, die Bezeichnung richtig zuordnen zu können.

Windstärke	Windbezeichnung
1–3	schwachwindig
4	mäßiger Wind
5	frischer Wind
6	starker Wind
10	schwerer Sturm
11	orkanartiger Sturm
12	Orkan

301

●● **Was verstehen Sie in amtlichen Wetterberichten unter „schwachem Wind"?**

Wind bis zur Stärke 3 der Beaufortskala.

302

●● **Was verstehen Sie in amtlichen Wetterberichten unter „mäßigem Wind"?**

Wind der Stärke 4 der Beaufortskala.

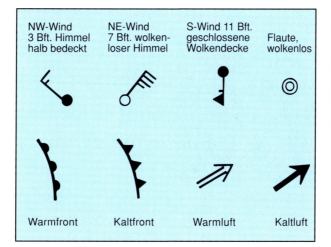

Abb. 265: *Diese Symbole werden in Wetterkarten verwendet.*

Wind

303

●●
Was verstehen Sie in amtlichen Wetterberichten unter „frischem Wind"?

Wind der Stärke 5 der Beaufortskala.

304

●●
Was verstehen Sie in amtlichen Wetterberichten unter „schwerem Sturm", „orkanartigem Sturm", „Orkan"?

Wind der Stärke 10, 11 bzw. 12 der Beaufortskala.

Auf kleinen Segelbooten kann es bereits bei frischem Wind ungemütlich und bei starkem Wind gefährlich werden. Ab 7 Bft laufen selbst größere Segelyachten nur noch selten aus; bei Sturm beginnt der Überlebenskampf. Wer andere mit Windstärken, die sie angeblich abgewettert haben, prahlen hört, möge sich an die alte Seemannsweisheit erinnern: Nur Narren versuchen ein Meer zu bezwingen; Seeleute überqueren es und versuchen, alle Risiken zu vermeiden. Das Starkwind- und Sturmrisiko läßt sich durch regelmäßige Barometerbeobachtungen und das Abhören der Seewetterberichte weitgehend ausschalten.

Starkwindwarnung:
6–7 Bft
Sturmwarnung:
8 Bft und mehr

296

●
Für welche Windstärken wird eine Starkwindwarnung herausgegeben?

Für Windstärke 6 und 7 der Beaufortskala.

297

●
Für welche Windstärken wird eine Sturmwarnung herausgegeben?

Für Windstärke 8 der Beaufortskala und mehr.

Wenn man gegen den Wind guckt und dabei feststellt, daß der Wind im Laufe der Zeit nach rechts dreht, so nennt man den Wind rechtsdrehend. Nach links drehenden Wind – in Windrichtung gesehen – bezeichnet man als rückdrehend. In Wetterkarten werden Windrichtung, Windstärke und Bewölkung mit einem einzigen Symbol dargestellt (s. Abbildung 265).

286

●●
Was bedeutet folgendes Zeichen im der Wetterkarte?

Windrichtung: NW; Windstärke: Bft 3; Bewölkung: wolkenlos.

305

●●
Sie hören im Wetterbericht die Meldung: Sturm aus Südwest rechtsdrehend. Was bedeutet das?

Der Sturm dreht in Richtung West (im Uhrzeigersinn).

306

●●
Sie hören im Wetterbericht die Meldung: Sturm aus Südost rückdrehend. Was bedeutet das?

Der Sturm dreht in Richtung Ost (entgegen dem Uhrzeigersinn).

Abb. 266: *Jetzt taucht der Bug noch tief in die durchlaufende Welle ein. Gleich hebt er an, und die Yacht surft bei frischem bis starkem Wind mit hoher Geschwindigkeit auf den Wellen.*

Beaufortskala

BEAUFORTSKALA			
Windstärke		Auswirkungen der Windstärke auf die See	Knoten
Windst. (Beaufort)	Bezeichnung		
0	Stille	Spiegelglatte See.	00
1	Leiser Zug	Kleine, schuppenförmig aussehende Kräuselwellen ohne Schaumkämme.	02 01–03
2	Leichte Brise	Kleine Wellen, noch kurz, aber ausgeprägter. Die Kämme sehen glasig aus und brechen sich nicht.	05 04–06
3	Schwache Brise	Die Kämme beginnen sich zu brechen. Schon überwiegend glasig, ganz vereinzelt können kleine weiße Schaumköpfe auftreten.	09 07–10
4	Mäßige Brise	Wellen sind noch klein, werden aber länger. Weiße Schaumköpfe treten schon ziemlich verbreitet auf.	13 11–15
5	Frische Brise	Mäßige Wellen, die eine ausgeprägtere lange Form annehmen. Überall weiße Schaumkämme. (Ganz vereinzelt kann schon Gischt vorkommen.)	18 16–21
6	Starker Wind	Die Bildung großer Wellen beginnt; Kämme brechen und hinterlassen größere weiße Schaumflächen; etwas Gischt.	24 22–27
7	Steifer Wind	See türmt sich; der beim Brechen entstehende weiße Schaum beginnt sich in die Windrichtung zu legen.	30 28–33
8	Stürmischer Wind	Mäßig hohe Wellenberge mit Kämmen von beträchtlicher Länge. Von den Kanten der Kämme beginnt Gischt abzuwehen. Der Schaum legt sich in gut ausgeprägten Streifen in die Windrichtung.	37 34–40
9	Sturm	Hohe Wellenberge; dichte Schaumstreifen in Windrichtung; „Rollen" der See beginnt. Die Gischt kann die Sicht schon beeinträchtigen.	44 41–47
10	Schwerer Sturm	Sehr hohe Wellenberge mit langen überbrechenden Kämmen. See weiß durch Schaum. Rollen der See schwer und stoßartig. Sicht durch Gischt beeinträchtigt.	52 48–55
11	Orkanartiger Sturm	Außergewöhnlich hohe Wellenberge. Die Kanten der Wellenkämme werden überall zu Gischt zerblasen. Die Sicht ist herabgesetzt.	60 56–63
12	Orkan	Luft mit Schaum und Gischt angefüllt. See vollständig weiß. Die Sicht ist sehr stark herabgesetzt; jede Fernsicht hört auf.	64 und mehr

Gewitter

Jeder fürchtet Gewitter auf See. Wo sonst ist man dieser Urgewalt so unmittelbar ausgesetzt? **Gewitter** können neben der Blitzschlaggefahr Böen bis Orkanstärke, plötzliche Winddrehungen und heftige Regen- oder Hagelschauer, in denen die Sicht stark herabgesetzt ist, mit sich bringen. Jedes dieser Geschehen allein kann ein Schiff gefährden.

Welche Gefahren kann ein Gewitter mit sich bringen?

1. Böen bis Orkanstärke.
2. Winddrehungen.
3. Starke Regenfälle mit erheblich verminderter Sicht.
4. Hagelschlag.
5. Blitzschlag.

Woran erkennt man heranziehende Gewitter? Offensichtlich ist die erschreckend dunkelgraue Wolkenwand: Mit ihr kann ein Gewitter oder „nur" eine **Schauerböe** anrücken. Der Unterschied ist leicht zu erkennen: Heftige Gewitter ziehen meistens gegen den **Bodenwind.** Wer mit dem Wind guckend eine dunkle Wolkenwand bemerkt, sollte

sich nicht damit trösten, daß der Wind sie wegblasen wird. Ein Blick zu den Wolken gibt Aufschluß: Sie ziehen mit dem Höhenwind genau gegen den Bodenwind an, und mit dem Höhenwind kommt die Wolkenwand als Gewitter.

> Blickt man mit dem Wind auf eine dunkle Wolkenwand, so zeigt ein Blick nach oben die Zugrichtung der Wolkenwand; Gewitter ziehen oft gegen den Bodenwind.

Vor jedem Gewitter gibt es turmartige **Haufenwolken,** doch oftmals sind sie hinter anderen Wolken verdeckt.
Bei Zweifeln kann man auch im Radio Mittelwelle

einschalten. Starke Störungen deuten auf Gewitter hin.

Woran erkennt man ein aufziehendes Gewitter?

1. Turmartige, mächtige Haufenwolken.
2. Ein eventuell vorhandener Wind schläft zunächst ein, frischt danach wieder auf und kommt aus anderer Richtung.
3. Aus einem auf Mittelwelle geschalteten Rundfunkgerät ertönen lange vor Gewitterausbruch starke Störgeräusche.

Wie soll man sich bei einem Gewitter auf See verhalten, wenn man nicht mehr rechtzeitig einen Hafen anlaufen kann?
Der gefährlichste Teil einer Gewitterzone ist oft das **Hagelgebiet,** das sich meistens links hinter dem heranziehenden Gewitterzentrum befindet. Falls möglich, sollte man daher ein Gewitter rechts umfahren, d. h., das Gewitter soll an der Backbordseite des Schiffes bleiben.

> Ein Gewitter sollte möglichst rechts umfahren werden, weil sich links hinter seiner Kernzelle das Hagelzentrum, der gefährlichste Teil des Gewitters, befindet.

Abb. 267: *Gewitterwolken.*

Gewitter

In jedem Fall sollten Rettungswesten und gegebenenfalls Lifebelts angelegt und alle Maßnahmen zur Vorbereitung auf einen Sturm eingeleitet werden (Reffen, kleine Fock, Luken dicht, Gegenstände verstauen u. a.). Funkanlagen müssen abgeschaltet werden, und von allen Metallteilen sollte man im Gewitter gut Abstand halten.

309

● ● ●

Wie verhalten Sie sich bei Gewittergefahr?

1. Hafen oder zumindest Landschutz aufsuchen.
2. Gegebenenfalls Segel stark reffen, besser ganz wegnehmen.
3. Sonstige Maßnahmen wie in schwerem Sturm ergreifen (z. B. alle Gegenstände seefest laschen, Rettungsweste und Sicherheitsgurt anlegen).
4. Funkanlagen abschalten.
5. Möglichst keine Metallteile berühren.
6. Position ermitteln und in die Seekarte eintragen.

Verhaltensregeln bei Gewitter
– Während eines Gewitters ist der sicherste Platz an Bord unter Deck.
– Badende müssen das Wasser verlassen (Lebensgefahr).
– Wer sich an Deck aufhält, sollte mindestens zwei Meter Abstand von Metallteilen halten und Gummistiefel tragen.
– Während des Gewitters kein Ankermanöver fahren, wenn dabei nicht der Mindestabstand von zwei Metern zur Ankerkette eingehalten werden kann.
– Blitzschlag in das Schiff oder in seiner Nähe kann Schäden an Navigationsanlagen, Maschinen, am Kompaß oder Ruder hervorrufen.

Gegen Blitzschlaggefahr lassen sich auf Yachten **Blitzschutzanlagen** einbauen. Wer auf einem Segelboot ohne Blitzschutz in ein Gewitter kommt, mag sich damit trösten, daß – aus welchen Gründen auch immer – Yachten äußerst selten vom Blitz getroffen werden.

Abb. 268: *Regattayacht im Sturm (Admiral's Cup).*

Sicherheit, Wetter

Nr.	Amtliche Frage	Amtlicher Antwortvorschlag	Vereinfachte Antwort	Seite
321 ●	Welche Löschmittel dürfen Sie keinesfalls bei einem Brand in der elektrischen Anlage einsetzen?	Schaum und Wasser.	–	156
322 ●●	1. Welcher Feuerlöscher ist für Sportboote zweckmäßig? 2. Wie oft müssen Sie einen Feuerlöscher überprüfen lassen?	1. ABC-Pulverlöscher. 2. Mindestens alle 2 Jahre.	–	156
323 ●●●	Was ist zu tun, wenn es am Motor brennt?	1. Kraftstoffzufuhr abstellen und Motor mit möglichst hoher Drehzahl weiterlaufen lassen. 2. Bei leicht zugänglichen Motoren Brandstelle mit Löschdecke oder nasser Wolldecke abdecken oder Brand mit Pulverlöscher bekämpfen. 3. Bei schwer zugänglichen Motoren in geschlossenen Motorräumen Lüftungsöffnungen verschließen und Löschmittel aus Pulverlöscher durch Spalt am Zugang in den Raum eingeben.	1. Benzinhahn zu, im Leerlauf Vollgas. 2. Feuer ersticken. 3. Feuer löschen.	156
324 ●●●	Welche Maßnahmen ergreifen Sie, um einen Brand wirksam zu bekämpfen?	1. Luftzufuhr vermeiden. 2. Feuerlöscher erst am Brandherd in Tätigkeit setzen. 3. Das Feuer möglichst von unten bekämpfen.	1. Feuer ersticken. 2. Feuerlöscher erst am Brandherd öffnen. 3. Von unten löschen.	156
315 ●●●	Warum ist Flüssiggas gefährlich?	Es bildet mit Luft ein explosionsfähiges Gemisch. Flüssiggas ist schwerer als Luft und geruchlos.	Kann sich im Rumpf sammeln. Kann mit Luft explodieren.	158
316 ●●●	Wo sollen die Gasbehälter einer Flüssiggasanlage gelagert werden?	1. Möglichst an Deck, geschützt vor Sonneneinstrahlung. 2. Sonst in einem besonders abgeschlossenen Raum für Gasbehälter, der in Bodenhöhe eine Öffnung nach außenbords hat.	Flaschenkasten mit Abfluß nach außen.	158
317 ●●	Was ist vor Inbetriebnahme einer Flüssiggasanlage zu prüfen?	Es ist zu prüfen, ob alle Leitungen und Anschlüsse dicht sind.	Dichtheit.	158
318 ●●	Was ist zu beachten, wenn die Flüssiggasanlage außer Betrieb gesetzt wird?	Alle vorhandenen Absperrventile sind zu schließen.	Ventile zudrehen.	158
278 ●●	Welche äußeren Einflüsse können sich auf die Manövrierfähigkeit Ihres Bootes auswirken?	Wind, Seegang, Strom, Sog, Wassertiefe.	Wind, Wellen, Strömung, Wassertiefe, Sog.	161
285 ●	Womit kann ein steuerunfähiges Sportboot mit dem Bug in den Wind gehalten werden?	Mit dem Treibanker.	Treibanker.	162
335 ●	Sie hören über Seefunksprechgerät: Mayday, mayday, mayday. Was bedeutet dieses Signal?	Seenotfall.	Seenot.	172

Sicherheit, Wetter

Nr.	Amtliche Frage	Amtlicher Antwortvorschlag	Vereinfachte Antwort	Seite
311 ●●	Was soll ein Bootsführer unternehmen, wenn er durch schlechtes Wetter oder andere Umstände länger als vorgesehen aufgehalten wird?	Die Angehörigen verständigen, um aufwendige Suchaktionen zu vermeiden.	Angehörige verständigen.	163
312 ●●	Was soll ein Bootsführer unternehmen, wenn er Grund zur Annahme haben muß, daß er vermißt wird und dadurch eine Suchaktion ausgelöst worden ist?	Die Seenotleitung Bremen der Deutschen Gesellschaft zur Rettung Schiffbrüchiger und Angehörige benachrichtigen.	DGzRS in Bremen anrufen.	163
314 ●●●	Welche Sicherheitsmaßnahmen treffen Sie auf See vor Eintritt von schwerem Wetter (Starkwind, Sturm)?	1. Alle Öffnungen vor Wassereinbruch sichern. Lose Gegenstände festzurren. 2. Rettungswesten und Sicherheitsgurt mit Sorgleine anlegen, diese in Augbolzen, Strecktau oder Laufleine einhaken und andere Rettungsmittel bereithalten. 3. Unter Umständen Schutzhafen anlaufen.	Luken dicht. Alles fest verstauen. Rettungsweste und -gurt anlegen. Hafen anlaufen.	163
7 ●●●	Welche Sicherheitsmaßnahmen sollte der Fahrzeugführer vor Fahrtantritt zum Schutze und für die Sicherheit der Personen an Bord treffen?	Der Fahrzeugführer hat die Besatzungsmitglieder und Gäste 1. über die Sicherheitsvorkehrungen an Bord zu unterrichten, 2. in die Handhabung der Rettungsmittel einzuweisen, 3. auf geeignete Maßnahmen gegen das Überbordfallen hinzuweisen.	Sicherheitsbelehrung mit Erklärung der Rettungsmittel und Hinweisen gegen das Überbordfallen.	164
319 ●●●	Was gehört zu der Sicherheitsausrüstung?	1. Ohnmachtssichere Rettungsweste mit Signalpfeife für jede Person, 2. Sicherheitsgurte in ausreichender Anzahl, 3. Rettungsring mit Wurfleine, 4. Rettungsfloß, 5. Notsignale, 6. Erste-Hilfe-Kasten, 7. Feuerlöscher, 8. Lenzpumpe und Eimer, 9. Riemen oder Paddel, 10. Taschenlampe, 11. Treibanker, 12. Radarreflektor.	1. Rettungswesten, -leinen, -ring, -insel 2. Sicherheitsgurte 3. Notsignale 4. Feuerlöscher, Verbandskasten 5. Pumpen, Eimer 6. Radarreflektor, Treibanker, Taschenlampe, Paddel, u.a.m.	164
328 ●●	Was ist sofort zu tun, wenn jemand über Bord gefallen ist?	1. Rettungsring zuwerfen, 2. gut Ausguck halten, 3. Mann-über-Bord-Manöver ausführen.	Rettungsring zuwerfen. Mann-über-Bord-Manöver fahren, dabei Person nicht aus dem Auge verlieren.	168
329 ●●●	Wie können Sie nach einem Mann-über-Bord-Manöver eine erschöpft im Wasser treibende Person möglichst schnell und sicher an Bord bekommen?	1. Leinenverbindung zwischen Boot und Person im Wasser herstellen. 2. Leinenbuchten über die Bordwand hängen, wenn vorhanden, Badeleiter herunterklappen bzw. ausbringen. 3. Mit dem Großbaum und der Großschot oder über eine Badeleiter oder mit Hilfe von Rettungsmitteln Person an Bord holen.	1. Leine zuwerfen. 2. Badeleiter ausklappen, sonst Strickleiter machen. 3. Eventuell mit Ladebaum an Bord holen.	169

Sicherheit, Wetter

Nr.	Amtliche Frage	Amtlicher Antwortvorschlag	Vereinfachte Antwort	Seite
342 ●●●	Wie verhalten Sie sich bei Hilfeleistung durch einen Hubschrauber?	1. Fahrzeug in den Wind legen. 2. Soweit möglich, Antennen, Stagen usw. entfernen. 3. Rettungsschlinge mit dem Zugpunkt nach vorn über den Kopf unter die Arme streifen. 4. Anweisungen der Hubschrauberbesatzung Folge leisten.	1. Anweisungen der Hubschrauberbesatzung folgen. 2. Langsam gegen den Wind fahren. 3. Entfernen, was beim Hochziehen stört. 4. Rettungsschlinge mit Zugleine vor der Brust anlegen.	171
330 ●●	Wann dürfen Notsignale gegeben werden?	Wenn Gefahr für Leib oder Leben der Besatzung und daher die Notwendigkeit zur Hilfe besteht.	Bei Seenot.	172
331 ●●●	Welche Notsignale können gegeben werden?	1. Knallsignale in Zwischenräumen von ungefähr 1 Minute. 2. Dauerton eines Nebelsignalgerätes. 3. Leuchtrakete mit einem roten Leuchtstern oder rote Handfackeln. 4. SOS durch Telegrafiefunk, Licht- oder Schallsignale. 5. Mayday durch Sprechfunk. 6. Flaggensignal NC. 7. Ball über oder unter Flagge. 8. Flammensignal. 9. Orangefarbenes Rauchsignal. 10. Langsames Heben und Senken der seitlich ausgestreckten Arme. 11. Signale einer Seenotfunkboje. 12. Seewasserfärber.	1. Rote Raketen. 2. Mayday über Sprechfunk. 3. Heben und Senken der ausgestreckten Arme. 4. Handfackeln, oranger Rauch. 5. Funkboje. 6. Dauerton, Knallen. 7. Flaggen N + C; Ball + Flagge. 8. SOS u.a.m.	173
332 ●	Sie sehen auf See einen roten Leuchtstern oder eine rot brennende Handfackel. Was bedeuten diese Signale?	Seenotfall.	Seenot.	173
333 ●	Sie hören von einem Schiff anhaltendes Ertönen eines Nebelsignalgerätes. Was bedeutet dieses Signal?	Seenotfall.	Seenot.	173
334 ●	Sie hören oder sehen folgendes Morsesignal: Dreimal kurz, dreimal lang, dreimal kurz (●●● ▬▬ ▬▬ ▬▬ ●●●). Was bedeutet dieses Signal?	Seenotfall (SOS).	Seenot.	173
336 ●	Sie sehen ein Schiff, das folgendes Flaggensignal gesetzt hat: Was bedeutet dieses Signal?	Seenotfall.	Seenot.	173

Sicherheit, Wetter

Nr.	Amtliche Frage	Amtlicher Antwortvorschlag	Vereinfachte Antwort	Seite
337 ●	Sie sehen auf einem Schiff folgendes Signal: Was bedeutet dieses Signal?	Seenotfall.	Seenot.	173
338 ●	Sie sehen auf einem Schiff ein orangefarbenes Rauchsignal. Was bedeutet dieses Signal?	Seenotfall.	Seenot.	174
339 ●	Sie sehen auf einem Schiff eine Person stehen, die ihre seitlich ausgestreckten Arme wiederholt langsam auf und ab bewegt. Was bedeutet dieses Signal?	Seenotfall.	Seenot.	174
340 ●	Warum dürfen Seenotsignale nur bei einem Seenotfall verwendet werden?	Weil bei ihrer Anwendung der gesamte Seenotrettungsdienst an der Küste alarmiert wird.	Weil alle Schiffe und der gesamte Rettungsdienst alarmiert werden.	174
341 ●●	Welches Seenotsignal können Sie mit einer Leuchte geben?	●●● ■■ ■ ■ ●●● (SOS).	SOS (●●● ■■ ■ ■ ●●●).	174
4 ●	Wer ist auf einem Fahrzeug für die Befolgung der Verkehrsvorschriften verantwortlich?	Der Fahrzeugführer oder dessen Vertreter.	Fahrzeugführer oder Vertreter.	175
5 ●●	Was ist zu tun, wenn vor Antritt der Fahrt nicht feststeht, wer Fahrzeugführer ist?	Wenn nicht feststeht, wer Fahrzeugführer ist und wenn mehrere Personen zum Führen eines Fahrzeuges berechtigt sind, dann haben sie vor Antritt der Fahrt zu bestimmen, wer verantwortlicher Fahrzeugführer ist.	Fahrzeugführer muß bestimmt werden; er muß berechtigt sein.	175
6 ●	Wie hat sich ein Fahrzeugführer zu verhalten, der infolge des Genusses alkoholischer Getränke oder anderer berauschender Mittel in der sicheren Führung des Fahrzeuges behindert ist?	Er darf das Fahrzeug nicht führen.	Er darf das Fahrzeug nicht führen.	175
327 ●●	Welche Gesetze und Verordnungen enthalten Vorschriften über das Verhalten nach einem Zusammenstoß?	Das Seeunfalluntersuchungsgesetz, die Verordnung über die Sicherung der Seefahrt und die Seeschiffahrtsstraßen-Ordnung.	Seeunfalluntersuchungsgesetz, SeeSchStrO, Verordnung über Sicherheit der Seefahrt.	175
295 ●●	Wie können Sie Wetterberichte erhalten?	Über Rundfunk, Fernsehen, Zeitung, Fernsprech-Ansagedienst der Deutschen Bundespost, Deutscher Wetterdienst-Seewetteramt, Küstenfunkstellen.	Radio, UKW-Sprechfunk, Aushang Hafenmeister; Fernsehen, Zeitung, Telefonansage.	176
288 ●	In welcher Maßeinheit wird der Luftdruck angegeben?	In Hektopascal (hPa).	hPa.	176
289 ●	Welche Schlüsse können Sie aus raschen Luftdruckänderungen ziehen?	Schnelle Wetteränderung.	Rasche Wetteränderung.	177

Sicherheit, Wetter

Nr.	Amtliche Frage	Amtlicher Antwortvorschlag	Vereinfachte Antwort	Seite
298 ●●	Was verstehen Sie unter Landwind und wann tritt er in der Regel auf?	Ablandiger Wind an der Küste von geringer Stärke, der meistens nur nachts auftritt.	Ablandiger Wind, nachts.	178
299 ●●	Was verstehen Sie unter Seewind und wann tritt er in der Regel auf?	Auflandiger Wind an der Küste, der örtlich auftritt, nachmittags seine größte Stärke (4 bis 5 Bft) erreicht und nachts wieder abflaut.	Auflandiger Wind, nachmittags.	178
292 ●●	Was bedeuten die um einen Hoch- oder Tiefdruckkern in der Wetter-karte abgebildeten Linien?	Linien, die Orte gleichen Luftdrucks miteinan-der verbinden (Isobaren).	Linien gleichen Luftdrucks, Isoba-ren.	179
293 ●●	Erklären Sie folgende Abbildung:	Hochdruckgebiet. Zahlenangaben an den Isobaren in hPa.	Hochdruckgebiet mit Isobaren in hPa.	179
294 ●●●	Erklären Sie folgende Abbildung:	Tiefdruckgebiet auf Nordbreite mit Warm- und Kaltfront sowie Warmsektor, ferner An-gaben über das Druck- und Windfeld im Be-reich des Tiefs.	Tief, Isobaren, Kaltfront mit Kalt-luftsektor, Warmfront mit Warm-luftsektor auf der Nordhalbkugel.	180
300 ●●	Welche Zuggeschwindigkeit und -richtung haben Tiefdruckgebiete in der Regel in unseren Breiten?	1. 5 – 40 Knoten. 2. Von West nach Ost.	5 – 40 kn; West – Ost.	180
290 ●	Was bedeutet rasches Fallen des Luftdruckes?	In der Mehrzahl der Fälle Starkwind- oder Sturmgefahr.	Starkwind-, Sturmgefahr.	181
291 ●●	Was können Sie für eine Wetterent-wicklung erwarten, wenn in unseren Breiten der Luftdruck um mehr als 1 Hektopascal in der Stunde fällt?	Es gibt Starkwind oder Sturm.	Starkwind, Sturm.	181
301 ●●	Was verstehen Sie in amtlichen Wetterberichten unter „schwachem Wind"?	Wind bis zur Stärke 3 der Beaufortskala.	Bis 3 Bft	181
302 ●●	Was verstehen Sie in amtlichen Wetterberichten unter „mäßigem Wind"?	Wind der Stärke 4 der Beaufortskala.	4 Bft	181
287 ●	Welche Angaben liefert Ihnen die Beaufortskala?	Einheiten der Windstärke von 0 bis 12 und die Auswirkungen des Windes auf die See.	Windstärken 0 bis 12 und ihre Aus-wirkungen auf die See.	181

Sicherheit, Wetter

Nr.	Amtliche Frage	Amtlicher Antwortvorschlag	Vereinfachte Antwort	Seite
303 ●●	Was verstehen Sie in amtlichen Wetterberichten unter „frischem Wind"?	Wind der Stärke 5 der Beaufortskala.	5 Bft	182
304 ●●	Was verstehen Sie in amtlichen Wetterberichten unter „schwerem Sturm", „Orkan"?	Wind der Stärke 10, 11 bzw. 12 der Beaufortskala.	10, 11, 12 Bft	182
296 ●	Für welche Windstärken wird eine Starkwindwarnung herausgegeben?	Für Windstärke 6 und 7 der Beaufortskala.	6 – 7 Bft	182
297 ●	Für welche Windstärken wird eine Sturmwarnung herausgegeben?	Für Windstärke 8 der Beaufortskala und mehr.	Ab 8 Bft	182
305 ●●	Sie hören im Wetterbericht die Meldung: Sturm aus Südwest rechtsdrehend. Was bedeutet das?	Der Sturm dreht in Richtung West (im Uhrzeigersinn).	Sturm dreht nach West.	182
306 ●●	Sie hören im Wetterbericht die Meldung: Sturm aus Südost rückdrehend. Was bedeutet das?	Der Sturm dreht in Richtung Ost (entgegen dem Uhrzeigersinn).	Sturm dreht nach Ost.	182
286 ●●	Was bedeutet folgendes Zeichen in der Wetterkarte?	Windrichtung: NW; Windstärke: Bft 3; Bewölkung: wolkenlos	NW 3, wolkenlos.	182
308 ●●●	Welche Gefahren kann ein Gewitter mit sich bringen?	1. Böen bis Orkanstärke. 2. Winddrehungen. 3. Starke Regenfälle mit erheblich verminderter Sicht. 4. Hagelschlag. 5. Blitzschlag.	Blitze, Sturmböen, Winddrehungen, Regen- und Hagelschauer.	184
307 ●●	Woran erkennt man ein aufziehendes Gewitter?	1. Turmartige, mächtige Haufenwolken. 2. Ein eventuell vorhandener Wind schläft zunächst ein, frischt danach wieder auf und kommt aus anderer Richtung. 3. Aus einem auf Mittelwelle geschalteten Rundfunkgerät ertönen lange vor Gewitterausbruch starke Störgeräusche.	Turmhohe Haufenwolken. Abflauender, drehender und dann auffrischender Wind. Störungen auf MW.	184
309 ●●●	Wie verhalten Sie sich bei Gewittergefahr?	1. Hafen o. zumindest Landschutz aufsuchen. 2. Gegebenenfalls Segel stark reffen, besser ganz wegnehmen. 3. Sonstige Maßnahmen wie in schwerem Sturm ergreifen (z. B. alle Gegenstände seefest laschen, Rettungsweste und Sicherheitsgurt anlegen). 4. Funkanlagen abschalten. 5. Möglichst keine Metallteile berühren. 6. Position ermitteln und in die Seekarte eintragen.	Hafen anlaufen. Rettungsweste und -gurt anlegen. Funkgeräte abstellen. Abstand zu Metallteilen. Position in Seekarte eintragen. Eventuell Segel wegnehmen.	185

UKW an Bord

Dieses Kapitel stellt keinen Prüfungsstoff dar.

UKW-Sprechfunk ist ein universelles Hilfsmittel für viele Gefahrensituationen. Seine Einsatzmöglichkeiten sind äußerst vielfältig.

Einsatzmöglichkeiten

Mit UKW-Sprechfunk kann man im Seenotfall Hilfe rufen. Auf dem internationalen Seenotkanal ist nahezu jedes Schiff empfangsbereit. In Landnähe hat man oftmals sofort Verbindung mit einem Seenot-Rettungskreuzer. Wichtige **nautische Warnmeldungen** über plötzlich aufgetretene Gefahren werden über UKW-Sprechfunk verbreitet. Absprachen mit der Schifffahrt, Funkgespräche zu anderen Sportbooten sind über UKW-Sprechfunk kostenlos möglich. Telefonieren von Bord aus oder an Bord angerufen werden – mit UKW-Sprechfunk ist es kein Problem, sofern man sich im Sendebereich einer **Küstenfunkstelle** befindet. Radar(lotsen)beratung im Nebel wird über UKW-Sprechfunk gegeben. Seewetterberichte – klar getrennt nach den einzelnen Seegebieten – mit den Vorhersagen für die nächsten 12 und den Aussichten

für die nächsten 24 Stunden werden über UKW-Sprechfunk ausgestrahlt. Ärztliche Beratung über Funk – in Deutschland ist ein kostenloser Beratungsdienst für die Schiffahrt eingerichtet – erfolgt über UKW. Verabredungen mit Freunden treffen, Nachrichten über die Fahrt austauschen, andere Schiffe anrufen – das alles ist mit UKW-Sprechfunk kostenlos. Wer Schlepphilfe anfordern muß – von vorbeifahrenden Sportbooten oder von Profis an Land – hat mit UKW-Sprechfunk schnell eine Verbindung hergestellt. Für ein großes Schiff soll im nächsten Hafen ein Liegeplatz reserviert werden – ganz einfach, wenn UKW-Sprechfunk an Bord ist. Sollte schließlich der Geburtstag der Schwiegermutter vergessen worden sein, so kann man mit UKW-Sprechfunk von Bord aus ein Glückwunsch-Telegramm schicken.

UKW im Sprechfunk – UKW im Rundfunk

UKW-Sprechfunk wird im Frequenzbereich 156 – 162 MHz abgewickelt (UKW-Rundfunk im Frequenzbereich 88 – 108 MHz). Zur Vereinfachung wurden 55 Kanäle, denen jeweils eine

Frequenz zugeordnet wurde, geschaffen. Während man beim UKW-Radio die Frequenz des Senders suchen und einstellen muß, braucht man im UKW-Sprechfunk nur einen Kanal zu wählen. Der Kanal entspricht der Stationstaste im Autoradio. So wie man dort stets denselben Sender findet, wählt man im UKW-Sprechfunk stets denselben Kanal für ein bestimmtes Gespräch.

Wichtige Frequenzen / Kanäle im Seefunk

Den richtigen Kanal findet man im Merkblatt für den Sprechfunkverkehr. Die wichtigsten Kanäle kennt man schnell auswendig. **UKW-Kanal 16:** Internationaler Not-, Sicherheits- und Anrufkanal. Alle deutschen und ausländischen Küstenfunkstellen (KüFuSt) sowie fast alle Berufsschiffe sind ständig auf Sprechweg 16 hörbereit. Eine Hörwache ist für Sportboote nicht vorgeschrieben; sie wird aber empfohlen. Aussendungen auf Kanal 16 müssen auf ein Mindestmaß beschränkt werden und dürfen außer in Not-, Dringlichkeits- und Sicherheitsfällen die Dauer von einer Minute nicht übersteigen. Wichtig: Falls Seenotverkehr auf Kanal 16 abge-

wickelt wird, ist bis zur offiziellen Aufhebung des Notverkehrs durch die Meldung „Silence fini" Kanal 16 für Anrufe gesperrt.
UKW-Kanal 28: Hauptarbeitskanal von Norddeich Radio
UKW-Kanal 23: Hauptarbeitskanal von Kiel Radio
UKW-Kanal 69: Arbeitskanal für Sportboote
UKW-Kanal 72: Arbeitskanal für Sportboote
UKW-Kanal 6: Arbeitskanal für Berufsschiffe.
Schiffe werden auf Kanal 16, Küstenfunkstellen auf ihrem Hauptarbeitskanal angerufen.

Die Bedienung des UKW-Sprechfunkgerätes

Mit einem UKW-Sprechfunkgerät umzugehen, ist nicht schwer. Alle UKW-Sprechfunkgeräte haben dieselben Einstellmöglichkeiten, deren Form sich jedoch von Modell zu Modell unterscheiden kann.
1. **Ein- / Aus-Schalter:** Das Gerät muß eingeschaltet werden.
2. **Sendeleistung voll oder reduziert:** Um den übrigen Funkverkehr nicht unnötig zu stören, ist möglichst mit reduzierter Sendeleistung zu arbeiten. Die reduzierte Sendeleistung reicht für Distanzen von bis zu 8–10 sm aus.

Bedienung

Abb. 269: *UKW-Sprechfunkgerät von Hagenuk – der Hörer kann abgesteckt und mit von Bord genommen werden (Diebstahlschutz). Unten ein Zusatzlautsprecher.*

3. **Kanalwähler:** Der Kanal muß eingestellt werden.

4. **Rauschsperre:** Der Schalter „Rauschsperre" – auf englisch squelch und daher vielfach mit **„SQL"** bezeichnet – muß außer im Notfall vor jedem Gespräch ausgeschaltet werden.
Denn wenn es nun im Hörer rauscht, ist der Kanal frei. Hört man hingegen bei ausgeschalteter Rauschsperre kein Rauschen, so wird auf dem Kanal gesendet. (Hört man kein Rauschen und kein Sprechen, so wird weit entfernt gesprochen, oder ein Sender „strahlt", ohne daß gesprochen wird.)

Während des Funkbetriebs kann durch Ausschalten der Rauschsperre die Empfangsleistung erhöht werden. Ein entfernter Sender, der mit Rauschsperre unhörbar ist, kann ohne Rauschsperre manchmal noch hörbar sein.

5. **Zweikanalüberwachung:** Die Zweikanalüberwachung erlaubt, neben dem eingestellten Kanal gleichzeitig noch Kanal 16 zu empfangen. Dies ist nur möglich, während der Hörer eingehängt ist.

6. **Lautstärkeregler:** Der Lautstärkeregler regelt nur die Lautstärke des Empfängers, nicht jedoch die Sendeleistung.

7. **Lautsprecher:** Die Geräte verfügen über einen separaten Lautsprecher, um den Funkverkehr verfolgen zu können, ohne den Hörer am Ohr zu haben.

Die 3 Funkerregeln

UKW-Sprechfunk funktioniert nur, wenn sich jeder Teilnehmer einer gewissen Disziplin unterwirft. Schließlich wurde Seefunk nicht eingerichtet, um gelangweilten Wassersportlern kostenloses Quasseln zu ermöglichen, sondern um in Notfällen schnell Hilfe rufen oder während der Fahrt wichtige Nachrichten austauschen zu können.
Die Grundregeln für den UKW-Sprechfunk lauten:
1. Erst hören – dann senden
2. Immer den eigenen Stationsnamen nennen
3. Keine unnötigen Aussendungen

Die Reichweite

Ultrakurzwellen folgen nicht der Erdkrümmung. Der Empfang ist also nur über vergleichsweise kleine Entfernungen möglich. Um die Reichweite auszudehnen, werden die Antennen bei Sportbooten auf den Mast montiert. Kü-

stenfunkstellen verfügen über hohe Sendemasten. Die von den jeweiligen Masthöhen abhängige Reichweite liegt zwischen 20 und 30 Seemeilen. Damit können z. B. auf der Ostsee viele Seegebiete flächendeckend mit UKW-Sprechfunk bedient werden.

Das Rufzeichen

Um Telefongespräche abrechnen zu können, teilt die Post jedem Schiff ein Rufzeichen zu. Beispiele für Rufzeichen sind DA 83 69 oder DB 73 51; große Schiffe führen als Rufzeichen vier Buchstaben, z. B. DGHW. Rufzeichen werden grundsätzlich im internationalen Buchstabieralphabet buchstabiert.

Der Anruf

Unter Sprechfunk versteht man das Telefonieren über Funk zwischen Schiffen untereinander sowie zwischen Schiffen und Land. Eine Tastatur oder Wählscheibe hat ein UKW-Sprechfunkgerät jedoch nicht. Anruf ist hier wörtlich gemeint.
Um z. B. vom Schiff Nordwind/DB 82 95 aus das Schiff Südwind/DA 52 95 anzurufen, ruft man

Anrufe

– sofern Kanal 16 frei ist: Südwind Südwind Südwind DA 52 95[1]. Hier ist Nordwind Nordwind Nordwind DB 82 95. Ich habe ein Gespräch für Sie und gehe zum Senden auf Kanal 72. Over. Südwind würde nun auf Kanal 16 antworten: Nordwind DB 82 95. Hier ist Südwind DA 52 95. Verstanden. Beide Kanal 72. Erwarte Ihren Anruf. Over. Beide Schiffe schalten jetzt auf Kanal 72, warten dort, bis er frei ist und wickeln ihr Gespräch ab.

[1] gesprochen: Delta – Alfa – fünf – zwo – neun – fünf

Das UKW-Sprechfunkzeugnis

Wer am UKW-Sprechfunk teilnehmen möchte, benötigt überall in Europa das von der Telekom ausgestellte UKW-Sprechfunkzeugnis.
Die Prüfung ist wesentlich einfacher als die für den Sportbootführerschein. Man muß z. B. die international genormten Seenotrufe kennen und ein UKW-Sprechfunkgerät bedienen können.

Es empfiehlt sich nicht, ohne UKW-Sprechfunkzeugnis zu arbeiten, da fast alle Länder in Europa durch „Funkbeobachtungsstellen" die ordnungsgemäße Abwicklung des Seefunkverkehrs überwachen und im Fall von Verstößen empfindliche Bußgelder auferlegen.

Satellitentelefon

Nicht mit UKW-Sprechfunk zu verwechseln ist

das Satellitentelefon. Es ermöglicht zwischen 70° nördlicher und 70° südlicher Breite weltweite Telefon- und Faxverbindungen. Betreiber der Satelliten ist die Inmarsat (International Maritime Satellite Organization), der 64 Staaten angehören.
Ursprünglich war die Satellitenkommunikation nur für die Berufsschiffahrt gedacht, doch es werden bereits Anlagen für Yachten angeboten.

Abb. 270: *Navigatorenplatz mit Sprechfunk.*

Pyrotechnik

Dieses Kapitel beinhaltet keinen Stoff für die Sportbootführerschein-Prüfung.

Unter **Pyrotechnik** versteht man explosionsgefährliche Stoffe. Pyrotechnische Seenotsignale sind demnach Notsignale, welche mit explosionsgefährlichen Stoffen ausgelöst werden.

Man unterscheidet drei Gruppen:

– rote **Signalfackeln** und orangefarbige Rauchsignale (= Unterklasse T1, ab 16 Jahren frei verkäuflich)

– rote **Signalraketen** (= Unterklasse T2, nur mit Pyrotechnik-Schein zu erwerben) und

– **Signalpistolen** mit Kaliber 4 (= 26,5 mm) und Munition dazu. Munition und Signalpistole können nur bei Vorlage einer Waffenbesitzkarte mit Munitionserwerbsberechtigung erworben werden.

Es dürfen grundsätzlich nur von der Physikalisch-Technischen Bundesanstalt (PTB) oder der Bundesanstalt für Materialprüfung (BAM) zugelassene Seenotsignale verwendet werden.

Gesetzliche Grundlagen

Das Waffengesetz ist die gesetzliche Grundlage für die Signalpistole und die Munition. Für Raketen, Fackeln und Rauchsignale gilt das Sprengstoffgesetz. Während der Waffenschein zum Führen einer Waffe berechtigt, ermöglicht der Besitz einer Waffenbesitzkarte nur den Besitz sowie den Transport der Waffe und der zugehörigen Munition. Die Waffe darf nicht in öffentlichen Verkehrsmitteln und nicht geladen transportiert werden; am besten werden Munition und Waffe während der Beförderung getrennt gehalten. Die Waffenbesitzkarte wird von der zuständigen Polizei- oder Ordnungsbehörde ausgestellt, sofern der Antragsteller volljährig ist. Voraussetzungen dafür sind der Nachweis der Sachkunde (Pyrotechnik-Schein), persönliche Zuverlässigkeit und ein Bedarf (Besitz eines Bootes mit Wohnmöglichkeit, Chartervertrag).

Einsatz pyrotechnischer Seenotsignale

Die auf die Signalmittel gedruckte Gebrauchsanweisung ist vor Fahrtantritt durchzulesen. Pyrotechnische Seenotsignalmittel sollen kühl und trocken gelagert werden. Sie sind im Hafen verschlossen und auf See frei zugänglich zu halten.

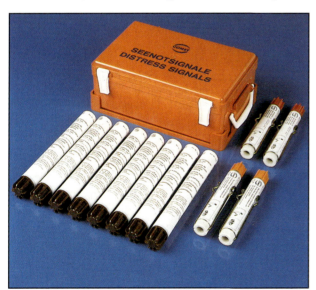

Abb. 271: *8 Seenotraketen und 4 Fackeln. Die Handfackeln sind am Bügel zu erkennen.*

Abb. 272: *Signalpistole mit Munition – die lange Patrone enthält einen Fallschirm.*

Hinweise zum Einsatz

Die Haltbarkeit pyrotechnischer Signalmittel beträgt zwei bis drei Jahre und ist auf die Signalmittel aufgedruckt. Diese sind nach Verfall ordnungsgemäß zu entsorgen. Äußerste Vorsicht ist beim Gebrauch der pyrotechnischen Signalmittel erforderlich. Brennende Leuchtstoffe haben eine sehr hohe Temperatur und sind nicht mit Wasser löschbar.

Beim Feuern aus einer Signalpistole entsteht ein enormer Rückschlag.

Abb. 273: *Beim Feuern aus einer Signalpistole muß mit einem enormen Rückstoß gerechnet werden. Der Ellenbogen sollte daher immer angewinkelt sein. Ein gestreckter Ellenbogen kann zu Schulterverletzungen führen.* *Die Pistole muß sich oberhalb des Kopfes befinden.*

Daher muß stets mit rechtwinklig gebogenem Ellenbogengelenk nach oben gefeuert werden. Das Schießen mit gestrecktem Arm kann zu einer Verletzung des Schultergelenkes führen (s. Abbildung 273).

Die Signalpistole wird wie folgt bedient: Waffe nach unten halten, öffnen und laden. Waffe über Kopfhöhe heben, nach oben zielen, spannen und mit angewinkeltem Arm – wegen des starken Rückschlags – feuern. Zündversager läßt man nach zwei vergeblichen Versuchen direkt über Bord fallen.

Rote Munition (Seenot), weiße Munition (Beleuchtung) und grüne Munition (Entwarnung) unterscheiden sich durch die Rändelung der Patronen (rot = ganz gezackt, weiß = halb gezackt, grün = gar nicht gezackt). Fallschirmmunition ragt vorne aus dem Pistolenlauf heraus.

Die Steig- und Brenndauer der Seenotraketen unterscheidet sich nicht von der der Munition. Allerdings bieten Signalpistolen gegenüber den Raketen einen wichtigen Vorteil. Signalpistolen sind mit einer Hand bedienbar – man kann sich mit der anderen Hand festhalten (eine Hand fürs Schiff, eine Hand fürs Leben). Seenot tritt im allgemeinen nur

bei starkem Wind und Wellengang ein.

Raketen verursachen kaum Rückschlag. Sie erzeugen ihren Schub selbst. Jedoch werden sogar Weltraumraketen bei Windstärke 6 nicht mehr gestartet. Yachten geraten normalerweise erst bei höheren Windstärken in Seenot.

Dann kann bei der Verwendung von Signalraketen Seitenwindgefahr bestehen. Diese sollen daher bei Sturm nur nach Lee, der windabgewandten Seite gezündet werden.

Leuchtraketen steigen 300 m hoch und leuchten am Fallschirm 30 Sekunden lang. Die Sichtweite beträgt bei guter Sicht tagsüber 2,5 sm und nachts 12,5 sm. Durch rote Leuchtraketen wird entfernten Schiffen der Seenotfall und die grobe Richtung zur Unglückstelle mitgeteilt. Durch Fackeln macht man bei deren Annäherung seine genaue Position deutlich.

Man sei im Notfall sparsam mit den Seenotsignalmitteln und schieße nur, wenn man gesehen werden kann. Dann soll man jedoch immer zweimal hintereinander feuern.

So kann der mögliche Retter eine Peilung zur Unglückstelle vornehmen und dazu ganz sicher sein, daß ein Notfall vorliegt.

Seenothandfackeln sind an ihren angeklappten Metallbügeln sofort erkennbar. Sie werden heiß. Ihre Brenndauer beträgt etwa 30 – 60 Sekunden. Fackeln sind waagerecht nach Lee (windabgewandte Seite) zu halten, so daß versprühende Ascheteile keine Verletzungen verursachen oder das Boot beschädigen können.

Orangefarbige Rauchsignale können nur bei schwachem Wind eingesetzt werden. Bereits bei mäßigem Wind werden sie stark verwirbelt und sind kaum noch sichtbar.

Pyrotechnikprüfung

Die Prüfung zum Pyrotechnikschein besteht aus einem theoretischen und einem praktischen Teil. In der theoretischen Teilprüfung werden 12 der 48 Fragen des nachfolgenden Fragenkatalogs gestellt. In der praktischen Prüfung soll der Bewerber zeigen, daß er mit dem Gebrauch pyrotechnischer Seenotsignalmittel vertraut ist. Die Prüfung ist umgehend beendet, falls der Prüfling eine Signalpistole oder -rakete auf den Prüfer oder auf sich selbst richten sollte. Die bestandene Prüfung wird durch einen Stempel im Sportbootführerschein oder ein Zeugnis bestätigt.

Fragen- und Antwortenkatalog

Fragen- und Antwortenkatalog für die Prüfung über Seenotsignalmittel

(Sachkundenachweis nach dem Waffengesetz und Voraussetzung für die Befreiung nach dem Sprengstoffgesetz)

A. Allgemeine Fragen

1. Was versteht man unter pyrotechnischen Seenotsignalen?

Notsignale, welche mit Hilfe explosionsgefährlicher Stoffe ausgelöst werden.

2. Welche pyrotechnischen Seenotsignale unterliegen dem Waffengesetz?

Die Signalpistole und die hierfür bestimmte Munition.

3. Welche pyrotechnischen Seenotsignale unterliegen dem Sprengstoffgesetz?

Alle pyrotechnischen Seenotsignale, die nicht aus einer Signalpistole abgeschossen werden, wie Signalraketen, Fallschirmsignalraketen, Handfackeln und Rauchsignale.

4. Welche pyrotechnischen Seenotsignale kennen Sie?

Signalraketen rot, Fallschirmraketen rot, Handfackeln rot, Rauchsignale orange, Lichtrauchsignale

5. Welche Farbe haben pyrotechnische Seenotsignale?

Rot mit Ausnahme des Rauchsignals, das orangefarbenen Rauch entwickelt.

6. Wann dürfen pyrotechnische Seenotsignale verwendet werden?

Nur im Seenotfall, d. h., wenn angezeigt werden soll, daß Gefahr für Leib und Leben der Besatzung und daher die Notwendigkeit zur Hilfe besteht.

7. Was ist bei allen Seenotsignalen unbedingt zu beachten?

1. Auf freies Schußfeld achten.
2. Signal senkrecht in Schußrichtung nach oben halten,
3. beim Handhaben und Abfeuern nicht auf Personen richten und selbst nicht mit Körperteilen vor die Mündung kommen
4. nicht an Versagern hantieren, sondern diese über Bord werfen.

8. Worin liegt die Gefährlichkeit pyrotechnischer Gegenstände?

Es besteht Explosions-, Feuer- und Verletzungsgefahr (Toxigene).

9. Welche pyrotechnischen Seenotsignale dürfen Sie nur verwenden?

Die Signalpistole Kaliber 4 (26,5 mm) und die von der Physikalisch-Technischen Bundesanstalt (PTB) zugelassenen Signalwaffen einschließlich Munition bzw. die von der Bundesanstalt für Materialprüfung (BAM) zugelassenen sonstigen Notsignale.

10. Was für Vorteile haben Signalraketen bzw. Signalpatronen, die mit Fallschirmen ausgerüstet sind, gegenüber Signalsternen?

Wegen geringerer Sinkgeschwindigkeit (5 m/s) ist eine längere Brenndauer möglich; dadurch haben sie einen höheren Aufmerksamkeitswert.

11. Worüber sollten Sie sich sofort nach dem Erwerb pyrotechnischer Seenotsignale informieren?

Gebrauchsanweisung sorgfältig bis zu Ende lesen, und nicht erst im Notfall.

12. Wie lang ist die Verbrauchsdauer pyrotechnischer Seenotsignale bei sachgemäßer Lagerung?

Soweit auf dem einzelnen Gegenstand nichts anderes vermerkt ist, 2 bzw. 3 Jahre.

13. Woraufhin sind pyrotechnische Seenotsignale ständig zu überwachen, damit die Funktionsfähigkeit gewährleistet ist?

1. Herstellungsdatum bzw. Verbrauchsdauer beachten,
2. auf Korrosion oder Beschädigung achten.

14. Was verkürzt die Verbrauchsdauer pyrotechnischer Seenotsignale bzw. macht sie evtl. gefährlicher?

1. Feuchtigkeit,
2. Korrosion,
3. hohe Lagertemperaturen,
4. mechanische Beschädigung.

15. Wie sind pyrotechnische Seenotsignale während der Fahrt aufzubewahren?

1. Kühl und trocken,
2. leicht zugänglich in unverschlossenen Behältern.

16. Wie sind pyrotechnische Seenotsignale an Bord im Hafen und an Land aufzubewahren?

1. Kühl und trocken,
2. dem Zugriff Unbefugter entzogen.

17. Was machen Sie mit überlagerten pyrotechnischen Seenotsignalen?

Über den Handel zurückgeben oder Delaborierbetrieben übergeben. Keinesfalls als Feuerwerkskörper verwenden.

18. Wem dürfen Seenotsignale überlassen werden?

Nur berechtigten Personen im Sinne des Waffen- und Sprengstoffrechts.

Fragen- und Antwortenkatalog

19. Was haben Sie nach dem Erwerb einer erlaubnispflichtigen Signalpistole zu tun?

Innerhalb von 2 Wochen nach dem Erwerb habe ich der zuständigen Behörde den Erwerb schriftlich anzuzeigen und die Waffenbesitzkarte zur Eintragung des Erwerbs vorzulegen.

20. Was müssen Sie tun, wenn Ihnen Signalmittel oder Waffen abhanden kommen?

Den Verlust der zuständigen Ordnungsbehörde unverzüglich anzeigen.

21. Dürfen Sie Seenotsignalmittel in öffentlichen Verkehrsmitteln befördern?

Nein.

B. Fragen zum Erwerb einer Waffenbesitzkarte nach dem Waffengesetz

22. Für welche Signalwaffe benötigen Sie eine Erlaubnis der zuständigen Behörde?

Für Signalwaffen mit einem Patronenlager von mehr als 12 mm Durchmesser.

23. Welche Signalwaffen können frei erworben und mitgeführt werden?

Signalwaffen mit dem Zulassungszeichen der Physikalisch-Technischen Bundesanstalt (PTB).

24. Wozu berechtigt eine Waffenbesitzkarte?

Zum Erwerb einer Signalpistole, zu ihrer bestimmungsgemäßen Verwendung in einer Notlage, zur Aufbewahrung in der Wohnung und zum Transport einer nicht schußbereiten und nicht zugriffsbereiten Signalpistole von seiner Wohnung zu seinem Sportboot und zurück. Zur Mitnahme und zur Aufbewahrung an Bord berechtigt die Waffenbesitzkarte nicht, wenn das Boot nicht über Einrichtungen verfügt, die ein Wohnen (z. B. einen Aufenthalt zur Freizeitbeschäftigung und ähnlichem) auf ihm gestatten. Verfügt das Boot nicht über solche Einrichtungen, so bedarf es zusätzlich eines Waffenscheines.

25. Worin liegt der wesentliche Unterschied zwischen einem Waffenschein und einer Waffenbesitzkarte?

Ein Waffenschein berechtigt abweichend von der Waffenbesitzkarte zum Führen einer Schußwaffe in der Öffentlichkeit.

26. Bei welcher Behörde ist eine Waffenbesitzkarte zu beantragen?

Bei der zuständigen Ordnungsbehörde.

27. Welche Voraussetzungen müssen gegeben sein, um eine Waffenbesitzkarte erwerben zu können?

Der Bewerber muß
– das 18. Lebensjahr vollendet haben,
– zuverlässig, sachkundig und körperlich geeignet sein,
– und es muß ein Bedürfnis vorliegen.

28. Wie kann ein Wassersportler nachweisen, daß ein Bedürfnis für den Erwerb einer Signalpistole vorliegt?

Durch genaue Angabe des Verwendungszwecks und durch Vorlage von Unterlagen, aus denen der Besitz eines seegängigen Wasserfahrzeugs (Kaufvertrag, Chartervertrag, Versicherungspolice, Standerschein, Internationales Verbandszertifikat usw.) oder die Verwendung für Lehr- und Prüfungszwecke hervorgehen.

29. Welche behördlichen Papiere oder Erlaubnisse berechtigen zum Erwerb von erlaubnispflichtiger pyrotechnischer Munition?

Die Waffenbesitzkarte mit Munitionserwerbsberechtigung oder der Munitionserwerbsschein.

30. Mit welchen Zeichen ist die Signalmunition gekennzeichnet?

1. Bezeichnung der Munition und der Verbrauchsdauer.
2. Bei Seenotsignalen rot durchgehende Rändelung des Patronenbodens und roter Lackverschlußdeckel.

31. Welche Ausweispapiere sind beim Führen einer Signalpistole mitzuführen?

Der Personalausweis, Paß oder Dienstausweis, die Waffenbesitzkarte und erforderlichenfalls der Waffenschein.

32. Wie ist eine Signalpistole an Bord eines Wassersportfahrzeuges aufzubewahren?

Es sind Vorkehrungen zu treffen, um zu verhindern, daß die Signalpistole abhanden kommt oder Dritte sie unbefugt an sich nehmen.

33. Wie ist pyrotechnische Munition zu lagern?

Möglichst originalverpackt, kühl und trocken und dem Zugriff Unbefugter entzogen.

34. Welche Steighöhe und Leuchtdauer haben Fallschirmsignalpatronen?

Steighöhe mindestens 300 m, Leuchtdauer mindestens 30 s.

Fragen- und Antwortenkatalog

35. Wie verhalten Sie sich bei Versagern?

Waffe in Schußrichtung belassen, über Kopf erneut spannen und nochmals abschießen, bei erneutem Versagen die Waffe mit nach oben gerichtetem Lauf außenbords öffnen und den Versager herausgleiten lassen.

36. Erläutern Sie die Handhabung der Signalpistole im Notfall!

Bei abwärts gerichteter Mündung Waffe öffnen, Patrone einführen, Waffe schließen, Waffe über Augenhöhe heben, Hahn spannen – schießen.

C. Fragen zum Erwerb, der Aufbewahrung und der Verwendung von pyrotechnischen Notsignalen nach dem Sprengstoffgesetz

37. Welche pyrotechnischen Seenotsignale können erlaubnisfrei erworben, aufbewahrt und verwendet werden?

Die der Unterklasse T_1, d. h. Handfackeln rot und bestimmte Rauchsignale von jedem, der das 16. Lebensjahr vollendet hat.

38. Welche erlaubnispflichtigen pyrotechnischen Seenotsignale dürfen Wassersportler mit einem im Führerschein eingedruckten Befreiungsvermerk erwerben?

Die der Unterklasse T_2, d. h. Signalraketen rot, Fallschirmsignalraketen rot und bestimmte Rauchsignale.

39. Woran erkennen Sie an einem pyrotechnischen Seenotsignal, um welche Unterklasse es sich handelt?

Am Zulassungszeichen, BAM-PT_1 . . . oder BAM-PT_2 . . .

40. Wer darf pyrotechnische Seenotsignale der Klasse T verwenden?

Jeder, der damit anzeigen will, daß ein Seenotfall vorliegt, d. h., daß Gefahr für Leib oder Leben der Besatzung und daher die Notwendigkeit zur Hilfe besteht.

41. Wie lang ist die Brenndauer einer Seenot-Handfackel?

Ihre Brenndauer beträgt 30 bis 60 s.

42. Welche Arten von Zündern werden bei Seenot-Handfackeln gewöhnlich verwendet und wie funktionieren sie?

1. Reibkopf-Zündung – funktioniert wie ein Streichholz, das eine Verzögerung oder direkt den Leuchtsatz zündet.
2. Reißzünder – ein Draht im Inneren wird durch einen reibempfindlichen Satz gezogen, Weiterzündung wie 1.

43. Was ist sicherheitstechnisch bei der Verwendung von Seenot-Handfackeln zu beachten?

1. Gebrauchsanweisung beachten.
2. In jedem Fall die brennenden Fackeln grundsätzlich nach Lee waagerecht so halten, daß versprühende Ascheteile keine Verletzungen (Hand, Augen) verursachen oder das Fahrzeug beschädigen.

44. Beschreiben Sie den allgemeinen Aufbau eines Rauchsignals!

In einem Behälter befindet sich ein Zünder (meist Reißzünder) mit Verzögerung, der mindestens 4 Minuten lang orangefarbenen Rauch abgibt.

45. Was ist bei der Verwendung von Rauchsignalen zu beachten?

Rauchsignale nur am Tage und bei geringen Windstärken gebrauchen. Die Zündung erfolgt durch Reißschnur, die unter einer abschraubbaren Schutzkappe liegt. Nach der Zündung ist das Rauchsignal zur Leeseite außenbords zu werfen.

46. Was wissen Sie über Steighöhe und Brenndauer von Signalraketen?

Steighöhe 100 bis 300 m, Brenndauer mindestens 30 s.

47. Fallschirmsignalraketen und Handfackeln sind bei klarem Wetter unterschiedlich weit zu sehen. Welche Signale verwenden Sie den Umständen entsprechend?

Fallschirmsignalraketen, um ein entferntes Fahrzeug auf eine Notlage aufmerksam zu machen und grob in die Richtung einzuweisen; Handfackeln, um die genaue Position bei größerer Annäherung kenntlich zu machen.

48. Dürfen Sie pyrotechnische Gegenstände selbst herstellen und bearbeiten?

Nein, nur als Inhaber einer Erlaubnis nach dem Sprengstoffgesetz.

4

SCHIFFE AUF SEE

POSITIONSLICHTER

SCHALLSIGNALE

SIGNALKÖRPER, SIGNALFLAGGEN

GESETZLICHE BESTIMMUNGEN

PRÜFUNGSAUFGABEN

SCHIFFSPAPIERE, FLAGGENBRAUCH

Grundlagen

Zur Sportbootführerschein-Prüfung muß der Prüfungsteilnehmer eine Menge gesetzlicher Bestimmungen auswendig lernen. Sie spielen – ähnlich wie beim Kfz-Führerschein – in der Praxis keine bedeutende Rolle.

Daher wird in diesem Kapitel im wesentlichen das zur Prüfung notwendige Wissen vorgestellt. Weitere Informationen zu diesem Thema findet der Leser in den im Delius Klasing Verlag erschienenen Taschenbüchern „Kollisionsverhütungsregeln" und „Seeschifffahrtsstraßen-Ordnung".

Bei Nacht und Nebel

Richtige Seeleute legen Wert auf einige kleine Unterschiede. Dazu gehören Lampen und Laternen: Lampen leuchten am Auto. Auf Schiffen hat man Laternen.

Besonders wichtige Laternen sind die **Positionslaternen.** Bei Nacht und bei verminderter Sicht werden sie eingeschaltet, nicht um besser zu sehen, sondern um gesehen zu werden. Positionslaternen sind mit Rückstrahlern am Auto vergleichbar, sie leuchten jedoch nicht nur nach hinten, sondern in alle Richtungen: nach Steuerbord als **grünes Seitenlicht,** nach Backbord als **rotes Seiten-**

licht (rote Backe) und nach achtern als **weißes Hecklicht** (s. Abbildung 275).

Rote Backe

Das ist bei Nacht äußerst praktisch. Aus der Farbe des Positionslichtes kann man grob die Richtung, in die ein Schiff fährt, ableiten.
– Grünes Licht sichtbar: Schiff fährt nach Steuerbord.
– Rotes Licht sichtbar: Schiff fährt nach Backbord.
– Weißes Licht sichtbar: Schiff von achtern.
– Rotes und grünes Licht gleichzeitig sichtbar: Schiff kommt entgegen (s. Abbildung 274).
Nur rote und grüne Seitenlichter sowie ein weißes Hecklicht führen alle Fahrzeuge ohne Maschinenantrieb. Dies sind segelnde, rudernde oder geschleppte Fahrzeuge.

Welche Lichter führen geschleppte Fahrzeuge?

Seitenlichter rot und grün und ein weißes Hecklicht.

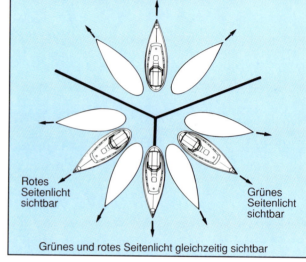

Abb. 274: *Aus der Farbe des Positionslichtes kann man die Richtung, in die ein Schiff fährt, grob ableiten: Ist das grüne Seitenlicht sichtbar, so fährt es nach Steuerbord; ist das rote Seitenlicht sichtbar, so fährt es nach Backbord. Das weiße Hecklicht ist nur von achtern sichtbar. Sind das rote und das grüne Seitenlicht gleichzeitig sichtbar, so kommt das Fahrzeug entgegen.*

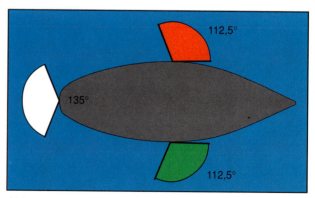

Abb. 275: *Seitenlichter und Hecklicht von oben gesehen. Die Winkel muß man zur Prüfung auswendig lernen.*

Fahrzeuge ohne Maschine

53

Welche Fahrzeuge führen nur Seitenlichter rot und grün und ein weißes Hecklicht?

Segler, Ruderboote und geschleppte Fahrzeuge.

Segelnden Schiffen von unter 20 m Länge und Ruderbooten werden gewisse Ausnahmen zugestanden. Segler leiden dauernd unter Strommangel. Sie dürfen daher oben auf dem Masttopp eine Dreifarbenlaterne grün-rot-weiß führen und so mit einem Stromverbraucher ihre Lichter in alle Richtungen scheinen lassen (s. Abbildung 276).

54

●

Was für eine Laterne kann ein Segelfahrzeug von weniger als 20 Meter Länge anstelle der Seitenlichter und des Hecklichtes führen?

Eine Dreifarbenlaterne.

Ein Segelfahrzeug mit laufender Maschine gilt als Maschinenfahrzeug und muß die Dreifarbenlaterne durch die Positionslichter für Maschinenfahrzeuge (s. Seite 204 ff) ersetzen. Für Ruderboote ist es ausreichend, eine starke Taschenlampe mitzuführen und so auf sich aufmerksam zu machen.
Man beachte den Unterschied zwischen **führen** und **zeigen:** Eine Taschenlampe wird gezeigt, während führen bedeutet, daß die Laterne fest angebracht und dauernd eingeschaltet sein muß.

55

Welche Lichter darf ein Fahrzeug unter Ruder führen oder zeigen?

Es darf die Seitenlichter und das Hecklicht führen. Andernfalls ist ein weißes Licht gebrauchsfertig zur Hand zu halten, das rechtzeitig gezeigt werden muß, um einen Zusammenstoß zu verhüten.

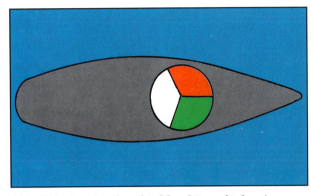

Abb. 276: *Segelyachten bis 20 m Länge dürfen eine Dreifarbenlaterne auf dem Masttopp führen.*

Abb. 277: *Positionslaternen müssen elektrisch betrieben sein. Auf Fahrzeugen unter Ruder oder Segel von weniger als 20 m Länge, auf denen keine ausreichende Stromquelle vorhanden ist, dürfen in Deutschland nicht-elektrische Positionslaternen verwendet werden – hier auf einem Traditionsschiff zu sehen.*

Maschinenfahrzeuge

Maschinenfahrzeuge – dazu zählen auch Segel- oder Ruderboote, sobald sie einen Hilfsmotor laufen lassen – müssen in Fahrt zusätzlich zu den Seitenlichtern und dem Hecklicht ein **weißes Topplicht** führen (s. Abbildung 278).

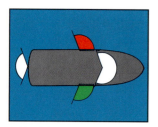

Abb. 278: *Maschinenfahrzeuge in Fahrt sind an ihrem weißen Topplicht (225°) zu erkennen. Ein weißes Topplicht müssen alle Maschinenfahrzeuge unter 50 m Länge führen.*

Maschinenfahrzeuge ab 50 m Länge müssen in Fahrt ein zweites weißes Topplicht – weiter achtern und höher als das erste – führen. Das ist eine für Segelyachten sehr wertvolle Information, denn zu diesen Schiffen sollte man immer großen Abstand halten (s. Abbildung 279).

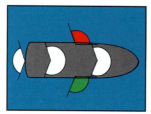

Abb. 279: *Maschinenfahrzeuge ab 50 m Länge führen ein zweites Topplicht – weiter achtern und höher.*

Für **Maschinenfahrzeuge unter 12 m Länge** ist eine vereinfachte Lichterführung zulässig. Hier dürfen das Topplicht (weiß, 225°) und das Hecklicht (weiß, 135°) zu einem **Rundumlicht** (weiß, 360°) zusammengefaßt werden. Ganz kleine Maschinenfahrzeuge – **Höchstlänge 7 m und Höchstgeschwindigkeit 7 kn** – haben noch eine dritte Variante: ein weißes Rundumlicht ohne Seitenlichter.
Diese Sparversion ist auf deutschen Seeschiffahrtsstraßen auch für Segelyachten bis 12 m Länge zulässig, wenn diese die vorgeschriebenen Lichter nicht führen können.

Für Maschinenfahrzeuge unter 50 m Länge ist die Mindesthöhe des Topplichtes über den Seitenlichtern gestaffelt:

Schiffslänge	Topplichthöhe
<12 m	1 m
12–20 m	2,5 m
20–50 m	6 m

116
● ● ●
Welche Lichter muß ein Fahrzeug unter Segel von weniger als 12 Meter Länge oder ein Fahrzeug unter Ruder auf der Seeschiffahrtsstraße führen, wenn es die nach den Kollisionsverhütungsregeln (KVR) vorgeschriebenen Lichter nicht führen kann?

Ein weißes Rundumlicht.

30
● ● ●
Sie sehen folgendes Fahrzeug: Was ist das für ein Fahrzeug?

Maschinenfahrzeug in Fahrt von weniger als 50 Meter Länge.

31
● ● ●
Sie sehen folgendes Fahrzeug: Was ist das für ein Fahrzeug?

Maschinenfahrzeug in Fahrt von 50 und mehr Meter Länge.

60
● ● ●
Welche Lichter muß ein Maschinenfahrzeug in Fahrt von 20 und mehr, jedoch weniger als 50 Meter Länge führen? Tragen Sie die Lichter unter Angabe der Farben und Sichtwinkel ein und geben Sie ferner die Mindesthöhe des Topplichtes über dem Schiffskörper an.

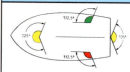

Höhe des Topplichtes über dem Schiffskörper mindestens 6 Meter oder in einer der Breite des Fahrzeugs mindestens gleichkommenden Höhe, es braucht jedoch nicht höher als 12 Meter angebracht zu sein.

Maschinenfahrzeuge

59

● ● ●

*Welche Lichter muß
ein Maschinenfahr-
zeug in Fahrt von 12
und mehr, jedoch we-
niger als 20 Meter
Länge führen?
Tragen Sie die Lichter
unter Angabe der
Farben und Sichtwin-
kel ein, geben Sie an,
in welcher Min-
desthöhe das Topp-
licht über dem Schan-
deckel geführt werden
muß, und geben Sie
ferner an, welche Er-
leichterung anstelle
der beiden Seitenla-
ternen zulässig ist.*

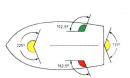

Höhe des Topplichtes
über dem Schan-
deckel: mindestens
2,50 Meter.
Anstelle der beiden
Seitenlaternen kann ei-
ne Zweifarbenlaterne
geführt werden.

58

● ● ●

*Welche Lichter kann
bzw. muß ein Masch-
inenfahrzeug in Fahrt
von weniger als 12
Meter Länge führen?
Tragen Sie die Lichter
unter Angabe der
Farben und Sichtwin-
kel ein, geben Sie an,
in welcher Min-
desthöhe das Topp-
oder Rundumlicht
über den Seitenlater-
nen geführt werden
muß, und geben Sie
ferner an, welche Er-
leichterung anstelle
der beiden Seitenla-
ternen zulässig ist.*

1. kann

2. muß mindestens

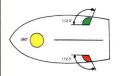

Das Topp- oder Rund-
umlicht muß minde-
stens 1 m höher als die
Seitenlaternen geführt
werden. Anstelle der
beiden Seitenlaternen
kann eine Zweifarben-
laterne geführt werden.

57

● ● ●

*Welche Lichter kann
bzw. muß ein Masch-
inenfahrzeug in Fahrt
von weniger als 7 Me-
ter Länge, dessen
Höchstgeschwindig-
keit 7 Knoten nicht
übersteigt, führen?
Tragen Sie die Lichter
unter Angabe der
Farben und Sichtwin-
kel ein, geben Sie an,
in welcher Min-
desthöhe das Topp-
oder Rundumlicht
über den Seitenlater-
nen geführt werden
muß und geben Sie
ferner an, welche Er-
leichterung anstelle
der beiden Seitenla-
ternen zulässig ist.*

1. kann

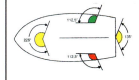

2. muß, soweit möglich

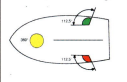

3. muß mindestens

Das Topp- oder Rund-
umlicht muß minde-
stens 1 m höher als die
Seitenlaternen geführt
werden. Anstelle der
beiden Seitenlaternen
kann eine Zweifarben-
laterne geführt werden.

Ankerlieger

Ein weißes Rundumlicht
am Bug führen **Anker-
lieger.**

61

● ●

*Was für ein Licht
muß ein Ankerlieger
von weniger als 50
Meter Länge führen?*

Ein weißes Rund-
umlicht.

Führerscheinwissen

Ab 50 m Länge führen Ankerlieger am Heck ein zweites weißes Rundumlicht. Es muß etwas niedriger als das vordere sein. **Ab 100 m Länge** muß, darunter kann die Decksbeleuchtung zusätzlich eingeschaltet sein.

62

Sie sehen folgendes Fahrzeug:
Was ist das für ein Fahrzeug?

Ein vor Anker liegendes Fahrzeug von 50 und mehr Meter Länge.

Ankerlieger
Bis 50 m: 1 Ankerlicht vorne.
Ab 50 m: Je 1 Ankerlicht an Bug und Heck.
Ab 100 m: Zusätzlich Decksbeleuchtung an.

Führerscheinwissen

Ein guter Seemann ist immer auf das Schlimmste vorbereitet. Das beginnt bereits in der Sportboot-

führerschein-Prüfung. Hier kann ein normaler, erwachsener Mensch allen Ernstes gefragt werden, wann **Nacht** und wann **Tag** ist (mit dem Hintergrund, wann die Positionslaternen einzuschalten und wann sie wieder auszuschalten sind).

20

Wann müssen die Lichter von Fahrzeugen geführt oder gezeigt werden?

Von Sonnenuntergang bis Sonnenaufgang sowie bei verminderter Sicht.

22

Welcher Zeitraum gilt als „bei Nacht"?

Von Sonnenuntergang bis Sonnenaufgang.

21

Welcher Zeitraum gilt als „am Tage"?

Von Sonnenaufgang bis Sonnenuntergang.

Positionslichter müssen bei Nacht und bei verminderter Sicht eingeschaltet werden. Damit kein Zweifel aufkommt – verminderte Sicht heißt nicht, daß die Brille des Rudergängers beschlagen ist.

15

Was verstehen Sie unter dem Begriff „verminderte Sicht"?

Sichteinschränkung durch Nebel, dickes Wetter, Schneefall, heftige Regengüsse oder ähnliche Umstände.

Auch der Begriff **„in Sicht befindlich"** eröffnet keine neuen Horizonte.

27

Was verstehen Sie unter dem Begriff „in Sicht befindlich"?

Wenn jedes Fahrzeug vom anderen optisch wahrgenommen werden kann.

Es reicht nicht aus, Positionslichter bei Nacht und verminderter Sicht zu

führen. Man muß wissen, auf welcher Rechtsgrundlage dies geschieht.

23

Was sind Positionslaternen?

Es sind Laternen, die zur Lichterführung nach den KVR und der SeeSchStrO verwendet werden müssen.

24

Welche Vorschriften regeln die Ausrüstung, Anordnung und Anbringung der Positionslaternen auf Fahrzeugen?

1. Die KVR.
2. Die SeeSchStrO.
3. Die SchOEms.

KVR steht für Kollisionsverhütungsregeln, SeeSchStrO für Seeschiffahrtsstraßen-Ordnung, SchOEms für Schiffahrtsordnung Emsmündung. Verschiedene ausländische Positionslichter sind zwar deutlich billiger als deutsche, viele sind aber in Deutschland nicht zugelassen.

Führerscheinwissen

25

● **Was für Laternen dürfen Sie nur als Positionslaternen verwenden?**

Nur solche Laternen, deren Baumuster vom Bundesamt für Seeschiffahrt und Hydrographie (BSH) bzw. vom ehemaligen Deutschen Hydrographischen Institut (DHI) zur Verwendung auf der hohen See oder auf Seeschiffahrtsstraßen zugelassen sind.

Dabei sind BSH und DHI identisch. Das DHI wurde in BSH umbenannt. Positionslaternen müssen selbstverständlich ständig an Bord sein und dürfen niemanden blenden.

19

● **Wann müssen Sie Positionslaternen an Bord haben?**

Sie müssen ständig mitgeführt werden.

29

● **Was ist bei der Benutzung von Laternen, Leuchten und Scheinwerfern zu beachten?**

Sie dürfen nicht blenden und dadurch die Schiffahrt gefährden oder behindern.

Wer keine Positionslaternen führen kann, darf – außer im Notfall – bei Nacht und bei verminderter Sicht nicht fahren. Für den Notfall sollte dann immer eine Taschenlampe an Bord sein.

117

●●● **Wie muß sich ein Maschinenfahrzeug von weniger als 7 Meter Länge auf Seeschifffahrtsstraßen verhalten, wenn es die nach den Kollisionsverhütungsregeln (KVR) vorgeschriebenen Lichter nicht führen kann?**

Es darf in der Zeit, in der die Lichterführung vorgeschrieben ist, nicht fahren, es sei denn, daß ein Notstand vorliegt.

118

●●● **Wie muß sich ein Fahrzeug unter Segel von weniger als 12 Meter Länge oder unter Ruder auf Seeschiffahrtsstraßen verhalten, wenn es nicht mindestens ein weißes Rundumlicht führen kann?**

Es darf in der Zeit, in der die Lichterführung vorgeschrieben ist, nicht fahren, es sei denn, daß ein Notstand vorliegt.

119

●●● **Wie muß sich ein Fahrzeug auf Seeschiffahrtsstraßen bei einem Notstand verhalten, wenn es die vorgeschriebenen Lichter nicht führen kann?**

Es ist eine elektrische Leuchte oder eine Laterne mit einem weißen Licht ständig gebrauchsfertig mitzuführen und rechtzeitig zu zeigen, um einen Zusammenstoß zu verhüten.

Abb. 280: *Kein Hecklicht zu sehen. Um bei Nacht zu segeln, wäre eine Dreifarbenlaterne im Mast erforderlich.*

Besondere Schiffe

Für eine Vielzahl von Schiffen ist eine besondere Lichterführung vorgeschrieben. Damit sind sie auch bei Nacht eindeutig identifizierbar.

Zur Sportbootführerschein-Prüfung muß man die Positionslichter der folgenden Schiffe kennen:
- Gefahrgut befördernde,
- manövrierunfähige,
- tiefgangbehinderte,
- manövrierbehinderte,
- fischende und schleppende Fahrzeuge sowie
- Ankerlieger,
- Grundsitzer und
- Polizei bzw. Zoll im Einsatz.

In Deutschland ist der Transport gefährlicher Güter besonders zu kennzeichnen. Auch **nicht entgaste Tanker** zählen dazu. Dies sind Schiffe mit leerem, aber nicht gereinigtem Tank. Früher spülten einige Tanker einfach in der Nordsee ihre Tanks und zogen eine kilometerlange Ölspur hinter sich her. Heute wird die Nordsee aus der Luft überwacht. **Manövrierunfähige Schiffe** haben einen Maschinen- oder Ruderschaden. Jedes andere Fahrzeug muß ihnen ausweichen.
Manövrierunfähige Fahrzeuge führen keine Topplichter.

13

●●

Was verstehen Sie unter dem Begriff „manövrierunfähiges Fahrzeug"?

Ein Fahrzeug, das wegen außergewöhnlicher Umstände nicht wie vorgeschrieben manövrieren und daher einem anderen Fahrzeug nicht ausweichen kann.

Einem **tiefgangbehinderten Schiff** muß immer genügend Raum gelassen werden. Denn es kann durch seinen großen Tiefgang im Verhältnis zur Tiefe und Breite des Gewässers nicht von seinem Kurs abweichen und darf in seiner sicheren Durchfahrt nicht behindert werden.
Manövrierbehinderte Fahrzeuge sind Arbeitsschiffe, die durch die Art ihres Einsatzes nicht wie vorgeschrieben manövrieren können. Dazu zählen:
- Kabel-, Tonnen-, Rohrleger,
- Bagger,
- Schiffe, die Unterwasserarbeiten ausführen,
- Vermessungsschiffe,
- Flugzeugträger sowie
- Schlepper, die besonders gekennzeichnet sind

14

●●

Was verstehen Sie unter dem Begriff „manövrierbehindertes Fahrzeug"?

Ein Fahrzeug, das durch die Art seines Einsatzes behindert ist, so wie vorgeschrieben zu manövrieren, und daher einem anderen Fahrzeug nicht ausweichen kann.

Manövrierbehindert = Arbeitsboot

Ein **Grundsitzer** ist ein Schiff, das auf Grund gelaufen ist. Es läßt den Anker fallen, um bei einem Wasseranstieg nicht erneut auf Grund zu treiben. Ein aufgelaufenes Schiff ist natürlich manövrierunfähig.

Grundsitzer = Ankerlieger + manövrierunfähig

Alle diese Schiffe können bei Nacht durch besondere Kombinationen von Positionslichtern eindeutig identifiziert werden. Man behält sie am einfachsten mit Hilfe von Merkregeln:

Rot ist die Feuerwehr. Ein rotes Rundumlicht führt ein Fahrzeug mit (feuer-)gefährlichen Gütern oder ein nicht entgaster Tanker.

Rot über rot – beschädigtes Boot. Zwei rote Rundumlichter übereinander hat ein Fahrzeug mit Maschinen- oder Ruderschaden (manövrierunfähiges Fahrzeug) zu führen.

Die **tiefgehende rote Lichterkette** (drei rote Rundumlichter übereinander) führt das **tiefgangbehinderte Schiff.**

Rot-weiß-rot = Arbeitsboot. Das manövrierbehinderte Fahrzeug führt drei Rundumlichter in den Farben rot, weiß, rot übereinander.

Rot über weiß = Treibnetzfischer. Wer Treibnetz hört, sieht rot.

Grün über weiß = Schleppnetzfischer.

Zwei Topplichter übereinander = Schlepper mit Anhang **bis 200 m. Drei Topplichter** übereinander = Schlepper mit **Anhang von über 200 m Länge.**

Besondere Schiffe

Bei Fischern sind zwei Typen zu unterscheiden: der Schleppnetzfischer (Trawler) und der Treibnetzfischer. Wer Treibnetz hört, möge an japanische oder italienische Treibnetze denken, die mit bis zu 25 Kilometern Länge vielen Tieren zum Verhängnis werden – Walen, Schildkröten, Delphinen, Seevögeln etc. Selbst große Yachten können in Treibnetzen Probleme bekommen. Wer Treibnetz hört, sieht rot. Also:

Rot über weiß = Treibnetzfischer.

Treibnetzfischer führen ein rotes über einem weißen Rundumlicht, aber keine Topplichter.

Derartige Vorbehalte gibt es gegenüber Schleppnetzen nicht:

Grün über weiß = Schleppnetzfischer.

Schleppnetzfischer sind an einem grünen über einem weißen Rundumlicht zu erkennen.

Mit einem Schleppnetz fischende Fahrzeuge führen nur ein Topplicht – achterlicher und höher als das grüne Rundumlicht. Bei Schiffen unter 50 m Länge kann es entfallen.

Schlepper führen **zwei Topplichter** übereinander, wenn ihr **Anhang maximal 200 m lang** ist.

Drei Topplichter übereinander bedeuten: Der geschleppte **Anhang ist** **über 200 m lang.**

Gelb ist das **Schlepplicht.** Es ist ein zweites Hecklicht und dient den geschleppten Fahrzeugen als Steuerhilfe.

Kombinationen der genannten Positionslaternen sind möglich, z. B. der manövrierbehinderte Schlepper, der nicht vom Kurs abweichen kann.

Normalerweise machen Schiffe **Fahrt durchs Wasser,** d. h., sie laufen mit Maschinenantrieb. Nun gibt es aber auch Situationen, in denen Schiffe antriebslos sind, also **keine Fahrt durchs Wasser** machen. Fischende, manövrierunfähige und manövrierbehinderte Fahrzeuge schalten dann die Seitenlichter, das Hecklicht und – falls vorhanden – das Topplicht aus und sind durch die Rundumlichter weiterhin zu sehen.

Die folgenden Abbildungen sind im Fragenkatalog der Sportbootführerschein-Prüfung enthalten. Dabei ist der Begriff „in Fahrt" auf Seite 211 erklärt.

Fischende, manövrierunfähige und manövrierbehinderte Fahrzeuge machen

   ohne Fahrt durchs Wasser: Seitenlichter aus;

   mit Fahrt durchs Wasser: Seitenlichter an.

Maschinenfahrzeug in Fahrt von weniger als 50 Meter Länge.

Maschinenfahrzeug in Fahrt von 50 und mehr Meter Länge.

Schleppverband in Fahrt mit Anhang von 200 Meter Länge oder weniger.

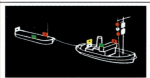

1. Schleppverband in Fahrt mit Anhang von 200 Meter Länge oder weniger.

2. Der Schleppverband kann nicht vom Kurs abweichen.

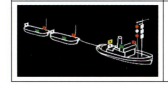

1. Schleppverband in Fahrt mit Anhang von mehr als 200 Meter Länge.

2. Der Schleppverband kann nicht vom Kurs abweichen.

Abb. 281: *Aus dem Prüfungsfragebogen.*

Besondere Schiffe

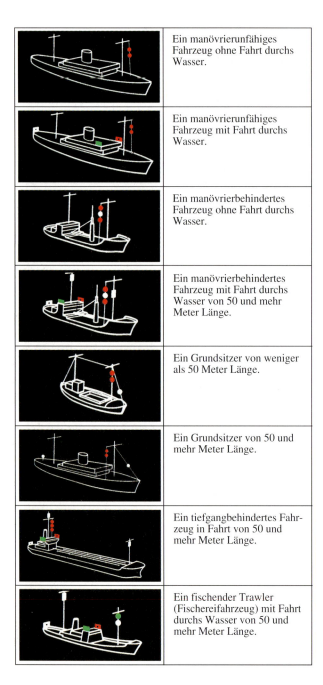

Ein manövrierunfähiges Fahrzeug ohne Fahrt durchs Wasser.

Ein manövrierunfähiges Fahrzeug mit Fahrt durchs Wasser.

Ein manövrierbehindertes Fahrzeug ohne Fahrt durchs Wasser.

Ein manövrierbehindertes Fahrzeug mit Fahrt durchs Wasser von 50 und mehr Meter Länge.

Ein Grundsitzer von weniger als 50 Meter Länge.

Ein Grundsitzer von 50 und mehr Meter Länge.

Ein tiefgangbehindertes Fahrzeug in Fahrt von 50 und mehr Meter Länge.

Ein fischender Trawler (Fischereifahrzeug) mit Fahrt durchs Wasser von 50 und mehr Meter Länge.

Ein fischendes Fahrzeug, das nicht trawlt (z. B. Treibnetz-fischer), ohne Fahrt durchs Wasser.

Ein vor Anker liegendes Fahrzeug von 50 und mehr Meter Länge.

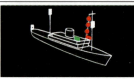

Ich darf die sichere Durchfahrt des Fahrzeuges nicht behindern (tiefgangbehindertes Fahrzeug von 50 und mehr Meter Länge in Fahrt).

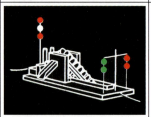

1. Ein manövrierbehindertes Fahrzeug, das baggert oder Unterwasserarbeiten ausführt und dabei die Schifffahrt behindert.
2. Vorbeifahrt an der Seite, an der sich 2 grüne Rundumlichter senkrecht übereinander angeordnet befinden.

1. Ein manövrierbehindertes Fahrzeug mit Fahrt durchs Wasser von 50 und mehr Meter Länge, das baggert oder Unterwasserarbeiten ausführt und dabei die Schifffahrt behindert.
2. Vorbeifahrt an der Seite, die in Fahrtrichtung rechts liegt.

Fahrzeug des öffentlichen Dienstes bei Erfüllung polizeilicher Aufgaben.

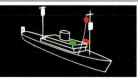

Ein Fahrzeug in Fahrt von 50 und mehr Meter Länge, das bestimmte gefährliche Güter befördert, oder ein nicht entgaster Tanker.

Besondere Schiffe

40

● ● ●

Welche Lichter haben Sie zu führen, wenn Ihr Fahrzeug von 12 und mehr Meter Länge manövrierunfähig ist?

1. Zwei rote Rundumlichter senkrecht übereinander.
2. Mit Fahrt durchs Wasser zwei rote Rundumlichter senkrecht übereinander und zusätzlich die Seitenlichter und das Hecklicht.

Die **Polizei** bzw. der **Zoll** im Einsatz sind auf See (wie an Land) an einem blauen Funkellicht zu erkennen.

Die **Bundeswehr** schießt bei militärischen Übungen weiße Leuchtkugeln mit weißen Sternen in die Luft.

111

●

Sie sehen Leuchtkugeln mit weißen Sternen. Was bedeutet dieses Signal?

Ausreichend Abstand halten wegen militärischer Übungen von Fahrzeugen der Bundeswehr und des Bundesgrenzschutzes.

Ein am Ufer festgemachtes Fahrzeug, das vom Ufer her nicht ausreichend beleuchtet ist, muß ein weißes festes (dauernd leuchtendes) Licht an der Fahrwasserseite setzen.

120

●

Was für ein Licht müssen Sie auf einem Sportboot setzen, wenn Sie festgemacht haben und keine ausreichende Beleuchtung vom Ufer her vorhanden ist?

Ein festes weißes Licht mittschiffs an der Fahrwasserseite.

Neben dem Begriff „Fahrt durchs Wasser" werden in der Schiffahrt zwei ähnliche Definitionen gebraucht: „Fahrt über Grund" und „in Fahrt":
Fahrt über Grund (FüG) bedeutet das, was der Name sagt: Das Schiff bewegt sich über Grund. Dabei muß es jedoch nicht unbedingt „Fahrt durchs Wasser (FdW)" machen. Hier ein Beispiel:
In Totenflaute treibt eine Segelyacht ohne Maschinenantrieb mit dem Ebbstrom auf die Nordsee hinaus. Sie macht keine Fahrt durchs Wasser, aber über Grund bewegt sie sich.

Umgekehrt der Ankerlieger in der Elbe: Fahrt über Grund macht er nicht, aber der Fluß strömt munter an ihm vorbei, und damit macht er Fahrt durchs Wasser (FdW).
Ganz anders der rechtliche Begriff **„in Fahrt"**. Das hat nichts mit Zorn zu tun, sondern meint, auf dem Wasser auf Reisen zu sein.

8

● ●

Wann ist ein Fahrzeug in Fahrt?

Wenn es weder vor Anker liegt noch an Land festgemacht ist noch auf Grund sitzt.

Abb. 282: *Die „Steinlager 2" in Fahrt.*

Schallsignale

Beim Auto gibt es nur die Hupe. Schiffe dagegen verfügen – je nach Länge – über Pfeife (Signalhorn), Glocke und Gong. Damit geben sie die in Abbildung 284 dargestellten Schallsignale ab.

Abb. 283: Signalhorn, amtlich Pfeife genannt.

Wie lang ist die Dauer eines kurzen Tones (●)?

Etwa 1 Sekunde.

Wie lang ist die Dauer eines langen Tones (▬)?

Etwa 4 bis 6 Sekunden.

Abb. 284: Darstellung der Schallsignale.

Morsetechnik wird auf See schon lange nicht mehr eingesetzt. Morsebuchstaben jedoch werden weiterhin als Schall- und Lichtsignale verwendet. Wichtig für die Sportbootführerschein-Prüfung sind die Morsebuchstaben D und L.
Akustische Signale auf See werden in zwei Gruppen eingeteilt: **Schallsignale** und **Nebelsignale.**
L wird als Schallsignal, D als Nebelsignal gegeben.

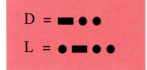

D = ▬ ● ●
L = ● ▬ ● ●

▬   1 langer Ton

●   1 kurzer Ton

Glockenschlag

Rasches Läuten der Glocke

Rasches Schlagen des Gongs

Schallsignale

Sportboote geben einen langen Ton als **Achtungsignal,** bevor sie eine unübersichtliche Stelle passieren.

121

●

Welches Schallsignal müssen Sie, wenn es die Verkehrslage erfordert, beim Einlaufen in andere Fahrwasser und Häfen und beim Auslaufen aus ihnen geben?

Einen langen Ton.

Besonders wichtig für Segler sind die **Kursänderungssignale.** Sie gelten weltweit. Manövriert z. B. eine Fähre in einem Hafen, so gibt sie durch diese Schallsignale ihre geplanten Kursänderungen bekannt. Sportboote können sich nun rechtzeitig darauf einstellen und der Fähre den für ihr Manöver erforderlichen Raum gewähren. Auch bei diesen Schallsignalen wird wieder die Seemannstradition von Steuerbord als „Nummer 1" deutlich (s. auch Seite 20).

95

●

Welche Bedeutung hat folgendes von Maschinenfahrzeugen gegebene Schallsignal: ein kurzer Ton (●)?

Kursänderung nach Steuerbord.

96

●

Welche Bedeutung hat folgendes von Maschinenfahrzeugen gegebene Schallsignal: zwei kurze Töne (● ●)?

Kursänderung nach Backbord.

97

●

Welche Bedeutung hat folgendes von Maschinenfahrzeugen gegebene Schallsignal: drei kurze Töne (● ● ●)?

Antrieb läuft rückwärts.

Schallsignale

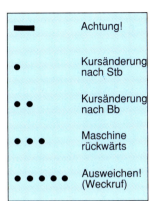

▬	Achtung!
•	Kursänderung nach Stb
• •	Kursänderung nach Bb
• • •	Maschine rückwärts
• • • • •	Ausweichen! (Weckruf)

Abb. 285: *Diese Schallsignale sind in der Praxis wichtig.*

Wer seiner Ausweichpflicht nicht nachkommt, scheint zu schlafen. Mit dem **Weckruf,** mit mindestens fünf kurzen, rasch aufeinanderfolgenden Tönen soll er zum Ausweichen aufgefordert werden.

98

Welche Bedeutung hat folgendes Schallsignal: mindestens fünf kurze, rasch aufeinanderfolgende Töne (• • • • •)?

Ein Ausweichpflichtiger wird auf seine Ausweichpflicht aufmerksam gemacht.

Anhalten! Polizei!

Mit Schallsignal L, Lichtsignal L oder Signalflagge L fordern Polizei oder Zoll zum Anhalten auf.

L = • ▬ • •
L heißt Anhalten

168

Sie hören folgendes Schallsignal: kurz, lang, kurz, kurz (• ▬ • •). Was bedeutet dieses Signal?

Es wird von Fahrzeugen des öffentlichen Dienstes gegeben und bedeutet: „Anhalten".

167

Sie sehen folgendes Lichtsignal: einmal kurz, einmal lang, zweimal kurz (• ▬ • •)? Was bedeutet dieses Signal?

Es wird von Fahrzeugen des öffentlichen Dienstes gegeben und bedeutet: „Anhalten".

166

Sie sehen folgende Flagge: Was bedeutet dieses Flaggensignal?

Das Gebot „Anhalten" durch Fahrzeuge des öffentlichen Dienstes.

172

Sie hören auf der Seeschiffahrtsstraße zwei Gruppen von je drei langen Tönen: (▬ ▬ ▬) (▬ ▬ ▬) Was bedeutet dieses Signal?

Sperrung der Seeschiffahrtsstraße.

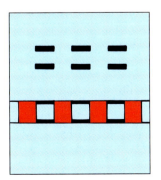

Abb. 286: *Schallsignal „Schranke": Sperrung einer Seeschiffahrtsstraße.*

Weitere Schallsignale werden in den folgenden Prüfungsfragen vorgestellt:

122

Sie hören folgendes Schallsignal: (▬ • • • • ▬ • • • •) 2 Gruppen von je einem langen und vier kurzen Tönen. Was bedeutet dieses Schallsignal?

Allgemeines Gefahren- und Warnsignal.

123

Wann ist das „Allgemeine Gefahren- und Warnsignal" zu geben?

Wenn ein Fahrzeug ein anderes Fahrzeug gefährdet oder durch dieses selbst gefährdet wird.

Nebelsignale

Bleib-weg-Signal

124

●■●■●■

Sie hören in jeder Minute mindestens fünfmal hintereinander mit jeweils 2 Sekunden Zwischenpause einen kurzen und einen langen Ton.
(●■●■●■●■ 2 s
●■●■●■●■)
usw.
1. Was bedeutet dieses Schallsignal?
2. Wie haben Sie sich zu verhalten?

1. Bleib-weg, Gefahr durch bestimmte gefährliche Güter.
2. Sofort den Gefahrenbereich verlassen, Feuer und Zündfunken möglichst vermeiden (Explosionsgefahr).

•	Kursänderung nach Stb
■	Kursänderung nach Bb
•••	Maschine rückwärts
■ •••	Ausweichen! (Weckruf)
■ • •	Achtung!
■ • • •	Allgemeines Gefahrensignal
■ ■	Anhalten!
■ • ■ •	Sperrung der SeeSchStr
■ • ■ •••	Bleib weg!

Abb. 287: *Prüfungswissen Schallsignale.*

Nebelsignale

Zweifellos dient es der Sicherheit auf See, wenn **Maschinenfahrzeuge mit Fahrt durchs Wasser** bei schlechter Sicht alle zwei Minuten einen langen Ton geben. Denn viele Sportboote verfügen nicht über Radar und sind bei verminderter Sicht allein auf Nebelsignale angewiesen.

64

●●

Sie hören bei verminderter Sicht mindestens alle zwei Minuten einen langen Ton mit der Pfeife (■). Welches Fahrzeug gibt dieses Signal?

Ein Maschinenfahrzeug, das Fahrt durchs Wasser macht.

65

●●

Sie hören bei verminderter Sicht mindestens alle zwei Minuten zwei aufeinanderfolgende lange Töne mit der Pfeife (■ ■). *Welches Fahrzeug gibt dieses Signal?*

Ein Maschinenfahrzeug in Fahrt, das seine Maschine gestoppt hat und keine Fahrt durchs Wasser macht.

Darüber hinaus ist zur Sportbootführerschein-Prüfung noch das **Nebelsignal D** (D = Danger = Gefahr) wichtig, das von sechs Fahrzeugen bei verminderter Sicht gegeben wird.

Nebelsignal D = ■ ● ●
geben:
1. manövrierunfähige,
2. manövrierbehinderte,
3. tiefgangbehinderte,
4. fischende,
5. schiebende oder schleppende,
6. segelnde Fahrzeuge.
Merke:
D = Danger = Gefahr

Übungsaufgabe:
Benennen Sie die Positionslichter der genannten Fahrzeuge 1. bis 6.

66

●●●

Sie hören bei verminderter Sicht mindestens alle zwei Minuten drei aufeinanderfolgende Töne mit der Pfeife, und zwar lang, kurz, kurz (■ ● ●). *Welche Fahrzeuge geben dieses Signal?*

1. Ein manövrierunfähiges Fahrzeug in Fahrt.
2. Ein manövrierbehindertes Fahrzeug in Fahrt oder vor Anker.
3. Ein tiefgangbehindertes Fahrzeug in Fahrt.
4. Ein Segelfahrzeug in Fahrt.
5. Ein schleppendes oder schiebendes Fahrzeug in Fahrt.
6. Ein fischendes Fahrzeug in Fahrt oder vor Anker.

68

●●

Was für ein Schallsignal muß ein Segelfahrzeug von 12 und mehr Meter Länge bei verminderter Sicht geben?

Mindestens alle zwei Minuten drei aufeinanderfolgende Töne mit der Pfeife, und zwar lang, kurz, kurz (■ ● ●).

Nebelsignale

67

●●
*Sie hören bei vermin-
derter Sicht minde-
stens alle zwei Minu-
ten drei aufeinander-
folgende Töne mit der
Pfeife, und zwar lang,
kurz kurz (▬ ● ●),
und im Anschluß dar-
an vier aufeinander-
folgende Töne mit der
Pfeife, und zwar lang,
kurz, kurz, kurz
(▬ ● ● ●). Welche
Fahrzeuge geben
dieses Signal?*

Ein geschlepptes Fahr-
zeug oder das letzte
bemannte Fahrzeug ei-
nes Schleppverbandes
in Fahrt.

Als die Elbe noch mit
Lastseglern befahren wur-
de, waren Nebelsignale
das einzige Mittel, um im
Nebel Kollisionen zu ver-
meiden. Heute aber sind
viele Nebelsignale durch
die technische Entwick-
lung überholt.
In Zeiten von UKW-
Sprechfunk und Radar, wo
Kommandobrücken ver-
schlossen sind, stellen das
Läuten einer Glocke oder
das Schlagen eines Gongs

Abb. 289: *Prüfungswissen
Nebelsignale.*

einen Anachronismus dar.
Mit dem Schlagen der
Glocke und des Gongs
müssen auch heute noch
Ankerlieger, Grundsitzer,
Fähren oder im Fahrwasser
liegende Fahrzeuge auf
sich aufmerksam machen.
Von all diesen Nebelsi-
gnalen kommt zum Glück
nur das des Ankerliegers
in der Prüfung vor.
Schiffen unter 12 m Länge
wird wiederum eine Er-
leichterung eingeräumt.

70

●●
*Sie hören bei vermin-
derter Sicht minde-
stens jede Minute
5 Sekunden lang
rasches Läuten
der Glocke:
Welches Fahrzeug
gibt dieses Signal?*

5 s

Ein Fahrzeug vor
Anker von weniger als
100 Meter Länge.

71

●●
*Sie hören bei vermin-
derter Sicht jede Mi-
nute etwa 5 Sekunden
lang rasches Läuten
der Glocke und un-
mittelbar danach un-
gefähr 5 Sekunden
lang rasch den Gong
schlagen.
Welches Fahrzeug
gibt dieses Signal?*

 5 s   5 s

Ein Fahrzeug vor
Anker von 100 und
mehr Meter Länge.

Abb. 288: *Nebel.*

72

●●
*Welches zusätzliche
Schallsignal darf
jeder Ankerlieger bei
verminderter Sicht
geben, um einem sich
nähernden Fahrzeug
seinen Standort
anzuzeigen?*

Kurz, lang, kurz
(● ▬ ●).

69

●●
*Welches Schallsignal
muß ein Fahrzeug
von weniger als 12
Meter Länge bei ver-
minderter Sicht ge-
ben, wenn es die sonst
vorgeschriebenen
Schallsignale nicht
geben kann?*

Mindestens alle zwei
Minuten ein kräftiges
Schallsignal, das mit
den vorgeschriebenen
nicht verwechselt
werden kann.

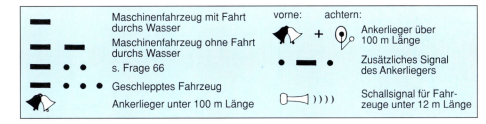

▬	Maschinenfahrzeug mit Fahrt durchs Wasser	
▬ ▬	Maschinenfahrzeug ohne Fahrt durchs Wasser	
▬ ● ●	s. Frage 66	
▬ ● ● ●	Geschlepptes Fahrzeug	
🔔	Ankerlieger unter 100 m Länge	

vorne: 🔔 + achtern: 🛎 Ankerlieger über 100 m Länge
● ▬ ● Zusätzliches Signal des Ankerliegers
📢)))) Schallsignal für Fahrzeuge unter 12 m Länge

Signalkörper

Bei Tag können besondere Schiffe an Signalkörpern erkannt werden. In der Berufsschiffahrt kommen die in Abbildung 291 dargestellten Signalkörper zum Einsatz.

Sportboote können kleinere Signalkörper verwenden. Motor- und Segelboote brauchen einen schwarzen Ball als **Ankerball.**

63

●●

Was für einen Signalkörper muß ein Ankerlieger führen?

Einen schwarzen Ball.

Segler brauchen noch einen schwarzen **Kegel,** den sie mit der **Spitze nach unten** im Vorschiffsbereich führen müssen, wenn sie unter Maschine laufen, aber dabei noch Segel gesetzt haben. Sonst könnte ein Außenstehender dieses Fahrzeug nicht als Maschinenfahrzeug einordnen. Die in Abbildung 290 dargestellten Signalkörper kommen in den Prüfungsfragen vor. Weitere Signalkörper sind in den Kollisionsverhütungsregeln und in der Seeschiffahrtsstraßen-Ordnung enthalten.

Grundsitzer =
Manövrierunfähig
+ Ankerlieger

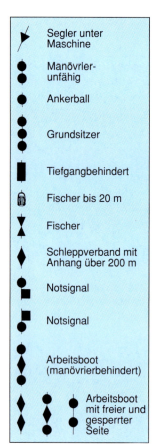

⬥	Segler unter Maschine
●	Manövrierunfähig
●	Ankerball
●	
●	Grundsitzer
●	
■	Tiefgangbehindert
⬤	Fischer bis 20 m
⧓	Fischer
◆	Schleppverband mit Anhang über 200 m
●	Notsignal
■	
■	Notsignal
●	
◆	Arbeitsboot (manövrierbehindert)
◆ ●	Arbeitsboot mit freier und gesperrter Seite
◆ ●	

Abb. 290: *Prüfungswissen Signalkörper.*

56

●●

Welchen Signalkörper muß ein Fahrzeug unter Segel, das gleichzeitig mit Maschinenkraft fährt, führen?

Einen schwarzen Kegel, Spitze unten.

38

●●

Sie sehen folgendes Fahrzeug: Was ist das für ein Fahrzeug?

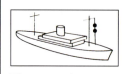

Ein manövrierunfähiges Fahrzeug.

45

●●

Sie sehen folgendes Fahrzeug: Was ist das für ein Fahrzeug?

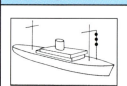

Ein Grundsitzer.

39

●●

Welche Signalkörper haben Sie zu führen, wenn Ihr Fahrzeug von 12 und mehr Meter Länge manövrierunfähig ist?

Zwei schwarze Bälle senkrecht übereinander.

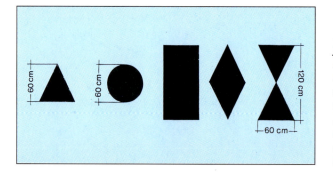

Abb 291: *Abmessungen für Signalkörper auf Berufsschiffen. Der senkrechte Abstand muß mindestens 1,5 m betragen. Fahrzeuge unter 20 m Länge dürfen kleinere, der Größe des Fahrzeugs angemessene Signalkörper verwenden.*

Signalkörper

43

●●

Sie sehen folgendes Fahrzeug:
Was ist das für ein Fahrzeug?

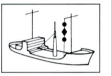

Ein manövrier-
behindertes Fahrzeug.

103

●●●

Sie sehen folgendes Fahrzeug:
1. Was ist das für ein Fahrzeug?
2. Wie müssen Sie an diesem Fahrzeug vorbeifahren?

1. Ein manövrierbehin-
   dertes Fahrzeug, das
   baggert oder Unter-
   wasserarbeiten aus-
   führt und dabei die
   Schiffahrt behindert.
2. An der Seite, an der
   sich zwei schwarze
   Rhomben senkrecht
   übereinander ange-
   ordnet befinden.

104

●●●

*Sie sehen folgendes Fahrzeug im Fahr-
wasser:*
1. Was ist das für ein Fahrzeug?
2. Wie müssen Sie an diesem Fahrzeug vorbeifahren?

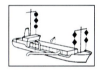

1. Ein manövrierbehin-
   dertes Fahrzeug, das
   baggert oder Unter-
   wasserarbeiten aus-
   führt und dabei die
   Schiffahrt behindert.
2. An der Seite, die in
   Fahrtrichtung rechts
   liegt.

48

●●

Sie sehen folgendes Fahrzeug:
Was ist das für ein Fahrzeug?

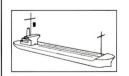

Ein tiefgangbehinder-
tes Fahrzeug.

52

●●●

Sie sehen folgendes Fahrzeug:
Was ist das für ein Fahrzeug?

Ein fischendes Fahr-
zeug von weniger als
20 Meter Länge.

88

●●

Sie sehen folgendes Fahrzeug:
Wie verhalten Sie sich gegenüber diesem Fahrzeug?

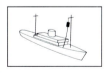

Ich darf die sichere
Durchfahrt des
Fahrzeuges nicht
behindern.

51

●●●

Sie sehen folgendes Fahrzeug:
Was ist das für ein Fahrzeug?

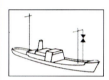

Ein fischendes Fahr-
zeug.

35

●●

Was bedeutet es, wenn jedes Fahrzeug eines Schleppverbandes einen schwarzen Rhombus führt?

Schleppverband mit ei-
nem Anhang von mehr
als 200 Meter Länge.

Signalflaggen

Ein richtiger Seebär kennt natürlich den Unterschied zwischen Fahnen und Flaggen: Fahnen hat der Schützenverein, Schiffe setzen Flaggen. Nie würde ein Seemann Vereinsfahnen herabsetzen; dafür sind ihm seine Flaggen viel zu wichtig. Die Flaggenparade fand schließlich „in der guten alten Zeit" zweimal täglich – morgens und abends – in einer genau festgelegten Zeremonie statt.

Für die Prüfung muß man heute nur noch drei Signalflaggen kennen. Sie kommen aus dem Flaggenalphabet und stellen die Buchstaben A, B und L dar (s. Abbildung 292).

107

● **Sie sehen auf einem Fahrzeug folgende Flagge: Was bedeutet dieses Signal?**

Taucherarbeiten.

115

●● **Sie sehen folgendes Fahrzeug: Was ist das für ein Fahrzeug?**

Ein Fahrzeug, das bestimmte gefährliche Güter befördert, oder ein nicht entgaster Tanker.

166

● **Sie sehen folgende Flagge: Was bedeutet dieses Flaggensignal?**

Das Gebot „Anhalten" durch Fahrzeuge des öffentlichen Dienstes.

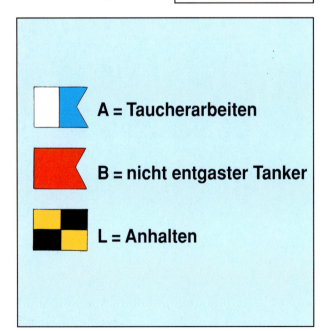

Abb. 292: *Prüfungswissen Signalflaggen – weitere Signalflaggen sind in der SeeSchStrO enthalten.*

Abb. 293: *Kein Generationenkonflikt bei gemeinsamen Interessen: Vater und Tochter beim Flaggensetzen.*

Kollisionsverhütungsregeln

Der Verkehr auf den deutschen Seeschiffahrtsstraßen wird durch drei gesetzliche Bestimmungen geregelt:
– die **Kollisionsverhütungsregeln (KVR),**
– die **Seeschiffahrtsstraßen-Ordnung (SeeSchStrO),**
– die **Schiffahrtsordnung Emsmündung (SchOEms).**

● ● ●
Welche drei gesetzlichen Bestimmungen regeln den Verkehr auf den Seeschiffahrtsstraßen?

1. Die Kollisionsverhütungsregeln (KVR).
2. Die Seeschiffahrtsstraßen-Ordnung (SeeSchStrO).
3. Die Schiffahrtsordnung Emsmündung.

Die KVR sind internationale Bestimmungen. Sie gelten weltweit auf hoher See und auf allen damit verbundenen Gewässern, sofern nicht nationale Sonderregelungen dazu im Widerspruch stehen.
Eine solche nationale Sonderregelung ist die SeeSchStrO. Sie gilt auf allen deutschen Seeschiffahrtsstraßen (s. Seite 5),

sofern nicht regionale Verordnungen Gegenteiliges aussagen.
Eine solche regionale Verordnung ist die SchOEms,

● ● ●
Wo gelten die nachfolgend aufgeführten Verkehrsvorschriften:
1. Kollisionsverhütungsregeln (KVR),
2. Seeschiffahrtsstraßen-Ordnung (SeeSchStrO),
3. Schiffahrtsordnung Emsmündung?

1. Auf der hohen See und auf den mit dieser zusammenhängenden, von Seeschiffen befahrbaren Gewässern.
2. Auf den deutschen Seeschiffahrtsstraßen.
3. Im Mündungsgebiet der Ems und auf der Leda.

Abb. 294: *Die KVR gelten für alle Fahrzeuge auf hoher See. Dort wäre diesen Rennyachten mit hervorragenden Manövriereigenschaften z. B. ein Öltanker ausweichpflichtig. Gleichwohl sollten sich Sportboote immer von der Berufsschiffahrt freihalten („Stahl vor Plastik").*

● ●
Welche Vorschrift gilt, wenn eine Bestimmung der Seeschiffahrtsstraßen-Ordnung bzw. der Schiffahrtsordnung Emsmündung mit den Kollisionsverhütungsregeln im Widerspruch steht?

Die Vorschrift der Seeschiffahrtsstraßen-Ordnung bzw. der Schiffahrtsordnung Emsmündung.

●
Wer ist auf einem Fahrzeug für die Befolgung der Verkehrsvorschriften verantwortlich?

Der Fahrzeugführer oder dessen Vertreter.

die nur im Mündungsgebiet der Ems und auf der Leda gilt.
Verstöße gegen die Verkehrsvorschriften werden als Ordnungswidrigkeiten geahndet und mit einem Bußgeld belegt.

Seeschiffahrtsstraßen-Ordnung

In der Bundesrepublik Deutschland werden die Kollisionsverhütungsregeln (KVR) durch die Seeschiffahrtsstraßen-Ordnung (SeeSchStrO) ergänzt. Sie gilt auf den Seeschiffahrtsstraßen (s. Seite 5) und beinhaltet Bestimmungen zu den Themen Lichterführung, Signalkörper, Schallsignale, Verhalten im Fahrwasser, Vorfahrts- und Ausweichregeln sowie Vorschriften für den Nord-Ostsee-Kanal. Die SeeSchStrO enthält zudem alle auf Seeschiffahrtsstraßen gültigen Gebots-, Verbots-, Warn- und Hinweiszeichen. KVR, SeeSchStrO und SchOEms haben eine gemeinsame Grundregel, die in Frage 109 wiedergegeben ist. Örtliche Sondervorschriften – zusätzlich zur SeeSchStrO – werden durch die Wasser- und Schiffahrtsdirektionen (WSD) bekanntgemacht.

108

● ●
Wo können örtliche Sondervorschriften zusätzlich zur Seeschiffahrtsstraßen-Ordnung (SeeSchStrO) festgelegt sein?

In den Bekanntmachungen der Wasser- und Schiffahrtsdirektionen.

109

● ● ●
Wie lautet die Grundregel der Verordnung zu den Kollisionsverhütungsregeln (KVR), der Seeschiffahrtsstraßen-Ordnung (SeeSchStrO) und Verordnung zur Einführung der Schiffahrtsordnung Emsmündung über das Verhalten im Verkehr?

1. Sicherheit und Leichtigkeit des Verkehrs müssen gewährleistet sein.
2. Kein anderer darf geschädigt, gefährdet oder unnötig behindert oder belästigt werden.
3. Vorsichtsmaßnahmen beachten, die Seemannsbrauch oder besondere Umstände erfordern.

Die KVR und die SeeSchStrO beinhalten eine Menge an Vorschriften, die in diesem und den vorangegangenen Kapiteln erläutert wurden, ohne dies jeweils im Einzelfall zu erwähnen. Zwei prüfungsrelevante Themen sind noch offen.
Schiffsführer, deren **Fahrzeug** im Fahrwasser **sinkt,** sind verpflichtet, das Fahrzeug – sofern dies noch möglich ist – vorher aus dem Fahrwasser zu bringen. Die Wrackstelle soll markiert werden (indem z. B. ein Fender mit einer langen Leine am Boot befestigt wird). Die Schiffahrtspolizei ist über den Untergang zu informieren.

140

●
Wie versuchen Sie eine Beeinträchtigung der Schiffahrt zu vermeiden, wenn für Ihr Fahrzeug die Gefahr des Sinkens besteht?

Das Fahrzeug so weit wie möglich aus dem Fahrwasser bringen.

141

●
Wie haben Sie die Schiffahrt zu warnen, wenn Ihr Fahrzeug gesunken ist?

Stelle des gesunkenen Fahrzeugs behelfsmäßig kennzeichnen und die Schiffahrtspolizeibehörde benachrichtigen.

Bei Unfällen können **Seeschiffahrtsstraßen gesperrt** werden.

169

● ●
Sie sehen folgendes Sichtzeichen: Was bedeutet dieses Sichtzeichen?

Sperrung der Seeschiffahrtsstraße.

170

● ●
Sie sehen folgendes Sichtzeichen: Was bedeutet dieses Sichtzeichen?

Sperrung der Seeschiffahrtsstraße.

Um unnötige Liegezeiten zu vermeiden, wird die Seeschiffahrtsstraße möglichst schnell wieder freigegeben, selbst wenn noch eine **außergewöhnliche Schiffahrtsbehinderung** vorhanden sein sollte.

Seeschiffahrtsstraßen-Ordnung

178

Sie sehen folgendes Sichtzeichen: Was bedeutet dieses Sichtzeichen?

Außergewöhnliche Schiffahrtsbehinderung.

Nachtsignal für die außergewöhnliche Behinderung einer SeeSchStr
Zwei Drittel gesperrt (= rot), ein Drittel frei (= grün)

Schließlich kann ein befristetes Langsamfahrgebot – **Sog und Wellenschlag vermeiden, schutzbedürftige Anlage – verhängt werden, um eine Anlage** oder ein auf Grund gelaufenes Schiff zu schützen.

148

Sie sehen folgendes Sichtzeichen: Was bedeutet dieses Sichtzeichen?

Schutzbedürftige Anlage, Sog und Wellenschlag vermeiden.

149

Sie sehen folgendes Sichtzeichen: Was bedeutet dieses Sichtzeichen?

Schutzbedürftige Anlage, Sog und Wellenschlag vermeiden.

179

Sie sehen folgendes Sichtzeichen: Was bedeutet dieses Sichtzeichen?

Außergewöhnliche Schiffahrtsbehinderung.

Schutzbedürftige Anlage Weiß-rot-weiß – Fahr ganz leis' (langsam)!

Abb. 295: *Navigare necesse est. Seefahrt ist nötig – und macht Spaß.*

Schiffe auf See

Nr.	Amtliche Frage	Amtlicher Antwortvorschlag	Vereinfachte Antwort	Seite
34 ●●*)	Welche Lichter führen geschleppte Fahrzeuge?	Seitenlichter rot und grün und ein weißes Hecklicht.	–	202
53 ●●*)	Welche Fahrzeuge führen nur Seitenlichter rot und grün und ein weißes Hecklicht?	Segler, Ruderboote und geschleppte Fahrzeuge.	–	203
54 ●	Was für eine Laterne kann ein Segelfahrzeug von weniger als 20 Meter Länge anstelle der Seitenlichter und des Hecklichtes führen?	Eine Dreifarbenlaterne.	–	203
55 ●●*)	Welche Lichter darf ein Fahrzeug unter Ruder führen oder zeigen?	Es darf die Seitenlichter und das Hecklicht führen. Andernfalls ist ein weißes Licht gebrauchsfertig zur Hand zu halten, das rechtzeitig gezeigt werden muß, um einen Zusammenstoß zu verhüten.	2 x Seiten- und Hecklicht oder Handlampe weiß.	203
30 ●●●	Sie sehen folgendes Fahrzeug: Was ist das für ein Fahrzeug?	Maschinenfahrzeug in Fahrt von weniger als 50 Meter Länge.	–	204
57 ●●●	Welche Lichter kann bzw. muß ein Maschinenfahrzeug in Fahrt von weniger als 7 Meter Länge, dessen Höchstgeschwindigkeit 7 Knoten nicht übersteigt, führen? Tragen Sie die Lichter unter Angabe der Farben und Sichtwinkel ein, geben Sie an, in welcher Mindesthöhe das Topp- oder Rundumlicht über den Seitenlaternen geführt werden muß, und geben Sie ferner an, welche Erleichterung anstelle der beiden Seitenlaternen zulässig ist. 1. kann: 2. muß, soweit möglich: 3. muß mindestens:	Das Topp- oder Rundumlicht muß mindestens 1 m höher als die Seitenlaternen geführt werden. An Stelle der beiden Seitenlaternen kann eine Zweifarbenlaterne geführt werden. 1. kann: 2. muß, soweit möglich: 3. muß mindestens:	1 m; 2-Farbenlaterne. kann: muß, soweit möglich: muß mindestens:	205

*) 2 Punkte erreichbar

Schiffe auf See

Nr.	Amtliche Frage	Amtlicher Antwortvorschlag	Vereinfachte Antwort	Seite
31 ●●●	Sie sehen folgendes Fahrzeug: Was ist das für ein Fahrzeug?	Maschinenfahrzeug in Fahrt von 50 und mehr Meter Länge.	–	204
58 ●●●	Welche Lichter kann bzw. muß ein Maschinenfahrzeug in Fahrt von weniger als 12 Meter Länge führen? Tragen Sie die Lichter unter Angabe der Farben und Sichtwinkel ein, geben Sie an, in welcher Mindesthöhe das Topp- oder Rundumlicht über den Seitenlaternen geführt werden muß, und geben Sie ferner an, welche Erleichterung anstelle der beiden Seitenlaternen zulässig ist. 1. kann: 1. muß mindestens:	Das Topp- oder Rundumlicht muß mindestens 1 m höher als die Seitenlaternen geführt werden. An Stelle der beiden Seitenlaternen kann eine Zweifarbenlaterne geführt werden. 1. kann: 2. muß mindestens:	1 m; 2-Farbenlaterne. 1. kann: 2. muß mindestens:	205
59 ●●●	Welche Lichter muß ein Maschinenfahrzeug in Fahrt von 12 und mehr, jedoch weniger als 20 Meter Länge führen? Tragen Sie die Lichter unter Angabe der Farben und Sichtwinkel ein, geben Sie an, in welcher Mindesthöhe das Topplicht über dem Schandeckel geführt werden muß, und geben Sie ferner an, welche Erleichterung anstelle der beiden Seitenlaternen zulässig ist.	Höhe des Topplichtes über dem Schandeckel: mindestens 2,50 m. An Stelle der beiden Seitenlaternen kann eine Zweifarbenlaterne geführt werden.	2,5 m; 2-Farbenlaterne.	205

Schiffe auf See

Nr.	Amtliche Frage	Amtlicher Antwortvorschlag	Vereinfachte Antwort	Seite
60 ●●●	Welche Lichter muß ein Maschinenfahrzeug in Fahrt von 20 und mehr, jedoch weniger als 50 Meter Länge führen? Tragen Sie die Lichter unter Angabe der Farben und Sichtwinkel ein, und geben Sie ferner die Mindesthöhe des Topplichtes über dem Schiffskörper an.	Höhe des Topplichtes über dem Schiffskörper mindestens 6 Meter oder in einer der Breite des Fahrzeugs mindestens gleichkommenden Höhe, es braucht jedoch nicht höher als 12 Meter angebracht zu sein.	6 m.	204
116 ●●●	Welche Lichter muß ein Fahrzeug unter Segel von weniger als 12 Meter Länge oder ein Fahrzeug unter Ruder auf der Seeschiffahrtsstraße führen, wenn es die nach den Kollisionsverhütungsregeln (KVR) vorgeschriebenen Lichter nicht führen kann?	Ein weißes Rundumlicht.	1 x weiß, rundum.	204
61 ●●	Was für ein Licht muß ein Ankerlieger von weniger als 50 Meter Länge führen?	Ein weißes Rundumlicht.	1 x weiß, rundum.	205
62 ●●	Sie sehen folgendes Fahrzeug: Was ist das für ein Fahrzeug?	Ein vor Anker liegendes Fahrzeug von 50 und mehr Meter Länge.	Ankerlieger ab 50 m Länge.	206
20 ●●	Wann müssen die Lichter von Fahrzeugen geführt oder gezeigt werden?	Von Sonnenuntergang bis Sonnenaufgang sowie bei verminderter Sicht.	Nachts und bei verminderter Sicht.	206
21 ●	Welcher Zeitraum gilt als „am Tage"?	Von Sonnenaufgang bis Sonnenuntergang.	Von Sonnenaufgang bis Sonnenuntergang.	206
22 ●	Welcher Zeitraum gilt als „bei Nacht"?	Von Sonnenuntergang bis Sonnenaufgang.	Von Sonnenuntergang bis Sonnenaufgang.	206
15 ●●	Was verstehen Sie unter dem Begriff „verminderte Sicht"?	Sichteinschränkung durch Nebel, dickes Wetter, Schneefall, heftige Regengüsse oder ähnliche Umstande.	Nebel, heftiger Regen, Hagel, Schnee usw., behindern die Sicht.	206
27 ●●	Was verstehen Sie unter dem Begriff „in Sicht befindlich"?	Wenn jedes Fahrzeug vom anderen optisch wahrgenommen werden kann.	Gegenseitig optisch wahrnehmbar.	206

Schiffe auf See

Nr.	Amtliche Frage	Amtlicher Antwortvorschlag	Vereinfachte Antwort	Seite
23 ●	Was sind Positionslaternen?	Es sind Laternen, die zur Lichterführung nach den KVR und der SeeSchStrO verwendet werden müssen.	Laternen zur Lichterführung nach KVR und SeeSchStrO.	206
24 ●●	Welche Vorschriften regeln die Ausrüstung, Anordnung und Anbringung der Positionslaternen auf Fahrzeugen?	1. Die KVR. 2. Die SeeSchStrO. 3. Die Schiffahrtsordnung Emsmündung.	KVR, SeeSchStrO, SchOEms.	206
25 ●	Was für Laternen dürfen Sie nur als Positionslaternen verwenden?	Nur solche Laternen, deren Baumuster vom Bundesamt für Seeschiffahrt und Hydrographie (BSH) bzw. vom ehemaligen Deutschen Hydrographischen Institut (DHI) zur Verwendung auf der hohen See oder auf Seeschiffahrtsstraßen zugelassen sind.	Nur vom BSH Zugelassene.	207
19 ●	Wann müssen Sie Positionslaternen an Bord haben?	Sie müssen ständig mitgeführt werden.	Immer.	207
29 ●	Was ist bei der Benutzung von Laternen, Leuchten und Scheinwerfern zu beachten?	Sie dürfen nicht blenden und dadurch die Schiffahrt gefährden oder behindern.	Dürfen andere nicht blenden.	207
117 ●●●	Wie muß sich ein Maschinenfahrzeug von weniger als 7 Meter Länge auf Seeschiffahrtsstraßen verhalten, wenn es die nach den Kollisionsverhütungsregeln (KVR) vorgeschriebenen Lichter nicht führen kann?	Es darf in der Zeit, in der die Lichterführung vorgeschrieben ist, nicht fahren, es sei denn, daß ein Notstand vorliegt.	Es darf bei Nacht und Nebel nicht fahren, außer im Notfall.	207
118 ●●●	Wie muß sich ein Fahrzeug unter Segel von weniger als 12 Meter Länge oder unter Ruder auf Seeschiffahrtsstraßen verhalten, wenn es nicht mindestens ein weißes Rundumlicht führen kann?	Es darf in der Zeit, in der die Lichterführung vorgeschrieben ist, nicht fahren, es sei denn, daß ein Notstand vorliegt.	Es darf bei Nacht und Nebel nicht fahren, außer im Notfall.	207
119 ●●●	Wie muß sich ein Fahrzeug auf Seeschiffahrtsstraßen bei einem Notstand verhalten, wenn es die vorgeschriebenen Lichter nicht führen kann?	Es ist eine elektrische Leuchte oder eine Laterne mit einem weißen Licht ständig gebrauchsfertig mitzuführen und rechtzeitig zu zeigen, um einen Zusammenstoß zu verhüten.	Handlampe, weiß bereithalten.	207

Schiffe auf See

Nr.	Amtliche Frage	Amtlicher Antwortvorschlag	Vereinfachte Antwort	Seite
32 ●●●	Sie sehen folgenden Schleppverband: 1. Was ist das für ein Schleppverband? 2. Was bedeutet es, wenn das schleppende Fahrzeug zusätzlich drei Rundumlichter senkrecht übereinander – das obere und untere rot, das mittlere weiß – führt?	1. Schleppverband in Fahrt von 200 Meter Länge oder weniger. 2. Der Schleppverband kann nicht vom Kurs abweichen.	1. Anhang bis 200 m lang. 2. Manövrierbehindert.	209
33 ●●●	Sie sehen folgenden Schleppverband: 1. Was ist das für ein Schleppverband? 2. Was bedeutet es, wenn das schleppende Fahrzeug zusätzlich drei Rundumlichter senkrecht übereinander – das obere und untere rot, das mittlere weiß – führt?	1. Schleppverband in Fahrt von mehr als 200 Meter Länge. 2. Der Schleppverband kann nicht vom Kurs abweichen.	1. Anhang über 200 m lang. 2. Manövrierbehindert.	209
36 ●●	Sie sehen folgendes Fahrzeug: Was ist das für ein Fahrzeug?	Ein manövrierunfähiges Fahrzeug ohne Fahrt durchs Wasser.	Manövrierunfähig, o. FdW.	210

Schiffe auf See

Nr.	Amtliche Frage	Amtlicher Antwortvorschlag	Vereinfachte Antwort	Seite
37 ●●	Sie sehen folgendes Fahrzeug: Was ist das für ein Fahrzeug?	Ein manövrierunfähiges Fahrzeug mit Fahrt durchs Wasser.	Manövrierunfähig, mit FdW.	210
41 ●●	Sie sehen folgendes Fahrzeug: Was ist das für ein Fahrzeug?	Ein manövrierbehindertes Fahrzeug ohne Fahrt durchs Wasser.	Manövrierbehindert, o. FdW.	210
42 ●●	Sie sehen folgendes Fahrzeug: Was ist das für ein Fahrzeug?	Ein manövrierbehindertes Fahrzeug mit Fahrt durchs Wasser von 50 und mehr Meter Länge.	Manövrierbehindert, mit FdW, mind. 50 m lang.	210
44 ●●●	Sie sehen folgendes Fahrzeug: Was ist das für ein Fahrzeug?	Ein Grundsitzer von weniger als 50 Meter Länge.	Grundsitzer, bis 50 m lang.	210
46 ●●●	Sie sehen folgendes Fahrzeug: Was ist das für ein Fahrzeug?	Ein Grundsitzer von 50 und mehr Meter Länge.	Grundsitzer, ab 50 m lang.	210

Schiffe auf See

Nr.	Amtliche Frage	Amtlicher Antwortvorschlag	Vereinfachte Antwort	Seite
47 ●●	Sie sehen folgendes Fahrzeug: Was ist das für ein Fahrzeug?	Ein tiefgangbehindertes Fahrzeug von 50 und mehr Meter Länge in Fahrt.	Tiefgangbehindert, ab 50 m lang.	210
49 ●●●	Sie sehen folgendes Fahrzeug: Was ist das für ein Fahrzeug?	Ein fischender Trawler (Fischereifahrzeug) mit Fahrt durchs Wasser von 50 und mehr Meter Länge.	Trawler, ab 50 m lang, mit FdW.	210
50 ●●	Sie sehen folgendes Fahrzeug: Was ist das für ein Fahrzeug?	Ein fischendes Fahrzeug, das nicht trawlt (z. B. Treibnetzfischer) ohne Fahrt durchs Wasser.	Treibnetzfischer, ohne FdW.	210
89 ●●	Sie sehen folgendes Fahrzeug: Wie verhalten Sie sich gegenüber diesem Fahrzeug?	Ich darf die sichere Durchfahrt des Fahrzeuges nicht behindern.	Sichere Durchfahrt nicht behindern.	210
105 ●●●	Sie sehen folgendes Fahrzeug: 1. Was ist das für ein Fahrzeug? 2. Wie müssen Sie an diesem Fahrzeug vorbeifahren?	1. Ein manövrierbehindertes Fahrzeug, das baggert oder Unterwasserarbeiten ausführt und dabei die Schiffahrt behindert. 2. An der Seite, an der sich 2 grüne Rundumlichter senkrecht übereinander angeordnet befinden.	1. Manövrierbehindert. 2. Seite mit 2 grünen Lichtern.	210

Schiffe auf See

Nr.	Amtliche Frage	Amtlicher Antwortvorschlag	Vereinfachte Antwort	Seite
106 ●●●	Sie sehen folgendes Fahrzeug im Fahrwasser: 1. Was ist das für ein Fahrzeug? 2. Wie müssen Sie an diesem Fahrzeug vorbeifahren?	1. Ein manövrierbehindertes Fahrzeug mit Fahrt durchs Wasser von 50 und mehr Meter Länge, das baggert oder Unterwasserarbeiten ausführt und dabei die Schiffahrt behindert. 2. An der Seite, die in Fahrtrichtung rechts liegt.	1. Manövrierbehindert, ab 50 m lang, mit FdW. 2. In Fahrtrichtung rechts.	210
110 ●●●	Sie sehen folgendes Fahrzeug: Was ist das für ein Fahrzeug?	Fahrzeug des öffentlichen Dienstes bei Erfüllung polizeilicher Aufgaben.	Polizei, Zoll im Einsatz.	210
114 ●●●	Sie sehen folgendes Fahrzeug: Was ist das für ein Fahrzeug?	Ein Fahrzeug in Fahrt von 50 und mehr Meter Länge, das bestimmte gefährliche Güter befördert, oder ein nicht entgaster Tanker.	Nicht entgaster Tanker ab 50 m.	210
40 ●●●	Welche Lichter haben Sie zu führen, wenn Ihr Fahrzeug von 12 und mehr Meter Länge manövrierunfähig ist?	1. Zwei rote Rundumlichter senkrecht übereinander. 2. Mit Fahrt durchs Wasser zwei rote Rundumlichter senkrecht übereinander und zusätzlich die Seitenlichter und das Hecklicht.	2 rote Rundumlichter, bei FdW dazu Seiten- und Hecklichter.	211
111 ●	Sie sehen Leuchtkugeln mit weißen Sternen. Was bedeutet dieses Signal?	Ausreichend Abstand halten wegen militärischer Übungen von Fahrzeugen der Bundeswehr und des Bundesgrenzschutzes.	Militärische Übungen.	211
120 ●	Was für ein Licht müssen Sie auf einem Sportboot setzen, wenn Sie festgemacht haben und keine ausreichende Beleuchtung vom Ufer her vorhanden ist?	Ein festes weißes Licht mittschiffs an der Fahrwasserseite.	Rundum, weiß, mittschiffs.	211
8 ●●	Wann ist ein Fahrzeug in Fahrt?	Wenn es weder vor Anker liegt noch an Land festgemacht ist noch auf Grund sitzt.	Weder vor Anker, noch an Land festgemacht, noch auf Grund.	211

Schiffe auf See

Nr.	Amtliche Frage	Amtlicher Antwortvorschlag	Vereinfachte Antwort	Seite
10 ●	Wie lang ist die Dauer eines langen Tones (▬)?	Etwa 4 bis 6 Sekunden.	4 – 6 s.	212
121 ●	Welches Schallsignal müssen Sie, wenn es die Verkehrslage erfordert, beim Einlaufen in andere Fahrwasser und Häfen und beim Auslaufen aus ihnen geben?	Einen langen Ton.	Langer Ton.	212
95 ●	Welche Bedeutung hat folgendes von Maschinenfahrzeugen gegebene Schallsignal: ein kurzer Ton (●)?	Kursänderung nach Steuerbord.	Fahre nach Stb.	212
96 ●	Welche Bedeutung hat folgendes von Maschinenfahrzeugen gegebene Schallsignal: zwei kurze Töne (● ●)?	Kursänderung nach Backbord.	Fahre nach Bb.	212
97 ●	Welche Bedeutung hat folgendes von Maschinenfahrzeugen gegebene Schallsignal: drei kurze Töne (● ● ●)?	Antrieb läuft rückwärts.	Maschine geht rückwärts.	212
98 ●	Welche Bedeutung hat folgendes Schallsignal: mindestens fünf kurze, rasch aufeinanderfolgende Töne (● ● ● ●)?	Ein Ausweichpflichtiger wird auf seine Ausweichpflicht aufmerksam gemacht.	Ausweichen.	213
166 ●	Sie sehen folgende Flagge: Was bedeutet dieses Flaggensignal?	Das Gebot „Anhalten" durch Fahrzeuge des öffentlichen Dienstes.	Anhalten.	213
167 ●	Sie sehen folgendes Lichtsignal: einmal kurz, einmal lang, zweimal kurz (● ▬ ● ●). Was bedeutet dieses Signal?	Es wird von Fahrzeugen des öffentlichen Dienstes gegeben und bedeutet: „Anhalten!"	Anhalten.	213
168 ●	Sie hören folgendes Schallsignal: kurz, lang, kurz, kurz (● ▬ ● ●). Was bedeutet dieses Signal?	Es wird von Fahrzeugen des öffentlichen Dienstes gegeben und bedeutet: „Anhalten!"	Anhalten.	213
172 ●	Sie hören auf der Seeschiffahrtsstraße zwei Gruppen von je drei langen Tönen: (▬ ▬ ▬) (▬ ▬ ▬) Was bedeutet dieses Signal?	Sperrung der Seeschiffahrtsstraße.	Sperrung.	213

Schiffe auf See

Nr.	Amtliche Frage	Amtlicher Antwortvorschlag	Vereinfachte Antwort	Seite
122 ●●	Sie hören folgendes Schallsignal: (■ ● ● ● ●) 2 Gruppen von je einem langen und vier kurzen Tönen. Was bedeutet dieses Schallsignal?	Allgemeines Gefahren- und Warnsignal.	–	213
123 ●●	Wann ist das „Allgemeine Gefahren- und Warnsignal" zu geben?	Wenn ein Fahrzeug ein anderes Fahrzeug gefährdet oder durch dieses selbst gefährdet wird.	Wenn ich einen anderen gefährde oder selbst gefährdet werde.	213
124 ●●●	Sie hören in jeder Minute mindestens fünfmal hintereinander mit jeweils 2 Sekunden Zwischenpause einen kurzen und einen langen Ton. (● ■ ● ■ ● ■ 2 s ● ■ ● ■ ● ■ ● ■ usw.) 1. Was bedeutet dieses Schallsignal? 2. Wie haben Sie sich zu verhalten?	1. Bleib-weg, Gefahr durch bestimmte gefährliche Güter. 2. Sofort den Gefahrenbereich verlassen, Feuer und Zündfunken möglichst vermeiden (Explosionsgefahr).	1. Bleib weg. 2. Wegfahren. 3. Funken vermeiden.	214
64 ●●	Sie hören bei verminderter Sicht mindestens alle zwei Minuten einen langen Ton mit der Pfeife (■). Welches Fahrzeug gibt dieses Signal?	Ein Maschinenfahrzeug, das Fahrt durchs Wasser macht.	Maschinenfahrzeug mit FdW.	214
65 ●●	Sie hören bei verminderter Sicht mindestens alle zwei Minuten zwei aufeinanderfolgende lange Töne mit der Pfeife (■ ■). Welches Fahrzeug gibt dieses Signal?	Ein Maschinenfahrzeug in Fahrt, das seine Maschine gestoppt hat und keine Fahrt durchs Wasser macht.	Maschinenfahrzeug o. FdW.	214
66 ●●●	Sie hören bei verminderter Sicht mindestens alle zwei Minuten drei aufeinanderfolgende Töne mit der Pfeife, und zwar lang, kurz, kurz (■ ● ●). Welche Fahrzeuge geben dieses Signal?	1. Ein manövrierunfähiges Fahrzeug in Fahrt. 2. Ein manövrierbehindertes Fahrzeug in Fahrt oder vor Anker. 3. Ein tiefgangbehindertes Fahrzeug in Fahrt. 4. Ein Segelfahrzeug in Fahrt. 5. Ein schleppendes oder schiebendes Fahrzeug in Fahrt. 6. Ein fischendes Fahrzeug in Fahrt oder vor Anker.	1. Manövrierunfähige, 2. manövrierbehinderte, 3. tiefgangbehinderte, 4. fischende, 5. schleppende/schiebende, 6. segelnde Fahrzeuge in Fahrt.	214
67 ●●	Sie hören bei verminderter Sicht mindestens alle zwei Minuten drei aufeinanderfolgende Töne mit der Pfeife, und zwar lang, kurz, kurz (■ ● ●), und im Anschluß daran vier aufeinanderfolgende Töne mit der Pfeife, und zwar lang, kurz, kurz, kurz (■ ● ● ●). Welche Fahrzeuge geben dieses Signal?	Ein geschlepptes Fahrzeug oder das letzte bemannte Fahrzeug eines Schleppverbandes in Fahrt.	Schlepper und geschlepptes Fahrzeug.	215

Schiffe auf See

Nr.	Amtliche Frage	Amtlicher Antwortvorschlag	Vereinfachte Antwort	Seite
68 ●●	Was für ein Schallsignal muß ein Segelfahrzeug von 12 und mehr Meter Länge bei verminderter Sicht geben?	Mindestens alle zwei Minuten drei aufeinanderfolgende Töne mit der Pfeife, und zwar lang, kurz, kurz (■ ● ●).	■ ● ●/2 min.	214
70 ●●	Sie hören bei verminderter Sicht mindestens jede Minute 5 Sekunden lang rasches Läuten der Glocke: 5 s 🔔 Welches Fahrzeug gibt dieses Signal?	Ein Fahrzeug vor Anker von weniger als 100 Meter Länge.	Ankerlieger unter 100 m.	215
71 ●●	Sie hören bei verminderter Sicht jede Minute etwa 5 Sekunden lang rasches Läuten der Glocke und unmittelbar danach ungefähr 5 Sekunden lang rasch den Gong schlagen. 5 s 5 s 🔔 🔔 Welches Fahrzeug gibt dieses Signal?	Ein Fahrzeug vor Anker von 100 und mehr Meter Länge.	Ankerlieger ab 100 m.	215
72 ●●	Welches zusätzliche Schallsignal darf jeder Ankerlieger bei verminderter Sicht geben, um einem sich nähernden Fahrzeug seinen Standort anzuzeigen?	Kurz, lang, kurz (● ■ ●).	● ■ ●	215
69 ●●	Welches Schallsignal muß ein Fahrzeug von weniger als 12 Meter Länge bei verminderter Sicht geben, wenn es die sonst vorgeschriebenen Schallsignale nicht geben kann?	Mindestens alle zwei Minuten ein kräftiges Schallsignal, das mit den vorgeschriebenen nicht verwechselt werden kann.	Laut, alle 2 min, unverwechselbar.	215
56 ●●	Welchen Signalkörper muß ein Fahrzeug unter Segel, das gleichzeitig mit Maschinenkraft fährt, führen?	Einen schwarzen Kegel, Spitze unten.	Schwarzer Kegel, Spitze unten.	216
63 ●●	Was für ein Signalkörper muß ein Ankerlieger führen?	Einen schwarzen Ball.	Ankerball, schwarz.	216
38 ●●	Sie sehen folgendes Fahrzeug: Was ist das für ein Fahrzeug?	Ein manövrierunfähiges Fahrzeug.	Manövrierunfähig.	216

Schiffe auf See

Nr.	Amtliche Frage	Amtlicher Antwortvorschlag	Vereinfachte Antwort	Seite
39 ●●	Welche Signalkörper haben Sie zu führen, wenn Ihr Fahrzeug von 12 und mehr Meter Länge manövrier-unfähig ist?	Zwei schwarze Bälle senkrecht übereinander.	● ●	216
45 ●●	Sie sehen folgendes Fahrzeug: Was ist das für ein Fahrzeug?	Ein Grundsitzer.	Grundsitzer.	216
43 ●●	Sie sehen folgendes Fahrzeug: Was ist das für ein Fahrzeug?	Ein manövrierbehindertes Fahrzeug.	Arbeitsboot (manövrierbehindert).	217
103 ●●●	Sie sehen folgendes Fahrzeug: 1. Was ist das für ein Fahrzeug? 2. Wie müssen Sie an diesem Fahrzeug vorbeifahren?	1. Ein manövrierbehindertes Fahrzeug, das baggert oder Unterwasserarbeiten ausführt und dabei die Schiffahrt behindert. 2. An der Seite, an der sich zwei schwarze Rhomben senkrecht übereinander angeordnet befinden.	1. Arbeitsboot (manövrier-behindert). 2. An der Seite mit Rhomben, Abstand halten.	217
104 ●●●	Sie sehen folgendes Fahrzeug im Fahrwasser: 1. Was ist das für ein Fahrzeug? 2. Wie müssen Sie an diesem Fahrzeug vorbeifahren?	1. Ein manövrierbehindertes Fahrzeug, das baggert oder Unterwasserarbeiten ausführt und dabei die Schiffahrt behindert. 2. An der Seite, die in Fahrtrichtung rechts liegt.	1. Arbeitsboot (manövrier-behindert). 2. Ganz rechts im Fahrwasser.	217

Schiffe auf See

Nr.	Amtliche Frage	Amtlicher Antwortvorschlag	Vereinfachte Antwort	Seite
48 ●●	Sie sehen folgendes Fahrzeug: Was ist das für ein Fahrzeug?	Ein tiefgangbehindertes Fahrzeug.	Tiefgangbehindert.	217
52 ●●●	Sie sehen folgendes Fahrzeug: Was ist das für ein Fahrzeug?	Ein fischendes Fahrzeug von weniger als 20 Meter Länge.	Fischer bis 20 m.	217
51 ●●●	Sie sehen folgendes Fahrzeug: Was ist das für ein Fahrzeug?	Ein fischendes Fahrzeug.	Fischer.	217
35 ●●	Was bedeutet es, wenn jedes Fahrzeug eines Schleppverbandes einen schwarzen Rhombus führt?	Schleppverband mit einem Anhang von mehr als 200 Meter Länge.	Anhang über 200 m lang.	217
88 ●●	Sie sehen folgendes Fahrzeug: Wie verhalten Sie sich gegenüber diesem Fahrzeug?	Ich darf die sichere Durchfahrt des Fahrzeuges nicht behindern.	Sichere Durchfahrt nicht behindern.	217
107 ●	Sie sehen auf einem Fahrzeug folgende Flagge: Was bedeutet dieses Signal?	Taucherarbeiten.	–	218

Schiffe auf See

Nr.	Amtliche Frage	Amtlicher Antwortvorschlag	Vereinfachte Antwort	Seite
115 ●●	Sie sehen folgendes Fahrzeug: Was ist das für ein Fahrzeug?	Ein Fahrzeug, das bestimmte gefährliche Güter befördert, oder ein nicht entgaster Tanker.	Nicht entgaster Tanker (Gefahrgut).	218
166 ●	Sie sehen folgende Flagge: Was bedeutet dieses Flaggensignal?	Das Gebot „Anhalten" durch Fahrzeuge des öffentlichen Dienstes.	Anhalten.	218
1 ●●●	Welche drei gesetzlichen Bestimmungen regeln den Verkehr auf den Seeschiffahrtsstraßen?	1. Die Kollisionsverhütungsregeln (KVR). 2. Die Seeschiffahrtsstraßen-Ordnung (SeeSchStrO). 3. Die Schiffahrtsordnung Emsmündung.	KVR, SeeSchStrO, SchOEms.	219
2 ●●●	Wo gelten die nachfolgend aufgeführten Verkehrsvorschriften: 1. Kollisionsverhütungsregeln (KVR), 2. Seeschiffahrtsstraßen-Ordnung (SeeSchStrO), 3. Schiffahrtsordnung Emsmündung?	1. Auf der hohen See und auf den mit dieser zusammenhängenden, von Seeschiffen befahrbaren Gewässern. 2. Auf den deutschen Seeschiffahrtsstraßen. 3. Im Mündungsgebiet der Ems und auf der Leda.	1. Hohe See und damit verbundene Gewässer. 2. SeeSchStr. 3. Emsmündung und Leda.	219
3 ●●	Welche Vorschrift gilt, wenn eine Bestimmung der Seeschiffahrtsstraßen-Ordnung bzw. der Schiffahrtsordnung Emsmündung mit den Kollisionsverhütungsregeln im Widerspruch steht?	Die Vorschrift der Seeschiffahrtsstraßen-Ordnung bzw. der Schiffahrtsordnung Emsmündung.	SeeSchStrO/SchOEms.	219
4 ●	Wer ist auf einem Fahrzeug für die Befolgung der Verkehrsvorschriften verantwortlich?	Der Fahrzeugführer oder dessen Vertreter.	Fahrzeugführer oder Vertreter.	219
108 ●●	Wo können örtliche Sondervorschriften zusätzlich zur Seeschiffahrtsstraßen-Ordnung (SeeSchStrO) festgelegt sein?	In den Bekanntmachungen der Wasser- und Schiffahrtsdirektionen.	WSD-Bekanntmachungen.	220
109 ●●●	Wie lautet die Grundregel der Verordnung zu den Kollisionsverhütungsregeln (KVR), der Seeschiffahrtsstraßen-Ordnung (SeeSchStrO) und Verordnung zur Einführung der Schiffahrtsordnung Emsmündung über das Verhalten im Verkehr?	1. Sicherheit und Leichtigkeit des Verkehrs müssen gewährleistet sein. 2. Kein anderer darf geschädigt, gefährdet oder unnötig behindert oder belästigt werden. 3. Vorsichtsmaßnahmen beachten, die Seemannsbrauch oder besondere Umstände erfordern.	1. Leichtigkeit und Sicherheit des Verkehrs. 2. Niemanden schädigen, gefährden, behindern, belästigen. 3. Vorsicht nach Seemannsbrauch.	220

Schiffe auf See

Nr.	Amtliche Frage	Amtlicher Antwortvorschlag	Vereinfachte Antwort	Seite
140 ●	Wie versuchen Sie eine Beeinträchtigung der Schiffahrt zu vermeiden, wenn für Ihr Fahrzeug die Gefahr des Sinkens besteht?	Das Fahrzeug ist so weit wie möglich aus dem Fahrwasser zu bringen.	Fahrzeug aus dem Fahrwasser bringen.	220
141 ●	Wie haben Sie die Schiffahrt zu warnen, wenn Ihr Fahrzeug gesunken ist?	Stelle des gesunkenen Fahrzeugs behelfsmäßig kennzeichnen und die Schiffahrtspolizeibehörde benachrichtigen.	Wrack kennzeichnen, Schiffahrtspolizei benachrichtigen.	220
169 ●●	Sie sehen folgendes Sichtzeichen: Was bedeutet dieses Sichtzeichen?	Sperrung der Seeschiffahrtsstraße.	–	220
170 ●●	Sie sehen folgendes Sichtzeichen: Was bedeutet dieses Sichtzeichen?	Sperrung der Seeschiffahrtsstraße.	–	220
178 ●●	Sie sehen folgendes Sichtzeichen: Was bedeutet dieses Sichtzeichen?	Außergewöhnliche Schiffahrtsbehinderung.	–	221
179 ●●	Sie sehen folgendes Sichtzeichen: Was bedeutet dieses Sichtzeichen?	Außergewöhnliche Schiffahrtsbehinderung.	–	221
148 ●	Sie sehen folgendes Sichtzeichen: Was bedeutet dieses Sichtzeichen?	Schutzbedürftige Anlage, Sog und Wellenschlag vermeiden.	–	221

Schiffe auf See

Nr.	Amtliche Frage	Amtlicher Antwortvorschlag	Vereinfachte Antwort	Seite
149 ●	Sie sehen folgendes Sichtzeichen:  Was bedeutet dieses Sichtzeichen?	Schutzbedürftige Anlage, Sog und Wellen-schlag vermeiden.	–	221
		Der Autor wünscht Ihnen viel Erfolg in der Prüfung.		

Schiffspapiere

Dieses Kapitel beinhaltet keinen Prüfungsstoff. Bislang konnte der Sportbootsektor dem Zugriff und der Kontrolle des Staates weitgehend vorenthalten werden. Verbände, Vereine sowie kommerzielle Sportboothäfen führen auf dem Wege der freiwilligen Selbstverwaltung eine Registrierung durch. Sie ist erheblich kostengünstiger als jede staatliche Verwaltung und ermöglicht gleichwohl, Sportbooteigner schnell und korrekt zu ermitteln. Daher gibt es bei kleineren Sportbooten keine den Kfz-Papieren vergleichbaren amtlichen Dokumente. Schiffseigner bewahren selbstverständlich Kaufvertrag und Rechnung auf, um gegebenenfalls ihr Eigentum und die Bezahlung der Mehrwertsteuer nachweisen zu können. Beim Kauf gebrauchter Boote sollte die Original-Rechnung übergeben werden.

Internationaler Bootsschein

Der Deutsche Segler-Verband (DSV), der Deutsche Motoryachtverband (DMYV) und der ADAC stellen den Internationalen Bootsschein aus, der von allen europäischen Ländern (Frankreich ausgenommen) als Schiffsausweis anerkannt wird.

Schiffszertifikat

Seefahrende Nationen führen Seeschiffsregister. In Deutschland müssen alle Schiffe mit mehr als 15 m Länge in das Seeschiffsregister eingetragen werden. Voraussetzung für die Eintragung ist, daß das Schiff durch das Bundesamt für Seeschiffahrt und Hydrographie vermessen wurde.
Der Eigner erhält über die Eintragung ein **Schiffszertifikat,** in dem sein Eigentum bescheinigt ist.
Die privatrechtliche Bedeutung des Seeschiffsregisters ist dem Grundbuch ähnlich. Die Eintragung von Schiffshypotheken und Nieß-brauchrechten ist möglich. Kleinere Yachten, auch als nicht-registerpflichtige Fahrzeuge bezeichnet, können auf Antrag in das Seeschiffsregister eingetragen werden.
Eingetragene Fahrzeuge stehen im Ausland unter dem Schutz der diplomatischen Vertretungen. Sie sind zur Führung der Bundesflagge verpflichtet.
Im UKW-Sprechfunk sind registrierte Schiffe an ihrem Rufzeichen, das mit dem Registerzeichen identisch ist, erkennbar. Es besteht bei deutschen Schiffen aus einer vierstelligen Buchstabenkombination zwischen DAAA und DRZZ.

Abb. 296: *Unter Nummer 564 ist dieses Folkeboot beim DSV registriert (G = Germany.*

Internationaler Schiffsmeßbrief

Nach einer amtlichen Schiffsvermessung durch das Bundesamt für Seeschiffahrt und Hydrographie wird ein **Internationaler Schiffsmeßbrief** ausgestellt. Für Yachten unter 24 m Länge gibt es ein vereinfachtes Vermessungsverfahren. Diese erhalten einen **Schiffsmeßbrief,** der ebenfalls als Eigentumsnachweis gilt.

Das Flaggenzertifikat

Das **Flaggenzertifikat** wird für nicht-registerpflichtige Schiffe auf Antrag durch das Bundesamt für Seeschiffahrt und Hydrographie ausgestellt und ist ein amtlicher Ausweis für Seeschiffe. Es berechtigt zum Führen der Bundesflagge und gilt für einen Zeitraum von acht Jahren. Frankreich verlangt von nicht-registrierten deutschen Schiffen das Flaggenzertifikat.

Genehmigungsurkunden für Funkanlagen

Betreiber von Funkanlagen auf Seeschiffen (z. B. UKW-Sprechfunk) müssen eine Genehmigung beim Bundesamt für Post und Telekommunikation (BAPT), Außenstelle Hamburg, einholen und diese an Bord mitführen.

Flaggenbrauch

Flaggen haben auf See schon immer eine große Bedeutung gehabt. Auch heute noch fällt auf, daß am Heck aller Seeschiffe eine Nationalflagge weht, die von Landratten meistens als Fahne bezeichnet wird.

Diesen Ausdruck mag ein Seemann gar nicht. Schiffe führen **Flaggen** oder **Wimpel** (längliche Form). **Nationalflaggen,** auch kurz als **Nationale** bezeichnet, müssen von Seeschiffen tagsüber in Häfen und in Küstennähe geführt werden. Segelyachten führen die Nationale an einem Flaggenstock mittig – oder an Steuerbord – auf dem Achterdeck oder auf dem Masttopp des Besans. Nationalflaggen sollten bei Nacht eingeholt werden. Die Nationalflagge bezeichnet das Heimatland des Schiffes. Bei Auslandsreisen wird im Hoheitsgebiet des besuchten Staates dessen Nationalflagge in verkleinerter Ausführung als **Gastlandflagge** an der Steuerbordseite des Mastes gesetzt. Auch die Gastlandflagge wird bei Nacht eingeholt. Ein Schiff, das auf einer Reise mehrere Länder besucht hat, darf am Tage der Rückkehr in seinem Heimathafen die Gastlandflaggen aller besuchten Länder führen. Ansonsten ist es völlig unüblich,

mehrere Gastlandflaggen gleichzeitig zu setzen. In manchen Ländern wird dies sogar als beleidigend angesehen.

Bei festlichen Anlässen wird eine **Flaggengala** veranstaltet. Dazu werden die Flaggen des Flaggenalphabetes in gleichen Abständen – jeweils zwei Flaggen folgt ein Wimpel – vom Bug über die Masten bis zum Heck gesetzt. Schiffe, deren Eigner Mitglied eines Clubs ist, können den **Clubstander** im Großmast – z. B. als Verklicker – führen. Clubstander werden nachts

nicht eingeholt.

Der **Flaggengruß** war früher streng geregelt, hat heute jedoch überhaupt keine Bedeutung mehr. Ganz korrekt wurde er durch **Dippen** der Nationale ausgeführt. Dazu nahm das zuerst grüßende Schiff seine Nationale halb nieder und wartete, bis das begrüßte Schiff seine Nationale einmal nieder- und wieder aufgeholt hatte. Dann erst hißte das grüßende Schiff seine Nationale.

Geregelt war natürlich auch, wer wen zuerst zu grüßen hatte. Kriegschiffe mußten von jedem zuerst gegrüßt werden. Weiterhin grüßte das auslaufende Schiff zuerst das einlaufende, das überholende zuerst das überholte und das fahrende zuerst das liegende.

Wenngleich das Dippen der Nationale heute nur noch gelegentlich gegenüber Schiffen der Bundesmarine, die dann stets korrekt antworten, erfolgt, ist auf See ein freundliches Grüßen immer noch üblich. Die Nationale bleibt stehen, man lacht sich an und winkt sich zu.

Abb. 297: *Bei festlichen Anlässen wird eine Flaggengala veranstaltet.*

Amtliche Scheine für Wassersportler

Art des Scheines	Vorgeschrieben oder empfohlen für Wassersportfahrzeuge	Geltungsbereich	Aussteller
1. Sporthochseeschifferschein	Empfohlen	Alle Meere	Zentrale Verwaltungsstelle für den Sportsee- u. Sporthochseeschifferschein im Deutschen Segler-Verband (DSV)
2. Sportseeschifferschein	Empfohlen	Küstengewässer[1]	
3. Sportbootführerschein See	Vorgeschrieben auf Seeschiffahrtsstraßen für Fahrzeuge mit einer Maschinenleistung von mehr als 3,86 kW (5 PS)	Seeschiffahrtsstraßen	Prüfungsausschüsse des Deutschen Motoryachtverbandes (DMYV) u. d. Deutschen Segler-Verbandes (DSV)
4. Sportschifferpatent für den Rhein	Vorgeschrieben für Fahrzeuge mit mehr als 15 m³ und weniger als 60 m³ Wasserverdrängung	Rhein und Mosel, kann auf Teilstrecken beschränkt werden; sonstige Binnenschiffahrtsstraßen	Wasser- und Schiffahrtsdirektionen
5. Sportschifferzeugnis	Vorgeschrieben für Fahrzeuge mit mehr als 15 m³ und weniger als 60 m³ Wasserverdrängung	Sonstige Binnenschiffahrtsstraßen außerhalb des Rheins	Wasser- und Schiffahrtsdirektionen
6. Sportbootführerschein Binnen	Vorgeschrieben für Fahrzeuge mit weniger als 15 m³ Wasserverdrängung und einer Maschinenleistung von mehr als 3,68 kW (5 PS); in Berlin für alle Motorfahrzeuge, Segelboote und Segelsurfbretter mit mehr als 3 m² Segelfläche	Binnenschiffahrtsstraßen	Prüfungsausschüsse des Deutschen Motoryachtverbandes (DMYV) und des Deutschen Segler-Verbandes (DSV)
7. Bodensee-Schifferpatent A	Vorgeschrieben für Fahrzeuge mit Maschinenleistung von mehr als 4,41 kW (6 PS)	Bodensee, Erweiterung für die Hochrheinstrecke ist möglich	Landratsämter
8. Bodensee-Schifferpatent D	Vorgeschrieben für Segelboote mit mehr als 12 m² Segelfläche	Bodensee wie zuvor	Landratsämter
9. Berliner Segelbootführerschein	Abgelöst durch den Sportbootführerschein Binnen (unter Segel)	Fortgeltung auf Berliner Gewässern	Wird nicht mehr ausgestellt
10. Berliner Motorbootführerschein	Abgelöst durch den Sportbootführerschein Binnen (unter Antriebsmaschine)	Fortgeltung auf Berliner Gewässern	Wird nicht mehr ausgestellt
11. Führerschein für Binnenfahrt (A) mit Motorbootberechtigung	Abgelöst durch den Sportbootführerschein Binnen (unter Antriebsmaschine)	Fortgeltung auf den Binnenschiffahrtsstraßen für Sportboote mit Antriebsmaschine	Wird nicht mehr ausgestellt
12. Motorbootführerschein (A) für Binnenfahrt	Abgelöst durch den Sportbootführerschein Binnen (unter Antriebsmaschine)	Fortgeltung auf den Binnenschiffahrtsstraßen	Wird nicht mehr ausgestellt

[1] Küstengewässer im Sinne der Sportseeschifferscheinverordnung sind die Gewässer aller Meere bis zu 30 Seemeilen Abstand von der Festlandsküste sowie die Seegebiete der Ost- und Nordsee, des Kanals, des Bristolkanals, der Irischen und Schottischen See, des Mittelmeers und des Schwarzen Meeres.

Weitergeltende Befähigungsnachweise der ehemaligen DDR

Art des Scheines	Entspricht Befähigungsnachweis	Bemerkung
1. Befähigungsnachweis zum Führen von Sportmotorbooten mit Fahrtbereich a) Binnenfahrt b) Seewasserstraßenfahrt c) Küstenfahrt d) Seefahrt	a): Sportbootführerschein Binnen (unter Antriebsmaschine) b), c) und d): Sportbootführerschein See	Jeder Fahrtbereich schließt den vorausgehenden ein.
2. Befähigungsnachweis zum Führen von Sportsegelbooten mit Fahrtbereich a) Binnenfahrt b) Seewasserstraßenfahrt c) Küstenfahrt d) Seefahrt	a), b), c) und d): Sportbootführerschein Binnen (unter Segel)	Auf Binnenschiffahrtsstraßen außerhalb des Landes Berlin und auf Seeschiffahrtsstraßen ist das Führen von Segelbooten (mit einer Antriebsmaschinenleistung von bis zu 3,68 kW/ 5 PS) nicht fahrerlaubnispflichtig.
3. Befähigungszeugnisse nach BSBO (vor dem 1. April 1987 ausgestellt) a) IV (grün, blau) b) V, VI (grün, blau) c) I bis III (grün, blau)	a): Sportbootführerschein Binnen (unter Antriebsmaschine) b): – c): Berufspatente	b): Keine vergleichbare nautische Qualifikation c): Höherwertig
4. Befähigungszeugnisse nach BSB-AO (vom 1. April 1987 an ausgestellt) a) Berechtigungsschein für Kleinfahrzeuge mit Maschinenantrieb b) I, III (weiß) c) alle übrigen	a): Sportbootführerschein Binnen (unter Antriebsmaschine) b): Berufspatente c): –	b): Höherwertig c): Keine vergleichbare nautische Qualifikation
5. Seepatente Befähigungszeugnisse A6 bis A1, B6 bis B1 Berechtigungsscheine D1 und D2	Sportbootführerschein See	Inhaber sind gemäß § 1 SportbootführerscheinVO-See von der Fahrerlaubnispflicht ausgenommen

Register

Register

Register

Register

Register

Register

Erweitern Sie
Ihr theoretisches Wissen
und praktisches Können
mit diesen Büchern:

J. D. Sleightholme
Das ist Küstensegeln
Ratschläge und Hilfen für die Praxis, die das grundlegende
Führerscheinwissen sinnvoll ergänzen und erweitern.
160 S. mit 283 farb. Abb., geb.

Robbert Das/Erik von Krause
Manöver für Segler
Eine einzigartige Sammlung detaillierter Manöverbeschreibungen für Einsteiger und Könner. Hervorragend
illustriert und praxisgerecht kommentiert.
184 S. mit 315 Zeichn., geb.

Dick Kenny
Yachtsegel
Wirkung – Schnitt – Trimm
Kenntnisse über Rigg und Segel, die wichtig und nützlich sind
für jeden, der von seiner Besegelung optimale Vortriebskräfte
erwartet. 160 S. mit 268 farb. Abb., geb.

Dick Everitt/Rodger Witt
Bootsmanöver richtig und sicher gefahren
Anschauliche Anleitungen für alle Möglichkeiten, sein Boot
unter Segel und Motor im Hafen den Gegebenheiten entsprechend zu bewegen. 144 S. mit 114 farb. Abb., geb.

Dieter Karnetzki
Das Wetter von morgen
Praxis für den Yachtsport
Eine Anleitung, alle Hilfsmittel der Wettervorhersage auszunut-
zen und richtig zu deuten, mit meteorologischer Revierkunde
für Nordsee, Ostsee und Mittelmeer.
180 S. mit 201 meist farb. Abb., geb.

Floris Hin/Theo Kampa/Jaap Hille
Knoten, Fancywork und Spleiße
Farbige Fotos zeigen und erklären vielerlei Gebrauchsknoten,
Spleiße und eine große Anzahl schöner Zierknoten.
160 S. mit 193 Farbfotos, geb.

Ulrich Kittmann/Frank Lammerskitten/Günter Wabbel
Einfach schneller segeln
Aus ihrer Regatta-Erfahrung verraten drei Cracks, wie man ein
Boot dazu bringt, schneller zu segeln als die anderen.
152 S. mit 225 farb. Abb., geb.

Dr. med. Klaus Bandtlow
Medizin an Bord
Ein ärztlicher Ratgeber für den Notfall, der weit über die
Erste Hilfe hinausgeht und auf keiner Yacht fehlen sollte.
144 S. mit 47 Zeichn., kt.

Joachim Schult
**Bootsreparaturen selbst gemacht
– Kunststoffboote**
Eine Hilfe zur Selbsthilfe bei kleinen und größeren
Beschädigungen.
126 S. mit 126 Zeichn., kt.

Wilfried Erdmann (Hrsg.)
Segeln auf See
Theorie und Praxis des Fahrtensegelns. Das übersichtliche,
bebilderte Nachschlagewerk für den Fahrtensegler der 90er
Jahre mit Fachbeiträgen bekannter Segelautoren.
344 S. mit 420 Abb., geb.

Deutscher Hochseesportverband HANSA e. V. (Hrsg.)
Seemannschaft
Handbuch für den Yachtsport
Das seit Jahrzehnten bewährte und beliebte Standardwerk,
das – immer wieder überarbeitet – sachlich und gründlich alle
Bereiche des Yachtsports behandelt.
520 S. mit 482 z. T. farb. Abb., 15 Tab. u. 1 Übungskarte, geb.

Viele andere Bücher beschäftigen sich neben diesen noch mit
dem Segeln und auch mit dem Motorbootfahren. Verlangen
Sie unser ausführliches Verzeichnis über Ihre Buchhandlung
oder direkt vom Verlag (Postfach 10 16 71, 33516 Bielefeld).

Delius Klasing
Verlag

Die beste und letzte Vorbereitung auf die Prüfung zum Sportbootführerschein See

Mit den 20 Übungsfragebogen bereiten Sie sich optimal auf die Prüfung vor. Denn sie sind identisch mit den offiziellen Prüfungsbogen.

Dazu passende Antwortbogen bieten die Möglichkeit, das gelernte Wissen zu kontrollieren und evtl. noch vorhandene Lücken zu schließen. Ein Beiblatt erklärt, wie man zu Hause mit diesen empfehlenswerten Unterlagen arbeitet. Fragen Sie in Ihrer Buchhandlung danach.

Sportbootführerschein See

Die amtlichen Prüfungsfragen und -antworten für Übungszwecke
20 Prüfungsbogen farbig und 20 Antwortbogen,
1 Arbeitsanleitung, in Mappe

Delius Klasing Verlag